社 科 学 术 文 库

LIBRARY OF
ACADEMIC WORKS OF
SOCIAL SCIENCES

印度文化与民俗

王树英 著

中国社会科学出版社

图书在版编目(CIP)数据

印度文化与民俗 / 王树英著. —北京：中国社会科学出版社，2018.4
（社科学术文库）
ISBN 978-7-5203-2271-3

Ⅰ.①印… Ⅱ.①王… Ⅲ.①文化史—印度②风俗习惯—印度 Ⅳ.①K351.03②K893.51

中国版本图书馆 CIP 数据核字（2018）第 065268 号

出版人	赵剑英
责任编辑	陈雅慧
责任校对	季　静
责任印制	戴　宽

出　　版	中国社会科学出版社
社　　址	北京鼓楼西大街甲 158 号
邮　　编	100720
网　　址	http://www.csspw.cn
发 行 部	010-84083685
门 市 部	010-84029450
经　　销	新华书店及其他书店
印刷装订	三河弘翰印务有限公司
版　　次	2018 年 4 月第 1 版
印　　次	2018 年 4 月第 1 次印刷
开　　本	710×980　1/16
印　　张	17
字　　数	298 千字
定　　价	88.00 元

凡购买中国社会科学出版社图书，如有质量问题请与本社营销中心联系调换
电话：010-84083683
版权所有　侵权必究

印度小吃

印度部落民舞蹈

印度小商摊

印度佛陀加雅的佛像

印度古代佛教遗址那烂陀

印度女子的面饰与手饰

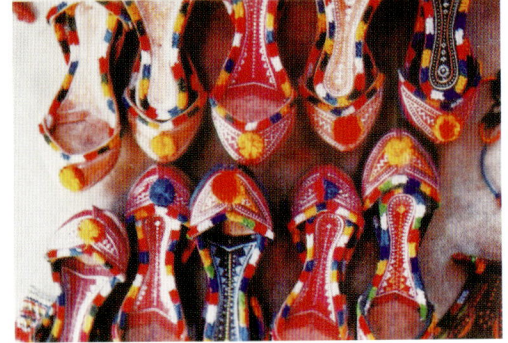

印度手工艺品

再版序言

印度是一个文明古国，也是一个多民族国家，幅员辽阔，人口众多，语言繁杂。在印度，不仅多种宗教信仰并存，而且各地生活习俗也不相同，就是同一地区，乡村和城市的习俗也有差别，有些民族和地区，社会形态也不一样。我在印度时，对印度文化与民俗问题进行了专门考察和研究。本书勾勒了一幅印度民俗文化的画卷，从宗教信仰、种姓制度，到生活礼仪、衣食住行，从婚丧嫁娶、各种禁忌，到五彩缤纷的节日等，几乎都有适当介绍和理论概括。

鉴于中印两国人民的友谊不断发展，两国交往日益增多，我国各界人士渴望更多地了解印度，特别是印度的文化与民俗这一重要内容，而且这方面的内容在过去一直是个空缺，对此我做了大量工作。我认为："国与国之间要相互学习，首先应相互了解，没有了解，就不可能很好地学习"。今天，为发展中国和印度两国的共同文化，相互学习，彼此了解，很有必要。学习的内容十分广泛，其中包括民族风俗在内。为此我写了《印度文化与民俗》一书。

所谓印度民俗，内容丰富，众彩纷呈。不同民族有不同风俗，不同地区有不同风俗。印度的一些社会学家也承认，若把印度全国各地的不同民族、不同宗教的风俗都较为详细地写出来，简直是一件不可想象的事情。我在印度期间，做了些调查和研究工作，后来又去过印度几次，这些成果虽然无法全面描绘印度的文化、民俗，但至少为了解印度提供了些资料，希望能一定程度上为读者答疑解惑。

前些年，《印度文化与民俗》一书出版发行后，在社会上引起了重视，报纸上有评论说："作者不仅为我们了解印度风土人情打开了一扇窗口，同时也为民俗学者进行比较民俗研究，提供了难得的资料。"另有读者在刊物上评论说："《印度文化与民俗》是一部介绍和研究印度民俗文化的著述。在当今的中国，专门从事印度民俗研究的人为数不多，而在这为数不多的人中，能始终沿着这一研究方向披荆斩棘、开拓奋进者更是屈指可数。他从民俗学者的眼光审视和分析印度社会，也从民俗学的角度向读者介绍印度社会。该书对印度社会上最主要、最富特色的东西都作了介绍和分析，深入浅出，既给研究者提供了民俗研究的线索和大量第一手资料，也可供一般读者阅读，以扩大视野，增长知识。"（见《南亚研究》1990年第4期）印度学者看了这书后感慨地说："编写这样的书本，是我们的任务，你作为中国人倒做了，我们很不好意思。"该书于1992年获"韩素音、陆文星中印友谊奖"，1993年获"中国社会科学院优秀成果奖"。2007年，为迎接中国社会科学院建院三十周年，中国社会科学院将历届院优秀科研成果奖中的部分获奖著作重印再版，向建院三十周年献礼，其中有《印度文化与民俗》一书。后来又为读者出版过一次，这次出版是第四次，现在把它呈献给读者，在当前"一带一路"开展的形势下，希望能对关心印度的读者和研究印度的同志有所裨益。

王树英

2018年3月2日

前　言

本书系介绍和研究印度文化与民俗的专著，谨将它奉献给读者。

印度幅员辽阔，民族众多，人口密集，语言繁杂，不仅有着多种宗教信仰，而且生活习俗也各不相同。就是在同一地区，乡村和城市也有差别。有些民族和地区，社会形态也不完全一样。从某种意义上说，这里也是学习人类文化发展史的好地方。凡去过印度并对印度各地有所了解的人，对此无不深有体会。

印度素有"人种博物馆"之称。那里，既有白皮肤、高鼻子、身材高大的白种人；也有黑皮肤、矮鼻子、头发卷曲的黑种人；还有为数不少的混血儿等。从印度历史看，它有各种文化：雅利安人以前的文化、雅利安文化、古代中亚传进的文化、伊斯兰文化以及后来的西方文化等。其中当然包括中国文化。中印两国人民在过去二三千年的时间内，相互学习，相互了解，增强了双方的感情，丰富了彼此的文化，这几乎形成了一个传统。今天的印度文化，同上述文化密切相关，不可分割。今天的印度文化，很难说哪一部分是受了哪种文化的影响。一种文化，在它存在的同时，不可能不受到其他文化的影响，反过来，它也会影响其他文化。今天，我们在印度，既可以看到高楼大厦的现代化城市，也会看到用木犁耕田的广大落后农村，仍然采用几千年前流传下来的原始技术耕作，作为谋生的手段。同时，还可以看到以狩猎为生的许多土著部落，甚至有的人至今还赤身裸体，过着原始生活。

对印度社会的这种多样性和复杂性进行研究，并非易事。为此，我们不仅有必要对印度各方面的历史进行考察，而且也应当对印度的现状，即今天的社会结构、民族风俗等进行研究，否则无法得出正确的结论。这两件事情做起来都较困难。首先，印度的过去，缺乏系统的文字记载。而且，一些历史学家大多关注古代帝王的生活、王朝的建立以及战争，对古代的社会结构、民族风俗则关心得不够。其次，有关印度当代社会情况和风土人情的书籍也不多见。

　　今天，为发展中国和印度两国的共同文化，相互学习，相互了解就很有必要。要互相学习，首先应该相互了解；没有了解，就不可能很好地学习。学习的内容十分广泛，其中包括民族风俗在内。

　　印度的民族风俗内容丰富，众彩纷呈。不同民族有不同风俗，不同地区有不同风俗。印度的一些社会学家也承认，若把印度全国各地的不同民族、不同宗教等的风俗都较为详细地写出来，这简直是一件不可想象的事情。我在印度期间，虽曾做了点调查和研究工作，但也只是皮毛而已。现在把它呈献给读者，希望能对关心印度的读者和研究印度的同志有所裨益。但由于水平有限，加之时间仓促，错误之处，诚恳地希望得到专家和读者们指正。

　　我在印度进修期间，承蒙许多热心的印度朋友给我种种帮助，在此，谨向他们表示衷心的感谢。

作　者
1987年7月

目 录

第一章　东方的文明古国 ……………………………………（ 1 ）
　一　印度国名溯源 ……………………………………………（ 1 ）
　二　雄伟的地势，富饶的河川 ………………………………（ 2 ）
　三　美丽的自然风光 …………………………………………（ 3 ）
　四　独特的气候 ………………………………………………（ 5 ）
　五　人种复杂，民族繁多 ……………………………………（ 6 ）
　　（一）印度的人种 …………………………………………（ 6 ）
　　（二）印度的民族 …………………………………………（ 8 ）
　六　语言问题多 ………………………………………………（ 9 ）
　七　历史与文化 ………………………………………………（ 11 ）

第二章　主要宗教与民间信仰 ………………………………（ 14 ）
　一　宗教与人民生活 …………………………………………（ 14 ）
　二　宗教的社会影响 …………………………………………（ 15 ）
　三　几个主要宗教 ……………………………………………（ 16 ）
　　（一）印度教 ………………………………………………（ 16 ）
　　（二）伊斯兰教 ……………………………………………（ 20 ）
　　（三）佛教 …………………………………………………（ 23 ）
　　（四）锡克教 ………………………………………………（ 28 ）
　四　特点各异的民间信仰 ……………………………………（ 32 ）

第三章　印度教的种姓 ………………………………………（ 41 ）
　一　种姓的形成及特点 ………………………………………（ 41 ）
　二　种姓的表现 ………………………………………………（ 42 ）
　三　种姓的危害 ………………………………………………（ 44 ）

四　种姓的变化 …………………………………………（45）
　　五　不可接触的贱民 ……………………………………（48）

第四章　印度教的礼仪 ………………………………………（54）
　　一　礼仪的概念 …………………………………………（54）
　　二　礼仪的种类 …………………………………………（54）
　　三　礼仪与生活的关系 …………………………………（57）

第五章　奇特的生活习俗 ……………………………………（59）
　　一　印度的见面礼 ………………………………………（59）
　　二　印度人的姓名与称谓 ………………………………（60）
　　三　印度人的禁忌 ………………………………………（64）
　　四　动物与宗教信仰 ……………………………………（67）
　　五　脱鞋与宗教信仰 ……………………………………（69）
　　六　视牛如神，视粪如宝 ………………………………（70）
　　七　讨价还价 ……………………………………………（71）
　　八　印度人的时间概念 …………………………………（72）

第六章　衣、食、住、行在印度 ……………………………（74）
　　一　服饰 …………………………………………………（74）
　　　（一）服饰的产生与发展 ………………………………（74）
　　　（二）各种美丽的服饰 …………………………………（75）
　　二　印度的发饰 …………………………………………（76）
　　三　装饰品古今谈 ………………………………………（77）
　　四　吉祥志的使用与禁忌 ………………………………（79）
　　五　饮食 …………………………………………………（80）
　　　（一）饮食特点 …………………………………………（80）
　　　（二）美味佳肴 …………………………………………（82）
　　　（三）别有风味的茶水 …………………………………（82）
　　　（四）喝生水的高超技能 ………………………………（84）
　　　（五）别具一格的饮具 …………………………………（85）
　　六　住宅 …………………………………………………（86）

（一）印度住宅的产生与发展 …………………………………（86）
　（二）印度住宅的风格及特点 …………………………………（87）
七　发达的交通运输 ………………………………………………（89）
　（一）纵横交错的铁路 …………………………………………（89）
　（二）密布全国的公路网 ………………………………………（91）
　（三）日益发展的航空业 ………………………………………（93）

第七章　婚丧习俗 ………………………………………………（95）
一　婚姻习俗的发展 ………………………………………………（95）
二　不同宗教的婚丧习俗 …………………………………………（97）
　（一）印度教的婚丧 ……………………………………………（97）
　（二）伊斯兰教的婚丧 …………………………………………（122）

第八章　印度的土著部落 ………………………………………（136）
一　印度土著的社会概况 …………………………………………（136）
　（一）土著的由来与分布 ………………………………………（136）
　（二）不同的生产方式，多彩的社会生活 ……………………（136）
　（三）多样的社会结构，奇特的社会风俗 ……………………（140）
　（四）印度土著的行政体制 ……………………………………（142）
　（五）土著的社会作用 …………………………………………（145）
二　土著的婚俗 ……………………………………………………（147）
　（一）土著的奇特婚俗 …………………………………………（147）
　（二）土著婚姻的规定与禁忌 …………………………………（149）
　（三）几种婚制 …………………………………………………（150）
　（四）未婚青年的公房生活 ……………………………………（152）
三　印度的土著问题 ………………………………………………（156）
　（一）印度政府为解决土著问题采取的措施 …………………（157）
　（二）存在问题 …………………………………………………（159）
　（三）问题的症结所在 …………………………………………（161）

第九章　不同地区的居民及其生活特色 ………………………（164）
一　安得拉人 ………………………………………………………（164）

二　奥里萨人 ··· (165)
三　孟加拉人 ··· (167)
四　拉贾斯坦人 ·· (169)
五　旁遮普人 ··· (170)
六　印度斯坦人 ·· (174)
七　那加人 ·· (176)
八　马拉雅兰人 ·· (178)
九　泰米尔人 ··· (180)
十　迦洛人 ·· (183)

第十章　印度的节日 ··· (187)
一　五彩缤纷的节日 ··· (187)
二　几个主要节日 ·· (188)
　（一）霍利节 ·· (188)
　（二）德喜合拉（胜利节） ·· (191)
　（三）灯节 ··· (192)
　（四）杜尔迦节 ··· (194)
　（五）保护节 ·· (197)

第十一章　文化艺术与教育 ·· (201)
一　最古的文献吠陀 ··· (201)
二　著名的两大史诗 ··· (203)
　（一）《罗摩衍那》 ··· (203)
　（二）《摩诃婆罗多》 ··· (205)
三　丰富的民间故事 ··· (206)
四　悠久的古代寓言 ··· (210)
五　舞蹈 ·· (216)
　（一）源远流长的印度舞蹈 ·· (216)
　（二）舞蹈分类 ··· (218)
六　魅力无穷的印度音乐 ··· (229)
七　印度的教育 ·· (232)
　（一）发展教育的出发点 ··· (232)

（二）印度教育的突出变化 …………………………………… (233)
　（三）存在问题及改进的措施 ………………………………… (236)

第十二章　主要名胜古迹及其特点 ………………………………… (240)
　一　首都——新德里 ……………………………………………… (240)
　二　文明古城——贝拿勒斯 ……………………………………… (243)
　三　小印度——孟买 ……………………………………………… (245)
　四　艺术宝库——阿旃陀石窟 …………………………………… (247)
　五　玫瑰之城——斋普尔 ………………………………………… (250)
　六　城堡之城——瓜廖尔 ………………………………………… (251)
　七　佛教圣地——加雅 …………………………………………… (254)
　八　世界七大名胜之一——泰姬陵 ……………………………… (256)

主要参考书目 ………………………………………………………… (258)

第一章　东方的文明古国

印度是东方的文明古国之一，也是一个宗教复杂而多姿多彩的国家。它有雄伟的地势、富庶的河山、多变的气候，又有迷人的自然景色、动人的风情，既有光耀人寰、彪炳史籍的文化，还有几经沧桑、屡遭外侮的苦难历史。

一　印度国名溯源

印度的国名很多，叫法不一，对同一名称的来历，也众说纷纭，莫衷一是。"帕勒德"（bha:rat）即其中之一，它是梵文的发音。根据耆那教传说，教祖里施波德沃的长子叫"波勒德"（bharat），他是一位威望很高的国王，因此他的国家便以"帕勒德"（波勒德的变音）命名。又据《往世书》记载，包勒沃王朝著名国王杜施因德的儿子叫"波勒德"，擅长武功，在继任国王期间，打败了许多雅利安人小王国，《梵书》中曾记载其武功。由于波勒德的原因，其后裔一直被认为是"帕勒德"，国祚甚长。因此，这个国家便以帕勒德命名。在《往世书》中尚有另外记载，如"在大海以北和喜马拉雅山以南，有个国家，名叫'帕勒德·沃勒施'（bha:ratvarsh），其名的由来是由于波勒德的后裔居住的原因"。由此表明，印度居民的一个古称也叫"帕勒迪"（bha:rati）（帕勒德人）。又有些学者认为，帕勒迪人是指雅利安人进入印度以前的当地土著，其文明遗迹在哈拉巴和莫亨殊达罗早有发现。不过，有些人不同意这种说法。他们认为，帕勒德人是指波勒德国王的子孙后代。如此种种，说法不一。

"印度"还有另外的叫法。几千年前，雅利安人乘世界人种移动的风潮，由中亚出发，分东西两支迁移。向西去的一支雅利安人到了欧洲，成为今天大部分欧洲人的祖先；向东去的一支雅利安人有的则在波斯定居，成了今天的波斯人，另一部分则继续向东南移动，越过兴都库什山，来到印度的西北部，成为今天的一部分印度人。因此，"印度"一名的由来，是因为雅利安人初到印度时是住在印度河流域，而"印度"河古代梵文名叫"信突"（sindhu）河，又因古代伊朗人把字母"s"（斯）的发音读成了"合"（h）音，即读成"很毒"（hindu）河。这样一来，就把住在该河流域的人叫成"很毒"，而把这一地区称为"斯坦"。"斯坦"是地区的意思，合起来即为"很毒斯坦"，意即很毒人居住的地方。这就是印度又一名称"很毒斯坦"的由来。

中国历史上对印度的称呼几经改变。西汉时称它为"身毒"，东汉时称它为"天竺"。到了唐代，玄奘指出："仔细探讨天竺的名称，很多不同的说法，弄得一团混乱。旧时叫做身毒，或者叫贤豆。"现在根据正确发音，应该称做印度。印度人民随着居住地方之不同而自名其国，远方外国异俗之人，从远处看，采用了一个总名，将自己所喜欢的地方，称为印度。印度者，唐朝的话就是月亮。月亮有很多名称，印度是其中之一。意思是说，所有生物生生死死，轮回不息，好像一个没有光明的长夜，没有一个清晨的掌管者，就好像白天既已落山，晚上就点上蜡烛，虽然有星光来照明，哪能如同朗月的明亮。就是由于这种情况，才把印度比成一轮明月。实在是因为在这个国家，圣贤相继出世，遗法相传，教导群生，条理万物，好像月亮照临一般。由于这种原因，才把本国称为印度。[①] 这是一种解释和说法。从此中国才确定译为"印度"。

另外，古代希腊人却把印度河叫成"伊德斯"，把这一地区称为"伊迪亚"，这是西方人对印度的叫法。

古代印度，即今日之次大陆，历史上曾经多次变动，分成了几个国家，今天的印度，则专指印度一国。

二　雄伟的地势，富饶的河川

打开印度地图，它那雄伟的地势可一目了然。若把帕米尔高原看成世界屋脊，印度就如屋檐下一座面南的厅堂。它位于亚洲之南，北枕喜马拉雅山，东临孟加拉湾，南接印度洋，西濒阿拉伯海，成为远东、澳洲、欧洲和非洲海上的要冲，地理位置非常重要。

就地形而言，印度全境分北、中、南三个部分。从喜马拉雅山麓到温蒂

[①] 季羡林等：《大唐西域记今译》，陕西人民出版社1985年版，第57—58页。

亚山脉以北约一千英里的广大平原为北部，恒河横贯其间。纳巴达河以南，克里希纳河及通加巴德腊河以北的德干高原为中部。克里希纳河以南为南部。北部属亚热带大陆性气候，川野沃润，畴垅膏腴，人口稠密，经济发达。温蒂亚山脉以南属于热带，群山密布，森林蔽野，矿藏丰富。

喜马拉雅山脉斜坡险峻，峰峦尖峭，东西横列，仅有少数山口可以通行，但在封山季节，交通完全中断。其山南麓，生长着热带森林，峰顶终年积雪，且有冰川。喜马拉雅山成为印度北部的天然屏障，使印度免受亚洲中部冬季寒风的侵袭。因此印度冬季也并不很冷。

印度河流，以恒河、布拉马普德拉河与印度河为大。

恒河是印度的第一大河，有圣河之称，全长3000公里。其上游源出于喜马拉雅山南麓，与我国雅鲁藏布江仅一山之隔。山水南注，形成无数河流，皆为恒河支流，有哥格拉河、朱穆河，等等。恒河与布拉马普德拉河在下游汇合，构成一个三角洲。恒河流域是印度经济最发达、人口最稠密的地区。在它的滋润下，出现了无数商业名城和宗教圣地。

布拉马普德拉河上游，是我国西藏的雅鲁藏布江，位于喜马拉雅山北麓，绕过喜马拉雅山而流入印度，水势汹涌，航行不便。

印度河虽然也源远流长，但所经过的地方多为干燥区域，且中间有一部分是沙漠，因此支流很少，河水含沙量较大，常淤常决。

据有关学者研究，南部德干高原，古代原是一个陆块，后来被无数断层分割为很多彼此隔绝的陆块，如同我国西北地形。高原海拔一般为3000—8000米，高原由西向东倾斜，这一地区大部分河流最后注入东部的孟加拉湾。河流多属自然河流，雨水为其天然水源，一旦雨季来临，下雨较多，河流则泛滥成灾；干旱季节，河水干涸，限制了灌溉和航运。

印度自然条件良好，可耕地很多，土壤也较肥沃。除北部山区外，印度没有霜期，就是在北方的德里地区，冬天仍林水葱郁，公园内各种奇花异卉，色彩绚丽，芬芳扑鼻。

印度矿藏丰富，其中以煤矿、铁矿和锰矿储藏量最大；铝矿、钨矿、镍矿的储藏量也不少。此外，还有金矿和石油，等等，云母的质量也很好。

三　美丽的自然风光

有人说："印度是个美丽的大花园。"也有人说："印度是个天然的植物园。"我有幸去印度亲身体会过,的确令人有一种异样的感觉:赤红似火的太阳,五颜六色的花朵,枝叶茂密的热带植物……这些无不令人醉心。

印度幅员辽阔,景色宜人。在这个国家里,几乎无所不有。印度朋友说得好:"凡是世界上有的,我们印度几乎都有。"既有一望无际的绿色稻田,又有一片片甘蔗园地,北方有挺拔的松树,南方有高大的棕榈,结着黄色果实的芒果园遍布各地,参大的椰子树在南方多得让你目不暇接。近一尺长的菠罗蜜,是那样惹人馋涎欲滴。金黄色的大香蕉一串串高高地挂在香蕉树上,甘甜可口的各种柑橘,让你简直吃个没够,更有那无核的粉红色的苹果,甜中带香,芬芳扑鼻……还有许多我叫不上名字而中国又没有的水果,真叫人开眼解馋。

印度人喜欢鲜花,他们总喜欢给贵宾、新婚夫妇、过生日者的脖子上套个长长的花环,就是去墓地悼念死者,也要在墓碑上献一个鲜花做的花环。花环多用玫瑰、晚香玉和各色各样的热带花朵编制而成,看上去有无数金黄色和银白色的线条在闪耀着。

不少女子喜欢在头上插些鲜花,有红的,有黄的,也有粉白的,五颜六色,绚烂多姿。北印度人喜欢鲜花,南印度人更是如此。所以,商店或马路的两旁总有卖花的小贩。那些鲜花有的放在筐内,有的堆在地上,有的整个商店里里外外全是鲜花。有些小汽车的外壳上,也横七竖八地披着各种颜色的花环,它们大都是结婚用车,或为其他喜庆活动准备的车辆。在公共汽车上,几乎每辆车的车头前边,即司机的方向盘左前方(印度司机在右边开车)一般都放有各种神像。有的是彩色挂像,有的是铜制塑像,有的是铜制神牛,在这些神像上面也都挂有小型花环。大街的十字路口,公路两边一般都有盛开的鲜花,旅馆的门前或两侧,学校宿舍的周围也都有常开不败的花朵。夜间,即使在三层楼上也能闻到地上的花香味。印度到处鲜花盛开,百花争艳,简直像个大花园。在这美丽的自然环境中,我这个不爱花的人也被勾起了几分对花的兴趣和注意。许多花树高大,如同我们中国北方的杨树、柳树,高达几丈,粗细不一,有的如水桶一样粗,有的似手指一样细,这些花树有个特点,就是对它们用不着特别管理。印度人活泼、乐观、好客、乐于和人交谈,也许同这美丽的自然环境有关,他们和鲜花一样,叫人喜欢。

四 独特的气候

印度地处北纬8°与37°之间,大部分地区在热带,小部分属温带。北部山区,地势高峻,有些地方终年积雪。印度南部较热,一年中温差较小,有的地方终年37.5℃。

印度的气候,除高寒山区外,大部分地区以热带和亚热带气候为主。

印度全年共分六季,即春、夏、雨、秋、冬、凉。但主要是夏、雨、凉三个季节。印历三月到四月为夏季,其间天气炎热而干旱,人畜俱疲,蚊蝇因酷暑而罕见,植物也奄奄待毙。仅以处在温带的新德里为例,其热度也使人难受。有时气温高达49℃。头上骄阳似火,地面热气熏蒸,热风(又名"鲁")刮脸,如刀割削,不用说初来乍到的外国人,就连他们本国人对此都害怕。上午十点到下午四点,人们若无要事,很少出门,但在室内也难以逃脱盛夏之暑。人们常将门窗紧闭,防止热浪侵袭。门窗墙壁白天烫手,虽然室内吊有大电扇,并且不停地转动,桌椅依然烫人。当你伏案就座,不一会儿就觉得桌椅和身体温度浑然一样,汗水不停地向外淌,每隔五六分钟就得换一次背心。有时嫌麻烦,索性"赤膊上阵",许多男大学生在室内就是这样。冷水杯子,确切地说,是温水杯子,总放在眼前,要不时地喝水。一天之内有三壶生凉水才能过去。夜里大多数人在12点或凌晨1点以后才能上床。一躺下,床板和枕头就给你烫的感觉。夜间,常被热醒,不得不爬起来喝杯凉水,用毛巾浑身上下擦洗一遍。一天24小时汗水淌流不止,这倒也有个好处,迫使人人都养成了勤洗澡的习惯。这个季节,苍蝇蚊子少见,几乎全被晒死。印历五、六月为雨季,其间阴雾沉沉,大雨时降,草木茂盛,河水暴涨,泛滥成灾。这个季节,蚊子、苍蝇纷纷出动。蚊子成群成阵,十分猖獗,往往隔衣吮血,常常挥之不去,直至把它们打死。而不少印度人只是把它们轰走,这同其不杀生的宗教信仰有关。由于蚊蝇猖獗,印度传染病较多,尤其在这个季节里,疟疾的发病率很高,有些地区很多家庭都有此病患者。印度报纸对此几乎天天都有报道。此外,有些地区也有霍乱病流行,有时电台提醒人们注意。印历九月、十月为冬季,十一、十二月为凉季,一、二月份为春季,这段时间为东北季风时节,气候干燥凉爽,不冷不热,风和日丽,同中国的春秋两季大体类似,为印度最佳季节。

季风对印度的气候影响很大,系东北风和西南风。印度南临大洋,背负大陆。当夏季来临，太阳光线从南方向北方移动，陆地上的温度比海上增高快，形成低气压中心，海上的气压比陆地上高，这高低之差产生气流，于是夏季多西南风。西南季风带有大量潮湿空气，故雨季时雨量特大。冬季与上述情况恰相反，太阳光从北向南移，陆地上的热量比海上容易散发，故陆地上的温度比海上低，而气压却比海上高，所以冬季多东北风。在东北季风期间，气候干燥凉爽。

印度的地理位置和气候带处在信风带上，即南北纬10°与20°之间。北半球的信风带多为东北风，此风从高纬度吹向低纬度，即从低湿度的地方吹到高湿度的地方。印度虽然处在信风带上，但由于上面所述受西南季风的严重影响，加之印度的山脉，例如西高止山和喜马拉雅山等山脉的走向，都同西南季风相交，西南季风所带来的水蒸气被迫上升，遂凝结成雨。因此印度不少地方成为世界上多雨地区，例如梅加拉亚邦的乞拉朋齐一地，为世界上雨量最大的地方之一。只有印度西北，受印度洋西南季风的影响不大，雨量较小。

五 人种复杂，民族繁多

（一）印度的人种

印度在历史上屡遭异族入侵和占领，因而人种繁多，血统混杂，语言纷乱，素有"人种博物馆"之称。如果单从外貌和体型看，很难辨认哪一个人是印度人。有些印度人像欧洲的白种人，有些印度人又似非洲的黑种人，有些则是棕褐色的亚洲黄种人。他们有的头发乌黑，有的呈金黄色；有的身材高大，有的个子矮小；有的高鼻梁，有的塌鼻子。所以在印度，白种人、黄种人和黑种人等都有。许多世纪以来，各色人种、宗教和文化一直不断地流入印度，因此，印度文化吸收了多种民族不同传统，从而变得多姿多彩。印度到底有几种人，说法也不一。有的人类学家认为，主要有七大种：即达罗毗荼人、印度雅利安人、雅利安—达罗毗荼人、蒙古人、蒙古—达罗毗荼人、土耳其—伊朗人、色底安—达罗毗荼人等。

达罗毗荼人占全部人口的21.6%，大多分布在南印度。关于达罗毗荼人是否属印度的原始土著，有不同说法。一般认为，古时雅利安人进入印度后，才把达罗毗荼人从印度西部和北部赶到印度南方，于是达罗毗荼人就成了南印度的原始居民。因此有些学者说，达罗毗荼人是印度的土著。而又有学者从印度古籍中找出了比达罗毗荼人更早的人种名称，叫做尼沙达。还有一种说法，印度最早的土著与原始的澳洲人属同一血统。这种原始的澳洲人原住亚洲，后来有一支移居到了澳洲。有的西方学者认为，在赤道以南，从前有个大国，东到爪哇，西连非洲，这个国家被称为"莱茂里亚"，是达罗毗荼人最早居住的地方，但后来由于地壳发生变化，它的大部分被水淹没。这种说法在泰米尔语的文献中也有记载。泰米尔语的五大史诗之一《希尔薄提迦尔摩》和《马杜拉斯特尔——布拉朗》中有南马杜赖被洪水淹没的记载。在那些认为达罗毗荼人是从中亚而迁入印度的人们看来，达罗毗荼人是公元前3000年至公元后800年之间来的。在《摩诃婆罗多》中有关于安得拉、邦迪耶（潘迪亚国）、角尔（米罗国）和杰尔（其罗国）国王的记载。这就表明，公元前在南方就已经建立了几个达罗毗荼王国了。

至于"达罗毗荼"一词的形成，学术界也有不同看法。不少学者认为，现在的泰米尔纳德、安得拉、卡纳塔克和喀拉拉的居民是达罗毗荼人的后裔，他们的语言属达罗毗荼语系。古时整个南印度被称为达罗毗荼地区，但后来安得拉、卡纳塔克和喀拉拉分别独立，结果"达罗毗荼"一词就变成了"泰米尔"一词了。

根据文献记载，泰米尔纳德的很大一部分已被大海吞没，因此它的文化难免遭到破坏，根据已有文物考证，可以了解到达罗毗荼人的文化及文明情况。从语言上看，俾路支的布拉灰语和泰米尔语很相似，同样，地中海沿岸的居民与达罗毗荼人的体形、肤色也一样，从泰米尔纳德和巴格达挖掘发现的文物证明，这两个民族的埋葬仪式也相同。当然，也有些印度学者认为，达罗毗荼人并非从外地迁来，他们是这里最早的居民。不管怎样，是达罗毗荼人在印度西北部发展了莫亨觉达罗与哈拉巴文化，所谓印度河文明，实际上指的就是达罗毗荼人的文明，他们对文化曾做出过相当大的贡献。这种人后来和其他人种一样也有分化，形成了不少分支，还有许多混血种人。他们的特征是：皮肤黑，长头型，上臂长，扁平鼻子、个子矮小，现在西孟加拉邦的桑塔尔人便是血统较纯的达罗毗荼人。

关于印度的雅利安人，他们原与欧洲的雅利安人属于同种，为与欧洲的雅利安人相区别，所以又叫印度雅利安人。有种说法，大约在公元前2000年左右，雅利安人一度趁世界人种移运的风潮，分东西两个方面移动，一支由中亚进入欧洲，成为今天欧洲人的祖先；另一支则由中亚向南，越过兴都库什和喀喇昆仑两高原，停居于伊朗高原与印度，成了伊朗人和印度人的祖先。雅利安人是好战的游牧民族，进入印度部分同在此居住的达罗毗荼人时常发生激烈斗争，后来逐渐征服，将大部分达罗毗荼人赶往南方，一部分则沦为奴隶，雅利安人便开始占据印度西北部的印度河上游旁遮普一带。后来，渐次向东发展，直至恒河上游地区。他们发现此处土地肥沃，资源丰富，因此迁入者日益增多，构成了雅利安人种。雅利安人原为白种人，其长相明显具有欧洲人特征：身材高大，长头型，胡须多，鼻梁细高，额头宽，皮肤白皙等。进入印度后，因气候关系，肤色有所变黑。今天不少印度人属于他们的后裔，或为他们的混血种，血统较纯的人现在亦可见到，例如主要分布在旁遮普和拉贾斯坦等地的拉其普特人、查特人就是。也有人说现在印度教中以僧侣为职业的人可能是血统较纯的雅利安人。

土耳其—伊朗人，这种人皮肤白色，头发乌黑，脸多呈圆形、鼻梁高而不宽，多胡须，大多分布在印度西北地区，现在旁普遮的锡克教徒，印度西部的拜火教徒都是这种人中血统比较纯的。他们大多从事当兵、工农业生产和商业活动。

雅利安—达罗毗荼人是雅利安人和达罗毗荼人混血种的后裔，其外貌大体和达罗毗荼人近似，个子矮小，但有长头型和高鼻梁特征。皮肤呈棕色，多属较低级种姓，一般从事农业。他们主要分布在北方邦、比哈尔邦及拉贾斯坦邦等地。有代表性的是马拉塔·婆罗门族、捆毕族、西印度的库卢古族等。

蒙古种人，因地理和历史的种种原因，亚洲蒙古人在古时经由缅甸或西藏进入印度。主要分布在喜马拉雅山区和阿萨姆等地区，即印度北部和东北地区，构成蒙古种人。他们大多从事农业。

色底安—达罗毗荼人，色白、鼻小、颈项短、聪明，多分布在印度中部地区。

（二）印度的民族

印度是个多民族国家，到底有多少民族，难以确说，一般认为有以下一些主要民族：

印度斯坦族，主要分布于北方邦、比哈尔邦、中央邦和拉贾斯坦邦等地。

马拉提族，主要分布于马哈拉施特拉邦。

泰卢固族，主要分布于安得拉邦。

泰米尔族，主要分布于泰米尔纳德邦。

孟加拉族，主要分布于孟加拉邦。

马拉雅拉姆族，主要分布于喀拉拉邦。

格纳达族，主要分布于卡纳塔克邦。

奥里雅族，主要分布于奥里萨邦。

阿萨姆族，主要分布于阿萨姆邦。

古吉拉提族，主要分布于古吉拉特邦。

上述这些民族，占全印人口的94%左右。其中以印度斯坦族人数最多，以马挖雅拉姆族、孟加拉族等文化最为发达。

除上述民族外，印度还有不少土著部落民族，有人称他们为森林民族，又有人称为原始民族，或表列部落，等等。顾名思义，他们现在比较落后，处在不同的社会发展阶段，社会风俗千奇百怪。总之，他们在不同程度上还保持着原始文明。这对了解和研究人类社会发展史提供了条件，因此，自18世纪中叶以来，印度的部落民族一直受到印度和国外人类学家的重视。

印度部落民族共分几支，有多少人，说法不一。根据一些材料记载，有人认为印度的部落民族有550支，有的又说比这还多。人口在5380万以上。他们信仰各种宗教，印度教徒占89.4%，基督教徒占5.5%，佛教占0.34%，穆斯林占0.2%，其他教徒占4.53%。

从人数来说，以贡德、桑塔尔、皮尔、吴朗沃，孔德和蒙达等人数最多，以安达曼人数最少。

土著部落虽分布在全国各地，但他们大多数分布在山区、森林以及一些边缘地带。

六 语言问题多

印度的民族众多，语言自然也很复杂。主要语言就有十五种之多，在一张十卢比的纸币上就可以看到十四五种语言的文字并列一起，蔚为奇观。它们是阿萨姆语、奥里萨语、乌尔都语、坚那勒语、古吉拉蒂语、泰米尔语、泰鲁固语、旁遮普语、孟加拉语、马拉蒂语、马拉雅兰语、梵语、信德语、印地语、克什米尔语等。全印度各民族、部落的语言再加上方言超过150种以上。如果再仔细区分，则多达1600多种。所以有人说，印度各邦唯一统一的语言是国歌。从前，英国统治印度二百年，因此，英语在印度很有影响。1950年印度宪法规定，英语为印度官方语言，15年后，即1965年将以印地语代替，但到1965年4月26日，印度人民院又通过正式语言法案，规定1965年以后，除印地语外，英语仍为印度官方用语。

印度的语言一直是个复杂而严重的问题，对于这一点，甭说外国人感到麻烦，就连本国人也感到头痛。有的印度朋友开玩笑说："我们印度有多少人，就有多少种语言。"这当然是个笑话，也是夸张，但至少说明了一个问题，即印度的语言繁乱。就是同一种语言，有时两村之间也有区别。凡是到过印度农村的人，对此不无感受。语言问题一直是印度的一个难题。虽然印度政府把印地语作为国语给予推广，但在非印地语地区的南方阻力很大，地方语和英语至今仍占重要地位。不过那里的很多人所讲的英语与欧美人讲的英语听起来有点异样，乍听起来有点困难，若不习惯，有时也会闹出笑话。现不妨略举一例。1984年的一天，在新德里的某一汽车站三人等车，其中一个是印度人，另两个是法国人，其中一位法国人与那位印度人谈话聊天，印度朋友有说有笑，谈得有声有色，过了几十分钟，而那位法国人却没有反应，最后他向对方说道："请你用英语和我谈话。"看来刚才他是没有听懂，连对方用的是英语也全然不知，还误认为是别的什么语言。于是在场的另一位法国人马上答话道："刚才他是用英语同你谈话……"后一位法国人因来印度已半年之久，当然他懂得，也已习惯。这是个笑话，也是个真事。目前，还有一种现象，即印度流行的英语中，有不少印地语（当然印地语中也有不少英语词）混合使用，错综复杂。甚至有些名词用两种语言构成，例如大家熟悉的印度"人民党"，"人民"取于印地语词，"党"则取于英文词。像这种例子还有很多。因此，要想很好地学习印度和了解印度，仅懂印地语固然不成，但光懂英语也很不方便。

印地语作为国语，至今还未能在全国普及。印度独立以后，宪法明文规定，英语在宪法实施后15年内，即1965年前仍为官用语，其后将用印地语代替。但是这一规定，遭到南方各族和孟加拉族的强烈反对。直到1983年在印度首都新德里召开的世界印地语大会期间，在一次分组讨论会上，在要不要推广印地语的问题上，台上台下争执激烈，群情激昂，几乎打斗起来。见此情景，会议的主持者立即宣布散会，才免于一场不幸事故的发生。正因为如此，所以印度的小学里要学习三种语言，即英语、印地语和一种方言，学习可谓苦矣。

由于印度语言复杂，不同地区，尤其南北两地通话，受到影响，直接影响了文化的交流，这对整个印度的团结、统一和经济的发展繁荣不可避免地带来了一些不应有的损失。

七 历史与文化

印度历史悠久，文化灿烂，是世界文明古国之一，对世界文化宝库做出了不朽的贡献。由于印度在历史上不断遭到异族入侵，所以它既有光耀人寰、彪炳史籍的文化，又有几经沧桑，屡遭外侮的苦难历史。

早在公元前2000多年，印度原始居民达罗毗荼人就已有了高度发达的城市文明，位于今天巴基斯坦境内的莫亨殊达罗和哈拉巴的古代遗址便是有力的明证。在那里发现了水井、浴室和复杂的排水设备，还发现了不少家用器皿、油漆的陶器，最古老的钱币，雕刻精细的石器，铜铸的武器，金银手镯、项链以及两轮车的模型，等等。这充分说明了当时市民的生活情形。有关科学家认为，它比当时巴比伦和埃及还要进步。这些遗址至今对世界各国的考古学家和历史学家仍然有着极大的吸引力。公元前2000年左右，游牧民族雅利安人从西北进入印度，打败了达罗毗荼人，并将达罗毗荼人赶到南方。从此雅利安人由印度河流域逐渐向东南发展，移住恒河流域。这一时期，在印度历史上称为"吠陀时代"和"史诗时代"。

公元前600年左右，犀顺那伽王建立了犀顺那伽王朝，国名摩揭陀（或摩犍陀），国都在旧王舍城。传至频毗沙罗、阿阇世和优陀延王时，建华氏城为国都，国势极盛。后来，由于婆罗门的地位逐渐提高，下层人民的处境日益悲惨，阶级矛盾尖锐，在意识形态领域中出现了百家争鸣的局面，人们的思想异常活跃，于是，耆那教和佛教应运而生。

后来，犀顺那伽王朝为难陀王朝所灭，引起诸侯纷争，出现了社会动乱局面。公元前326年，希腊亚历山大翻越兴都库什山入侵印度，占据了北印度。亚历山大死后（公元前323年6月）月护打败了难陀王朝，扫除了希腊人在旁遮普的残余势力，建立了孔雀王朝，世袭凡一世纪之久。公元前273年，月护之孙阿育王即位。8年后，阿育王征服了位于今奥里萨邦的羯饶伽国，杀人10万，俘虏15万，血流成河，整个战争中死者不计其数，除部分地区外，几乎统一了全印。阿育王也皈依了佛教，并企图把全印佛教化，他第一次集结佛法于华氏城，就佛陀的教义做了一次完整而可靠的编集。他大力宣传佛教，还派佛僧前往叙利亚、埃及、锡兰（今斯里兰卡）、缅甸等国传教。公元前200年左右，孔雀王朝被南方的安度罗国和北方的大月氏所灭。大月氏人本在中亚，侵入印度西北部后，建都犍陀罗城，称为贵霜王朝。贵霜王迦腻色迦也和阿育王一样推崇佛教，使佛教声势大振，得到有力的复兴，更传播于印度之外，也传到了中国。

公元3世纪，旃陀罗·笈多一世驱逐大月氏，灭安度罗国，建立笈多王朝。笈多王朝版图甚广，南至纳巴达河，东北达尼泊尔边境。我国晋代高僧法显去天竺取经（公元399—414年）之时正是旃陀罗·笈多二世在位时期。

笈多王朝时（公元319—540年），政治较开明，经济也繁荣，在文化艺术及科学等方面都有很大发展，被称为印度历史上的黄金时代和文艺复兴时期。这时出现了许多杰出作家，诸如《云使》和《沙恭达罗》的作者迦梨陀娑，《罗刹娑与指环印》的作者毗沙迦达多和《小泥车》的作者苏陀罗伽等。大小各十八部的《往世书》也是在笈多王朝时期形成目前这种格式的，是印度宗教与哲学的总宝库。

笈多王朝终因哦哒人入侵而灭亡。后又有羯若鞠阇国兴起，有人认为羯若鞠阇国即笈多王朝的复兴。戒日王即位后，国势亦盛，东征西伐，所向披靡，除摩诃刺侘国外，无不臣服其下。唐代玄奘游印度时，正当戒日王在位。他死后，大臣篡位，国家大乱。此后数百年间，形成小国纷立，互相争霸。改信回教的突厥人乘机自中亚连年入侵，阿富汗伽色尼王朝国王马茂德在26年间（公元1000年—1026年）就入侵北印度达15次之多，致使印度不少城池被洗劫，寺庙惨遭焚毁，无数精美建筑，变成焦土。古尔王国国王穆罕默德从公元1175—1206年也先后6次出征印度，所到之处，抢劫一空，大肆破坏神庙石柱及建筑，许多建筑艺术的光辉成就，夷为平地。最后，穆罕默德的部将古杜布·邬丁征服了德里，建立了奴隶王朝。公元1206—1526年间，德里的回教王朝先后更换多次，后为北方入侵的强者所征服。

16世纪，蒙古察合台汗后裔帖木儿的六世孙即喀布尔（古高附）的酋长巴卑尔于1526年在巴尼巴特打败了德里的洛提王朝，建立了莫卧儿王朝。传至巴卑尔的孙子，即阿克巴大帝时，莫卧儿帝国国势极盛，几乎统一了全印度。他还破天荒地倡导各教归一，他身为回教帝王，曾在大庭广众之前于额角上画着印度教徒所画的符记，腰围拜火教徒所用的圣带，不仅鼓励云游传教的教徒，而且还召集全国各教的代表开会，制定法律，允许信仰自由。阿克巴以及他后来的两个继承者注重大兴土木，建立宫室，耗资不计其数，举世闻名的泰姬陵就是其中一例。他的孙子沙贾汗尤其重用红石建筑，印度著名的红堡建成应归功于他。奥朗则布对印度教的态度有所冷淡，战争不断，国势大衰。1707年奥朗则布死后，各地土邦王公纷纷自立，这给后来欧洲人的入侵提供了可乘之机。此后葡萄牙、荷兰、法国、英国接踵而至；相互排挤，最后英法两国决一雌雄，结果法国失败，英国取胜，英国乘机蚕食印度，扩大势力。与此同时，印度人民的反抗斗争并未稍戢，此起彼伏，接连不断，但是轰轰烈烈的印度民族大起义于1857年终被残酷地镇压了下去，莫卧儿帝国覆灭，印度完全沦为英国的殖民地。

英国殖民统治时期，不仅在印度建铁路、开矿山、修工厂、办学校，而且还介绍西方的科学文明，也发掘印度古代文化遗产，在印度产生了一定影响。不过，更重要的是由于英国的侵略和掠夺，给印度带来了巨大灾难和不幸，正如马克思所指出的那样，"打破了本地的公社，摧毁了本地的工业，铲除了本地社会中一切伟大和崇高的东西"。

但是，印度人民争取民族独立的斗争并未因此而停止，相反，以各种方式进行了不懈的斗争。

第二次世界大战期间，英国在远东的殖民统治陆续为日本军阀所取代，民族解放的火焰日益高涨，这时，英国在印度的殖民统治政权也岌岌可危，不得不采取让步政策，于1942年派出代表团同印度谈判。英国的计划只同意印度作为英联邦自治领，不同意组织印度人领导的临时政府，故谈判破裂。1945年当时的总督又召开了西姆拉英印谈判，由于印度代表之间意见分歧，谈判也未获成功。第二次世界大战后，印度民族独立斗争空前高涨。1946年2月18日爆发的英国皇家印度海军印籍水兵在孟买、卡拉奇和马德拉斯起义，得到广大人民的积极声援，给英国殖民统治以沉重打击。英国妄图改变政策，以图苟延残喘。于1946年3月派遣内阁特使团赴印度谈判，但由于英国坚持分裂印度和保持军事占领等主张，谈判又一次以失败告终。此后印度人民的反英斗争不断高涨，罢工斗争一年比一年更甚。

1947年6月3日，英国发表了分裂印度为印度、巴基斯坦两个自治领的方案，进行分而治之。同年7月，英议会通过印度独立法，8月，英国把印度的政权移交给两个自治领。8月15日，印度和巴基斯坦两个自治领正式宣布成立。1950年1月26日实施新宪法，宣布为独立自主的民主共和国。

第二章　主要宗教与民间信仰

一　宗教与人民生活

印度，是世界宗教发祥地之一。直到现在，绝大部分印度人仍然笃信宗教。宗教与印度社会、政治、经济和文化有着密切的联系，它深入到印度绝大多数人生活的各个方面。

在印度，不管是城镇，还是乡村，是工厂，还是学校，从几岁，十几岁的儿童，到几十岁的老翁，他们同你交谈之间，一定会问你："信什么教？"当你回答不信任何宗教时，许多人甚至青年学生都会感到惊奇，不可思议。在印度，可以说处处有神庙，村村有神池。在一些地区，街上的行人路过一座神庙，便会停下来，转身跨进庙门，举手击几下吊着的小铜钟，然后在一个容器里放一些钱，接着双手合十，闭上眼睛，祈祷片刻，之后，再继续朝前赶路。前边若再遇到一座庙，又会重复一番。白天，在大街十字路口的庙内或路旁的庙中，总有不少信徒赤脚盘腿席地而坐，全神贯注地听祭司向他们讲述各种神话故事。

印度的宗教和教派很多，除了印度教、伊斯兰教、基督教和锡克教外，还有耆那教、犹太教、佛教，等等。人数最多的是前边四种。据有关统计，印度教徒有6.8亿，伊斯兰教徒有1.01亿，基督教徒有1960万，锡克教徒有1630万。

印度人信奉的神也很多，主要有湿婆、毗湿奴、克里希纳、耿乃希、罗摩、因陀罗、雪山神女、杜尔迦女神、罗其密女神，等等，除此以外，各地还有许多种神。

由于印度是个宗教盛行的国家，所以宗教在人民生活中占有十分重要的地位。在印度人看来，没有宗教就没有生活，而保护宗教的人将受到宗教的保护。这种思想体现在人们生活的各个方面。因此，人们信仰宗教、按宗教教义行事。绝大多数人从早到晚，从生到死，一举一动，无不与宗教联系起来。例如一个印度教的小孩，出生后到一定日期，便要选个吉日良辰进行起名仪式，而且不少人所起的名字也同神有关。小孩开始上学读书，也要进行拜石板仪式。穆斯林也有类似情况。一个人的家庭生活也同宗教有关，例如印度教把结婚当作一项重要的宗教仪式来举行。举行婚礼时，女方献出姑娘，男方接受其为妻，中间要生起一盆火，由火神作证，还向神祈祷，并进行一系列的宗教活动。他们把结婚的目的首先当作宗教职责来履行，因为"无妻之男，无权祭祀"。结婚的第二个目的是生育后代。在《摩诃婆罗多》中明确提到，"男子无后有罪"。为了死后升天，免入地狱，生个儿子是必不可少的重要条件。甚至有些人出门到外地出差，也要选个良辰吉日，否则就认为会招来不幸。就连一周内何日去什么地方才吉祥，也有约定俗成的规定。

印度人把经济生活也同宗教联系起来，例如很多人一天几次拜神，若得到了职业，或丰衣足食，便认为是敬神的结果。印度教徒把罗其密视为女财神，一个人的贫富，认为同她有关。城市商人、店铺老板等，开始营业之前先要祈祷，原因也在于此。此外，手工艺人则要向自己的工具祈祷，农民要向自己的犁，牛和田地祈祷，甚至还有些农民由于相信"不杀生"，所以种地不施化肥，因为他们认为化肥同白骨有关；还有的民族至今耕地不用犁，因为怕伤了"地神母亲"。如此等等，举不胜举。由此可见，宗教与经济生活关系之大。由于种种宗教思想的束缚，他们把自己的手脚紧紧"捆"了起来，不少人受到"神灵"的愚弄而不能自拔，甚至达到了可笑的地步。有些思想不仅妨碍了生产，影响了生活，而且阻碍了科学和社会的进步。

二 宗教的社会影响

宗教是一种社会意识形态和文化现象，是人们的一种思想信仰，从广义上说，当然它也是一种风俗习惯。它的产生是人类历史发展的必然产物，从最初的原始图腾崇拜、万物有灵等原始宗教的形式，到后来演变成今天的宗教，无不包含着迷信思想，对人们有着腐蚀和麻醉作用。因此，马克思曾经明确指出："宗教是人民的鸦片。"今天，印度绝大多数人还深受宗教思想的束缚，从生产到生活，从家庭到社会，都受宗教思想的支配，如前所述，有的民族至今耕地不用犁，因为怕伤了"地神母亲"，不少人坚信"儿子是父母升天的阶梯"，父母无儿则死后不能升天，故重男轻女思想严重；种姓制度森严，高级种姓的人认为低级种姓的人不可接触，否则会玷污了自己，死后不能"解脱"，等等。这样，由于种种宗教思想作祟，他们把自己的手脚紧紧束捆了起来。

列宁说过："宗教偏见的最深根源是贫穷和愚昧。"印度在历史上历尽沧桑，屡遭异族入侵，印度人民遭受了极大牺牲和苦难，使经济和文化的发展受到严重影响，因此，今天印度宗教气氛很浓，与此不无关系。印度人民要想从宗教思想中"解脱"出来，恐怕首先要考虑如何进一步解决"贫穷和愚昧"问题。要解决这一问题，得靠发展生产，改变经济状况，提高科学和文化水平，而不能依靠什么宗教信仰。从印度的实际情况看，经济比较发达，文化水平较高的地区，宗教思想一般较轻，城市比农村较轻，文化单位比其他单位要轻。这就说明随着社会的发展，宗教总有一天会走向消亡，这是不以人们的意志为转移的。不过，我们知道，宗教是人类社会发展到某一阶段的产物，它也只能在人类社会发展到某一阶段才能消灭。这一阶段的到来，当然是个漫长的发展过程。它不同于一般腐败的社会风俗，强迫命令，无济于事，操之过急，徒费力气。今天，宗教所以在印度存在，除了思想认识的原因外，还有它很深的阶级土壤和社会土壤，看不到它的顽固性和巨大的社会影响是不对的。

印度独立后，社会发生了巨大变化，科学与文化有了长足进步。但是，反映在意识形态方面的宗教思想并非一朝一夕所能消除。印度具有悠久历史和古代文明，旧的影响自然也深，就连一些自称无神论者们在一定的时候，一些宗教思想有时也会反映到头脑中来，甚至影响到他们的言论和行动。尤其在遇到困难或遭到挫折时也认为神仙有灵，信神重要。

随着社会的发展，科学的进步，以及国际影响，信教的人正在逐渐减少，尤其表现在青年身上。这也是个发展趋势。

三　几个主要宗教

（一）印度教

印度是个古老的国家，它具有五千年的悠久历史。远在雅利安人进入印度以前，这里的原始土著达罗毗荼人就创造了先进的文化，有了对自然崇拜的原始信仰。公元前 2000 年左右的时候，一支雅利安人开始由中亚迁移到印度西北地区，逐渐征服了当地土著。到公元前五六世纪左右，雅利安人由印度河发展到恒河流域，这时，他们逐渐放弃了原来的游牧生活定居下来，改事耕作，遂出现了原始村落社会。随着雅利安和达罗毗荼人的接触与交往，相互影响的不断加深，不仅使雅利安人接受了达罗毗荼人的宗教，连他们的思想、行为以至风俗习惯也都受到影响，例如崇拜湿婆、湿婆林伽和偶像，以及在日常生活中，对于生、死和结婚等有关宗教仪式活动也重视了。几个世纪后，雅利安人的宗教仪式、祈祷方式和崇拜火神等习俗以及语言，也使当时的达罗毗荼人受到影响。这就是历史上所说的"印度河流域的土著和由中亚移入的雅利安人游牧部落的宗教混合而成的吠陀教，其特点为对种种神化了的自然力量和祖先的崇拜"。到了后来，在印度最初的奴隶制国家逐渐形成的过程中，吠陀教被加入了新的内容而发展成为婆罗门教。正如有的学者所指出的那样，"婆罗门教主张吠陀天启，祭祀万能和婆罗门（祭司）至上"。并在种姓制度上建立一整套烦琐的玄学体系和祭祀仪式。到公元8世纪，商羯罗吸收佛教和耆那教的某些教义，经过改革形成了印度教。

　　印度教已有一千多年的历史，在这漫长的岁月里，虽然社会在前进，历史在发展，但它的基本思想却变化不大。

　　既然"印度教综合了多种信仰，所以它非常复杂"，有的学者曾经指出，"想把印度教作为一个整体来加以描述的任何企图，都会导致惊人的对比差异"①。正如马克思曾经指出的那样："这个宗教既是纵欲享乐的宗教，又是自我折磨的禁欲主义的宗教；既是林加崇拜的宗教，又是札格纳特的宗教；既是和尚的宗教，又是舞女的宗教。"②

　　印度教虽然没有单一的信条，但有一条几乎一切虔诚印度教徒所信奉的，即多神教的主神论。"多数印度教徒是多神论者，这就是说他们尊敬几种神祇或鬼神的偶像，但是他们只向一个天神进行礼拜，就这个意义而言，他们多数人又是一神论者。但是这种一神论几乎常常具有多神论的色彩。印度教徒并不说异教徒的天神不过是些偶像，而是说我主创造诸天。他说我主（罗摩、讫里瑟拏或不论是谁）即是一切其它天神。"③

　　印度教主张因果报应和轮回思想，即所谓灵魂的转世。认为"生命不

---

① 查尔斯·埃利奥特：《印度教与佛教史纲》，李荣熙译，商务印书馆1982年版，第8页。
② 马克思：《不列颠在印度的统治》，《马克思恩格斯选集》（第二卷），人民出版社1972年版，第62—63页。
③ 查尔斯·埃利奥特：《印度教与佛教史纲》，李荣熙译，商务印书馆1982年版，第8—9页。

是以生为始，以死告终，而是无穷无尽一系列生命之中的一个环节，每一段生命都是由前世造作的行为（业力）所限制和决定。动物、人类和神的存在都是这个连锁中的环节。一个人的善良行为，能使他升天，邪恶行为则能令其堕为畜类。一切生命，即使是在天上，既然必有终了之期，所以不能在天上或人间求得快乐。虔诚的印度人的一般愿望是获得解脱，即脱离生死轮回"[1]，在一种永恒的状态之中获得安息，这种状态叫做与梵合而为一、解脱或其他名称。

印度教还主张非暴力，不杀生，认为任何形式的暴力都是罪恶，即使踩死一只蚂蚁也认为是不仁。非暴力是从思想上配合统治阶级对人民进行欺骗的一种手段，是限制群众斗争，不让人民触动和损害统治阶级的根本利益，这个教义自然是麻痹人民思想的精神鸦片，为剥削阶级服务的舆论工具。

印度教有种姓制度，是它的又一特点。按照这一制度，人被分为等级，有高低贵贱之分，而且生来决定，世代相传，就连他们的职业一般也是固定的，不得轻易更改。各种姓间界限分明，有严格规定，互不通婚，彼此不相往来，这样，一个人的种姓出身决定了他宗教信仰、社会地位、经济状况和家庭生活。这四个种姓即婆罗门、刹帝利、吠舍和首陀罗。婆罗门即僧侣，从事文化教育和祭祀。刹帝利即武士，从事行政管理和打仗。吠舍即平民，经营商业贸易。首陀罗从事农业和各种手工劳动。

除上述四个种姓之外，还有一个等外种性，所谓"不可接触"的贱民，被认为不圣洁、污秽之人，社会地位更低。连首陀罗都不如，占全印人口的14.69%，他们本身又分有等级，他们是印度最穷苦的人。

印度的僧侣很多，到处可见，甚至结队成群。他们不事生产，过着寄生生活，名为神的"使者"，实际上是文明乞丐。有些人流浪全国，强求布施，住乡下者向农民索取粮食等物，而农民决不能有不愿意或不高兴的表示，因为"神""附在"这些人身上。住城市者自然向城里人索取现金，不管你是印度人还是外国人，他们都向你乞讨，而且理直气壮，简直有"不给不行"之势。有些僧侣居住庙宇，靠来庙敬神者的施舍维持生活。印度节日多如牛毛，多得令人吃惊。每当节日，不少人请僧侣去主持节日仪式，搞些庆祝活动，借此机会他们会捞到许多钱财。

僧侣的"权威"远不止此。小孩的诞生、起名仪式、剃发仪式，以及

---

[1] 查尔斯·埃利奥特：《印度教与佛教史纲》，李荣熙译，商务印书馆1982年版，第9页。

成人后的订婚和嫁娶都得找他们商量办理。哪怕是办丧事也得要特别招待他们一番。

印度三分之二以上的人信印度教，在印度中部和南部，主要是印度教的势力范围。

种姓制度规定，不同种姓的人不能通婚。起初，主要指雅利安人不能与土著人通婚而言。雅利安人刚征服印度的时候，因与土著人杂居，彼此通婚自然难免，统治者为避免少数的雅利安人被多数土著人所同化，便标榜种族优越，遂颁布法令，禁止与异族通婚。到了后来，甚至不同种姓的雅利安人也不能通婚了。时至今日，虔诚的印度教徒还严格遵守这种规定。不同种姓的青年往往不能结婚，即使青年男女双方同意，各自家长也持反对态度。这方面，印度独立以后，起了变化，有所好转，尤其在文化单位，或国家机关变化更大。

不同种姓的人，不相接触。婆罗门认为，自己最为圣洁，深得上帝宠爱，倘若他与低贱的人接触，他的灵魂则会被玷污而招致天怨，下辈子则会降生为刹帝利，甚至更低的种姓。一旦与低种姓接触了，他回家后要马上洗澡，或者去恒河沐浴，以涤除"污垢"。因此，印度农村，低级种姓的人住在村内的一个固定区域，或村外的某一角落。这种情况各地有所不同，有些地区表现较轻，现在已不论这些了；有些地区情况严重。

早婚是印度教的又一风习。以前许多女孩子还在吃奶，便做了人家的未婚妻。今天有的七八岁，十几岁的孩子，正在发育时期，就要"之子于归，宜其家人"。她们所配的"良人"，不一定是年龄相当的如意郎君，甚至五六十岁的老头子讨个十几岁的小姑娘做老婆的事也是有的。因此，怨偶不少，生育过多，不少是十几岁左右的孩子，啥事不懂，自然闹出许多笑话。更重要的是影响儿童的发育，给国家带来麻烦。造成这种风习的原因很多，家庭经济困难是一个主要原因。做父母的急于将女儿嫁出，以减轻负担，以及对于贞操的不正确看法，恐怕她们做"出墙红杏"招来麻烦，故干脆及早一嫁了之；今天这种情况还时有发生。

寡妇再嫁，也是印度教所严厉禁止的，一个守寡的妇人，要终身服孝，在家庭中做最下贱而繁重的工作。在英国政府对此加以取缔之前，还流行着为夫殉葬的习惯，就是在亡夫火葬时，其妻跃身跳入熊熊烈火之中，活活地烧死。

已婚的妇女，平常是不能在大庭广众中抛头露面的，除家人以外，不轻易与异性接触，就是对自己的公公也是如此。所以，有的公公虽娶儿媳数年，还未见过儿媳的面孔。儿媳有事与公公谈话，脸要用纱丽的一角遮住。若是男客光临她家，年轻媳妇见了也不理睬，犹如没看到一样，由家里男子接待。不过，她会偷偷看你。在有些乡下这种情况更为严重，认为这才是贤妇淑女。

印度教重男轻女思想严重，而且由来已久。古代雅利安人侵入印度的时候，一方面由于作战，需要很多男子；另一方面他们的生活方式也发生了变化，显得男子更为重要，于是便产生了重男轻女的思想。印度教每个人都相信，生儿子是父母的功德，女大不能出嫁，便是父母的罪过。一个没有儿子的父亲是一生中最大的不幸。印度教有个规定，一个人死后，必须由儿子举火焚尸，主持火葬仪式，死者才能超脱地狱，转化托生，若没有儿子在旁举哀，死者就不能升天。

宗教思想无孔不入，甚至连结婚的目的也是为了宗教，即生儿育女。倘若为人妻子而不能生育儿子，其结果将十分悲惨。印度教经典明文规定，女子结婚五年内若不能生育儿子，丈夫有权再娶一妻。凡是生育女儿的女子如何受到歧视，便可想而知了。生下的女儿受到什么待遇，也不言而喻。无怪印度男多女少，而且妇女有越来越少的趋势。

任何事物都在发展变化，印度教也不例外，随着历史的发展和经济的变化，宗教思想和种姓制度也在发生变化。

（二）伊斯兰教

伊斯兰教的发源地是阿拉伯，后来传入印度，成为印度的主要宗教之一。

"伊斯兰"系阿拉伯文，它有"顺服"之意，即听从上帝的意思。"阿拉"是伊斯兰教的上帝，为唯一的主宰，而穆罕默德则为阿拉的使者。《古兰经》是伊斯兰教的圣经，为根本经典，它是立法、道德规范、思想学说的基础，全书共有114章。伊斯兰教提倡人人平等，主张"四海之内皆兄弟"，认为所有穆斯林都是上帝之子，相信有最后的复活或最后的裁判，凭今世所为而获赏罚，虔诚信奉阿拉为一神并认为做善事者会永居天国，永享福乐；不信教者和为非作歹者将在冥世堕火狱受烤炙之苦。让人们无限相信上帝，做每件事都要想到上帝。虔诚的教徒每日祷告五次：黎明或日初时，正午时，日落前，日落后，最后一次是就寝前。有些人每天只祷告两次，时间根据情况而定。每年在斋月把斋一个月，这是教导信徒自我克制，保持艰苦和适度，使信徒了解什么是饥饿，了解自我克制的价值。男孩必须受割礼，一般在七至十岁之间进行。禁食猪肉，虔诚的伊斯兰教徒亦有禁酒之俗，但并非处处皆然，人人如此。伊斯兰教反对神化和偶像崇拜，以及高低贵贱之分。

大约在公元8世纪初，阿拉伯人的势力发展到了顶点。穆罕默德于公元712年征服了信德（第巴尔），然后向北推进，于713年征服巴鲁（即海德拉巴以南，现在的查拉克附近），之后，他又挥师北上。信德的婆罗门国王达赫尔在拉瓦尔集结了一支强大的军队，双方激战的结果，达赫尔战死，他那支军队虽经过一番英勇战斗，也最终战败。在这过程中，伊斯兰教随之传入。公元1190年，阿富汗穆斯林廓尔王朝入侵德里，统治北印度。1290年，突厥人的卡尔基王朝征服南印度。到14世纪初，整个印度（除少数地区外）归穆斯林统治者统治①，15世纪至18世纪时又为莫卧儿帝国所统治，伊斯兰教在印度得到迅速发展，仍为国教，作为封建统治阶级的精神支柱，统治印度长达几个世纪。

印度穆斯林既有逊尼派和什叶派，也有资产阶级改良派和封建主义复古派，等等。当然其中以传统的逊尼派穆斯林人数最多，占穆斯林人口的80%左右。

由于印度教种姓歧视严重，引起了一些人特别是引起了低级种姓的人的不满，所以首陀罗和吠舍这些低级种姓的人改信伊斯兰教的也不少。这些人一旦皈依伊斯兰教，教友之间一般平等，对"生死轮回"不太重视，当然并非全都如此。

伊斯兰教传入印度后，使不少人改变了信仰，对印度的宗教、社会、风俗和文化艺术等都产生了巨大影响。与此同时，阿拉伯人由于和印度文明接触，在很大程度上也受到了它的影响。例如印度的文学、音乐、绘画、医学和哲学等，使阿拉伯受益匪浅，同时，使伊斯兰教自身也有所变化，染上了印度的特色。例如种姓制度对其影响就是明证。不少教徒组成种姓集团，还遵守种姓的种种规定，甚至还举行印度教的祭祀，这就带上了"印度色彩"。

---

① 参见世界宗教研究所《各国宗教概况》编写组编《各国宗教概况》，中国社会科学出版社1984年版，第82—83页。

伊斯兰教传入印度后，一方面助长了印度教童婚的流行，另一方面，印度教的童婚又影响了伊斯兰教。这样一来，穆斯林中也出现了童婚现象，与此同时，残酷的嫁妆陋习也随之蔓延开来。

印度穆斯林不仅与别国穆斯林有所不同，就是在印度内部，各地也不完全一样。不同地区，不同文化，不同语言和不同教派的穆斯林之间都互有分歧，各有差异。例如克什米尔地区的穆斯林和喀拉拉邦的穆斯林之间就有许多不同之处。克什米尔地区的穆斯林和孟加拉邦的穆斯林有的方面也有不同，尽管在宗教上同属一教，但在文化和语言方面，他们之间的关系较之于他们各自与当地印度教和非伊斯兰组织之间那种同声相应、同气相求的关系来说大为逊色了。

前面提到，印度教种姓影响的结果，在穆斯林内部，也同样有了种姓之分，尽管为伊斯兰教教义所不容，但是问题毕竟存在，这是不容否认的事实。不过，不像印度教内部那么森严就是了。例如北方邦的穆斯林中，阿什拉夫人属于高级种姓，而阿尔扎尔人就被视为低级种姓，受到歧视，他们中的绝大多数人只能从事繁重的体力劳动。据调查，穆斯林的种姓集团在印度全部城市无产阶级和半无产阶级中，约占20％，城市商业资产阶级及其附庸中占19％，城市知识分子、官吏等人中占11％，农村地主和富农中占5％，贫农和中农占5％，雇农中占7％。

当然，从总的来说，穆斯林的情况并不很好，有些材料表明，从克什米尔地区到坎尼亚库马里，绝大多数穆斯林属于贫困阶层。印度80％以上的人口分布在农村，穆斯林的农村人口占全国穆斯林总数的73％，城市穆斯林人口占全国穆斯林人口总数的27％。在农村，现在的穆斯林大多属于雇工和贫农，中农和富农较少。城市的穆斯林，多半从事编织业、卷烟业、屠宰业、制鞋业和脚镯生产等手工业，或是从事苦力、车夫等体力劳动。他们大多生活贫困，处于城市生活的最底层。[①]

由于大多数穆斯林所处的地位较低，所以现代教育对他们中不少人来说好像吸引力不大，似乎在他们看来，作为一个艺人或雇农，与其把自己的子女送进学校受教育，还不如叫子女干些活儿，以增加些收入更现实和更实惠。穆斯林至今还被有些人视为野蛮人，其中也许与他们经济落后和缺乏教育有关。

---

① 参见印度的《联系》周刊1980年8月15日。

随着时代的变化，穆斯林的情况也在发生变化，穆斯林妇女戴面纱的越来越少，女子上学受教育的和参加工作的逐步增多。按教义规定，一个男子可以同时娶四个妻子，但是现在更多的人喜欢只娶一妻。

总之印度穆斯林在变化中。

（三）佛教

佛教历史悠久，它产生于公元前6至5世纪的古印度，至今有2500多年的历史。悉达多·乔答摩是该教的创始者。

关于悉达多·乔答摩的生卒年月，说法不一，大多数认为，他约生于公元前566年，卒于公元前486年。他属于释迦族，牟尼（即圣人）是对他的尊称，所以又叫释迦牟尼，系刹帝利种姓。他父亲净饭王，是释迦族的酋长，住在迦毗罗卫。乔答摩生于迦毗罗卫（现在尼泊尔王国境内），他年轻时（据说16岁）就与表妹耶输陀罗结婚，29岁生了儿子罗睺罗。后他弃下娇妻与爱子出家修行。当时虽受到父母的劝阻，但无济于事。他毅然在山林冥想苦修，历时6年之久，终于悟出一道，遂巡游各国，进行说法，终年80岁。

他的出家，与当时社会情况有关。当时种姓森严，婆罗门有许多特权，他们不劳而获，坐享其成，对人民敲诈勒索，肆无忌惮。甚至达到不顾人民死活的地步。因此，民怨沸腾，人心思变，社会混乱不堪。

释迦牟尼出于反对森严残酷的种姓制度的婆罗门特权以及保护本种姓的自身利益，才信奉了苦修主义，出家为僧，到处云游。一度在两位高僧指导下研究哲理，后来到佛陀迦雅，进行苦修。他专心冥想，最后悟道成佛，是年35岁。从此以后的45年就消磨在传道之中。他最初的弟子是马利迦和德利布萨两位过路商人，最初说法之地是贝拿勒斯附近的鹿野苑。他在这里又得到五个婆罗门弟子。乔答摩在45年当中，先后在比哈尔、北方邦等地的广大农村宣传教义，收了许多弟子。当他80岁高龄时于拘尸那（现在北方邦高拉克浦尔区的克锡亚）去世。

释迦牟尼是一个实际改良家。他最初的目的在于从残酷的忧愁痛苦的现实中获得解脱。因此他宣传四谛说，四谛的意思是四个真理：一、凡人都要受苦。二、苦必有因。三、苦必摆脱。四、为求摆脱苦难，必须寻求正确的道路。认为苦起于欲望，因此欲望的灭绝则会导致苦难的终止。总之，他认为人生充满着痛苦，痛苦来源于欲望，而人们要想求得精神上的解脱，只有出家修行，清除欲望。早期佛教还认为，通过八条正确的道路能使人得到解脱，这就是所谓"八正道"。这八正道是：（1）正信仰；（2）正思维；（3）正言语；（4）正作业；（5）正生活；（6）正努力；（7）正思念；（8）正禅定。这就是所谓的中道，因为它避免了纵欲和严酷的苦修的极端。中道最后导致涅槃。涅槃不仅含有欲望的灭绝，而且也是一种完全平静状态的获得①。乔答摩在世时，还竭力宣传"众生平等"、"生死轮回"，打破种姓制度，反对婆罗门压迫等思想，因此具有进步意义。

但是，在资本主义社会以前的（包括资本主义社会本身）中外的统治者几乎都想利用宗教，为巩固自己的统治服务。而宗教为了巩固自己的地位，也都介入政治。在中国也同样。以唐太宗为例，他对玄奘很感兴趣，"唐太宗是一个有雄才大略之主，西域的突厥始终是他的一块心病，必欲除之而快。玄奘是深通世故，处心积虑宣扬佛法的和尚，他始终相信：'不依国主，则法事不立'。两个人一拍即合，这就是基础"②。乔答摩在宣传"众生平等"的思想的同时，又打出印度教的生死轮回的思想旗帜，并使之进一步发展与巩固，妄图束缚人们的思想与行动，安定社会秩序，维护统治阶级利益，便于统治者更好地统治。难怪他的理论一出来，便得到国王们的支持和帮助，无论乔答摩在世时，还是逝世后，国王们对传播他的佛教思想给予了很大合作。阿育王就是个突出例子。

阿育王于公元前256—前226年统一印度，这位皇帝为人残暴，杀人成性。可是他在统一印度之后，也懂得安定民心与巩固统治的关系，对佛教非常重视，把佛教定为国教，致使佛教一度盛行，教徒很多，并派大批使臣去国外大力宣传。佛教所以有如此发展与传播，显然同各国国王的支持有关。其实，阿育王"并不是专心一志地皈依佛教，对其他宗教他也崇拜。只要对他的统治和经商有利，什么宗教他都信仰。古今中外所有剥削阶级的统治者，在宗教信仰方面，都是实用主义者，阿育王也不例外"③。

佛教在印度的产生与流传，尤其是初期，对社会的发展，确有积极意义。到后来，由于热衷于偶像崇拜，一般人染上了虚无色彩，民族健康大受其害。从公元8、9世纪以后，印度教在统治阶级的支持下，得到迅速发展。

---

① 辛哈：《印度通史》，商务印书馆1963年版，第59页。

② 玄奘、辩机原著，季羡林等校注：《大唐西域记校注》，中华书局1985年版，第110—111页。

③ 季羡林：《罗摩衍那初探》，外国文学出版社1979年版，第35页。

尤其到了后来，伊斯兰教传入印度以后，印度佛教受到了致命性打击。到13世纪初，佛教在印度趋于消灭。19世纪以后又有所复兴，有一定恢复。至今佛教徒的人数也并不算多。

在佛教的历史上传说有过几次佛教大结集，这对佛教的发展和佛典的形成有重要作用。第一次是在佛陀去世几年后（地点在王舍城），就他的教义作了整理并编辑成经典。编辑成的文献名为"三藏"，第一部分为律藏，记载佛教僧侣的戒律及佛寺的一般清规；第二部分为经藏，是佛陀的说教集；第三部为论藏，包含佛教哲学原理的解说。第二次佛教大结集是在佛陀逝世的一世纪左右，于吠舍离举行。这次结集，分成了几派，谴责了一些异教，佛教徒修订了佛经。第三次结集是由阿育王亲自主持的，在华氏城举行，分成了18派，会上为佛经的最后定型作了努力。自从阿育王时代以来，佛教是印度的主要宗教，在迦腻色迦时期举行了第四次大结集，这次大结集为经典作了权威性的注释。迦腻色迦是佛教史中仅次于阿育王的人物，有些人认为他登位的年代是公元78年。印度独立以后，佛教又有发展，于1954年在缅甸迦巴阿约举行了会议，会上讨论了用巴利文出版三藏经典和在宗教的各个方面有关修改问题进行了讨论。1956年10月14日印度政府利用佛陀涅槃2500年庆祝活动之机，组织了活动，吸收了500万"贱民"加入佛教。自此以后，一直为宣传佛教而不断努力，据统计，1971年佛徒人数又有大量增加，已有3000万"贱民"改信了佛教。

回顾历史，佛教的发展几经变化。它最初发祥于印度，以后不断发展传播，尤其在公元5—10世纪之期几乎世界人口的一半以上信仰了佛教，影响很大。但是在中世纪以后，由于印度教的复兴和穆斯林的入侵等原因，佛教在印度基本上趋于衰亡。独立后几十年间佛教又有明显发展。人数大有增加，影响更加扩大。

从前佛教强调独身，但是现在也讲结婚了。佛教界妇女的情况有了改善，对她们的教育也重视了，她们中从事工作的也多起来。今天印度的一些表列种姓的人们为了改善自己的境况大量皈依了佛教。实际上，这些人改信佛教以后，各方面的处境变化不大，有些地方又产生了一些新的问题。

古代印度和尚来中国的很多，早期来中国的有竺佛朔（公元179年）、竺大力（公元197年）。到公元3世纪来中国的有释迦跋澄、释迦提婆等。5世纪的有求那跋陀罗，6世纪有真谛。到隋唐时代来我国的就更多了，举不胜举。直到13世纪印度的佛教虽然差不多衰亡了，但南印度有个敦巴桑结还五次来我国西藏传教。当然其中最有名的是鸠摩罗什（公元4世纪），他在我国曾系统地向我国介绍过古印度一派重要哲学思想，还翻译了大量佛教经典。他在我国从事讲学和翻译工作多年，成绩卓著，是一位在我国的宗教、哲学、文学的历史上起过重大作用的印度学者。他的名誉和玄奘一样，将永远留在中印人民的心中。印度学者来中国后，译经、传教、讲学，做了大量工作。不仅对我国文化发展起了帮助作用，而且和中国人民合作，把许多印度古典书籍译成了汉文或藏文，这不仅有利于我国文化发展，而且对保存印度本国文化典籍也是一种重大贡献。他们同我国人民合作，相互学习，不仅交流了中印文化，还缔结中印人民之间的友谊。两国学者合作时间之长，人数之多，友谊之深，恐怕在世界史中是无可比拟的。

从中国方面到印度去的学者就更多了，据史书记载，公元前2世纪，中印两国之间就有了接触。在魏晋时就有些人去印度学习佛教，以后时断时续，不断有人前往，从公元3世纪中叶起到8世纪中叶，500年间到印度去的佛教徒就有160余人。在以后大约1000年间，仍有许多佛教徒去过印度学习，在历史上最著名的算是法显、宋云、惠生、玄奘、王玄策、义净等人了。他们历尽千辛万苦，九死一生到了印度。在那里取经求学，交流文化，同印度人民缔结了深厚的友谊，至今在印度，玄奘等人的名字家喻户晓，提到中国人，必首先想到玄奘，见到中国人也自然会想到玄奘，他们不只是把他看作学习印度的先师，还把玄奘视为中印友谊的象征。还有些人去西天（印度）取经过程中有去无回，有的在印度归天，有的葬于半路，连名姓都没留下，但他们的功绩和求学精神却永留于世，受到中印人民的尊重。从中国去的和尚虽时多时少，断断续续，但佛教对中国的影响一直还在，直到19世纪在西方思想未传入中国之前，中国信佛教的人数依然很多，尤其在广大农村，有些人虽然不懂什么是佛教，但或多或少都受着佛教的一些思想影响，例如相信因果报应，等等。因此影响到人们的思想和行动。佛教传入中国后，成为我国社会生活中一个重要现象，上至皇帝，下至百姓，无不蒙受佛教影响，对当时人们的思想、科学和文化起了刺激作用，吸收了不少有用的东西，从而促进了中国文化发展。

随着佛教在我国的传播和大量佛经传入，我国古人向印度学到了哲学、文学、艺术、天文、医学等，不仅丰富了我国的文化科学内容，而且在向印度古人学习的基础上，结合我国的条件，又发展了我国文化，因此，可以说佛教传入中国后也产生了一些积极的客观作用和影响。

以印度文学为例,对中国影响早就开始,尤其到了六朝时代,随着佛教的传入,印度神话和寓言对中国文学影响的程度更深了,范围更广了,这时,中国文学史上出现了鬼神志怪之类的书籍。除中国固有的神仙之说外,还有不少的印度成分①。到了唐代出现了传奇与变文,它们的出现与印度的影响有关。众所周知,印度的寓言也十分丰富,影响很大,如鲁迅所说:"尝闻天竺寓言之富,如大林深泉。他国艺文,往往蒙其影响。即翻为华言之佛经中,亦随在可见。"印度寓言传入我国后,不仅成了中国文学宝库中的组成部分,而且对中国文学影响很大,甚至影响了一些作家的思想。例如"《法华经》、《百喻经》等鼓舞了晋唐小说的创作,般若和禅宗的思想影响了陶渊明、王维、白居易、王安石、苏轼等大文学家的诗歌创作"②。小说家许地山的许多小说取材于印度神话和寓言,有浓厚的印度气息。小说家沈从文也受印度寓言影响不小,他的《月下小景》短篇小说集,内容大多取材于汉译佛典③。

随着佛教的传入,大量语言传入中国,例如:佛、僧、尼、塔、罗汉、和尚、夜叉、解脱、法师、因果报应,等等。这样,大大丰富了我国语言词汇。同时,还促进了中国音韵学的形成与发展。远在东汉以后,很多知识分子注重学习印度古文(梵文),研究印度的拼音文字,从此开始建立起中国汉语的音韵学。在南北朝时期,定出了"四声",以及后来形成了"反切"等,这些都与学习印度古文有关。

梵宇琳宫,遍及各地,点缀了祖国的风貌,吸引了国内外学者和游人,但是,中国的建塔造像,也起源于佛教。建筑艺术、雕塑艺术自然也随之而来,对中国也产生了一定影响。

随着佛教的传入,一些天文学书也伴随而入,中国的历法虽然发达,但对印度的历法也很重视,据有人研究,唐朝时在中国流行的印度历法有三派之多,至于佛经里提到印度天文历法的地方就更多了。印度的天文学自然对我国的天文学的发展有帮助作用。

同样,中国医学非常发达,但印度的医学也传入了中国,不仅从印度传来了医学理论和治病药方,而且还有过医生来中国开业,甚至还给皇帝治病

---

① 季羡林:《中印文化关系史论文集》,生活·读书·新知三联书店1982年版,第123页。
② 赵朴初:《佛教与中国文化关系》,《文史知识》1986年第10期,第6页。
③ 季羡林:《中印文化关系史论文集》,生活·读书·新知三联书店1982年版,第133—134页。

献药。被翻译过来的医学和医方也很多,诸如在《隋书》中记载的有《龙树菩萨药方》四卷,《西域诸仙所说药方》二十三卷,《婆罗门诸仙药等》二十卷,《婆罗门药方》五卷,等等,《本草纲目》中也记有许多印度传来的药名。所有这些大大促进了中印医学的相互交流。

佛教对中国思想界影响很大,据研究中国古代哲学史的人认为,"两晋南北朝隋唐五代时期哲学史基本上是佛学在中国的发展史,至于宋明理学,在很大程度上是受了华严宗、禅宗理论的刺激和影响而产生的"[①]。一些民主思想启蒙者,如谭嗣同、康有为、梁启超等人,都采取了佛教中的一部分教理作为他们的思想武器,甚至我国早期的马克思主义活动家瞿秋白同志的早年时期,也受了佛教思想的某些影响,从而走上了革命的道路[②]。

佛教历史悠久,影响深远,随着时代的前进和佛教的变化,统治阶级和佛教上层也在大力进行各种活动,仅1960年以后印度各地成立的佛教组织就有百个以上。世界各国对佛教的研究也在加强,设在印度的国际性佛教组织也有很多。所以,近些年来接连不断在印度召开了有关佛教的各种会议。

(四) 锡克教

在印度,你会发现有种人蓄大胡须,留长发,头缠六米左右长的大头巾。他们一般身材魁梧,性格开朗,语言诙谐,那就是信仰锡克教的锡克教徒。

锡克教徒被称为锡克人。现在锡克人约计1200多万,其中大部分生活在旁遮普邦,其余散居在德里地区、哈里亚纳邦和孟买等地。18世纪以后,锡克人到海外谋生的日益增多,如在英国、加拿大、美国、泰国,等等,居住在旁遮普的锡克人虽人数不多,只占全印人口的百分之二,但向全国提供的粮食占二分之一还强,有"印度粮仓"之称,是这个国家的重要组成部分。

锡克教是印度的宗教之一。"锡克"一词,来源于梵文,意思是"学生"、"弟子"、"信徒"。锡克教于15世纪末期由纳那格创立。它原属印度教的一支,由于印度教虔诚派运动的开展,后来发展成为一个独立的宗教。锡克教徒非常尊重本教的首领和祖师,尊称为"古鲁"。从第一师尊纳那格

---

① 赵朴初:《佛教与中国文化的关系》,《文史知识》1986年第10期,第7页。
② 参见赵朴初《佛教与中国文化的关系》,《文史知识》1986年第10期。

(1469—1539年)算起,到高温德·辛哈(1666—1708年)为止,先后共有十位师尊。之后,虽然还有其他人继任领导,但都不再称为师尊。按照规定,凡承认锡克教义、十位师尊和锡克教的著名经典《戈兰特·萨哈布》者,皆可成为锡克教徒。

锡克教提倡平等、友爱,强调实干,该教的创始者纳那格曾公开宣称:"我的宗教既不是印度教,也不是伊斯兰教。"它是一种试图把印度教和伊斯兰敦融为一体的新宗教,既反对印度教的多神说和不平等的种姓制度,也反对偶像崇拜和男尊女卑,还反对妇女戴面纱和幽居深闺以及印伊两教繁缛的祭祷仪式等。

锡克教的出现不是偶然的,有它的时代背景和历史根源。印度教森严的种姓制度和繁缛的教规,引起了贱民和一般教徒的不满。公元8世纪初,伊斯兰教传入印度,强迫人们改信伊斯兰教,使矛盾进一步加剧和复杂化。面对这些尖锐而复杂的种姓问题和宗教矛盾,一些人提出了宗教改革的主张,遂出现改革热潮,开展了"虔诚运动"。斗争声势浩大,影响很广。

纳那格师尊所处的时代,正值洛提王朝的统治时期(1451—1526年),当时印度教的种姓歧视非常严重,引起了低级种姓的强烈不满,洛提王国出现了混乱局面。这时,道莱特汉·洛提的儿子提拉华尔·汗怀有篡夺王位的目的,竟然给巴卑尔马上写信,鼓励他进攻印度。巴卑尔本来对印度就虎视眈眈,垂涎三尺。得信之后,喜出望外,遂率兵向印度进发,在帕尼帕特地区(现属哈里亚纳邦)同当时的国王易卜拉欣·洛提激烈交战,结果,易卜拉欣·洛提战败身亡。

师尊纳那格对提拉华尔·汗的行径非常气愤,大为不满。他认为,这会使国家更加遭殃,人民更加受难。因此,他把巴卑尔的军队看成是引狼入室,比喻为"罪恶的迎亲队"。当时,虽有许多人大声疾呼,反对社会的黑暗和人民中间的伪善现象,但谁也没有把这种现象归咎于当时统治阶层,只有师尊纳那格首先公开强烈谴责和咒骂腐朽的统治者以及封建领主,把他们说成是刽子手,恶狗和吸血鬼。他还把耳闻目睹的血淋淋的事实、哀鸿遍野的凄惨景象写成一本书,有力地揭露了当时由于巴卑尔入侵所造成的桩桩惨案。

旁遮普出现的动荡不安和兵荒马乱的局面对师尊纳那格影响很大。他是一位诗人,他作为一名真正的诗人,写了许多反映这种混乱局面的诗作,例如,当巴卑尔从呼罗珊出兵向旁遮普进发的时候,消息迅速传遍了整个旁遮普,全国百姓陷入了一片恐慌之中。师尊纳那格目睹了现实,愤怒地写道:

出兵呼罗珊，印度吓破胆，
敌人来进攻，不必怨苍天。

巴卑尔入侵以后，人民惨遭屠杀。这时，为人们的苦难而悲伤的诗人纳那格激愤地责问梵天："啊，梵天，你眼看着大家受苦受难，可是你丝毫也不怜悯，你怎能忍见一只残暴的老虎向一头弱小的母牛扑去！"借此谴责侵略者，同情和支持受难的人民。

当时，各封建领主大量掠夺人民的财富，纳那格对此表示了强烈反对。他希望给每个人以平等权利，都能过上幸福生活。他蔑视富有，同情贫穷，爱憎分明。

一天，有个地主请他去吃饭，出乎地主所料，遭到他断然拒绝。地主问他不去的原因，他明确地回答："你家的饭里渗着穷人的血。"与此相反，他常到当地一户贫苦人家去吃饭，说那是奶糕。他对富人和穷人的态度就是如此泾渭分明。

他公开反对朝圣和宗教的伪善。一次，师尊纳那格云游到哈里杜瓦尔，他看见人们站在恒河里，面向东方，朝着太阳浇水。因为他不面朝东，而是面向西浇水，人们误认他是疯子，有人还前来和他辩论，问他：

"你面朝西给谁浇水？"

"给太阳呀！"

"太阳有多远？"

"说不清。"

"说不清，可你为什么朝西面浇水？"

"在迦尔达尔普尔有我的地，都干了，我在给地浇水。"纳那格说。

一个学者听了他的话后哈哈大笑起来，然后轻蔑地问道："可是你浇的水连河岸都到不了，都洒在河里了，怎么能到达迦尔达尔普尔呢？"纳那格立刻反驳道："如果我浇的水到不了迦尔达尔普尔，那么，你浇的水怎么能到太阳那里呢？"他们被纳那格驳得哑口无言。

当时，社会上妇女备受歧视，在一些信仰印度教的种姓中，流行着一种杀害女婴的陋俗，女孩一生下来，就被杀死。师尊纳那格坚决反对这种野蛮行为，并指出了妇女的应有地位。他认为，在生活中，男子离不开女子，否则没法过日子。他还说，妇女既然能生出帝王、仙人和英雄，她们在男人面前为什么就一钱不值呢？怎能说她们低贱，微不足道呢？

师尊纳那格讲究实际，不相信出家为僧和云游山林就可以见到梵天的说法。他认为，家居是最理想的。他说，人们只有尽好家庭义务，才能沿着正确道路到达梵天那里。他发现，几乎所有教派只强调外表形式，因而相互争吵，有许多天真的人就是在这种争吵的烟幕中受骗上当，因此，他鼓励和开导这些人挣脱骗人的罗网。

尽管纳那格也叫人们叨念罗摩，以求解脱，但他从不叫人们逃避生活。他自己就结了婚，还生了两个儿子。

师尊纳那格出生于平民之家，生活在平民之中，他一生从事耕种，直到生命的最后一息。他时常教导教徒："生活在虚幻之中，而又不被虚幻所迷恋，才能得到真正的瑜伽（即精神和梵天融为一体）。靠外表的伪装，什么也不可能得到。"他认为，只是吹牛说大话和谈经论道的人，不会成为瑜伽者，只有平等待人的人才是真正的瑜伽者。

师尊纳那格活了77岁，他一生以普通人的身份传播着他的教义，影响很大。他死后，他所创建的锡克教，迅速地传播到整个旁遮普和印度河流域。

继师尊纳那格之后，恩戈代瓦当了锡克教的第二代师尊，纳那格在世时亲自把师尊的宝座交给了他（1539年纳那格指定信徒恩戈代瓦作为自己的继承人）。恩戈代瓦死后（1539—1552年）阿尔马·达斯（1552—1574年）继位，他为宣传锡克教的主张，扩大锡克教的影响而做了大量工作。后来他任命女婿拉姆·达斯·索迪为师尊。从此，师尊一职由索迪家族世袭。后来第五师尊由于被莫卧儿皇帝怀疑，而惨遭杀害。至此，结束了锡克教和平发展的道路。阿周那临死前任命儿子哈尔·哥宾德（1606—1644年）接任，为第六代师尊。由他开始，锡克教发展成了半武装的宗教组织，注重了武装组织和训练，经常与政府军和异教徒发生冲突。第七代师尊由哥宾德的孙子哈尔·拉伊继位（1644—1661年）。他被莫卧儿皇帝囚禁于德里之后，任命次子哈尔·克里香为继承人（1661—1664年），他十三岁不幸夭折，死于天花。他的继承人是第六代师尊哈尔·哥宾德的次子代戈巴哈杜尔（1664—1675年）。当时正值奥朗则布统治印度，最后，师尊代戈巴哈杜尔被迫自杀。在他死后，由高温德·辛格继位，这就是历史上有名的第十位师尊。他任职期间，对锡克教进行了重大改革，废除了师尊制度。自师尊纳那格死后，锡克教的处境越来越坏，因此锡克教师尊们意识到要改变处境，必须实行军事化。"从第六代师尊哈尔·哥宾德开始（17世纪初），锡克教开始发展为武装组织，经常与政府军以及印度教徒、伊斯兰教徒进行武装冲突"。到高温德·辛哈时期完成了军事化。

"锡克"的真正含义是"进了学的人"或"受过教育的人"，锡克教徒们受的教育不是一般的教育，而是有关英雄精神和维护尊严而献身的教育。这种教育远在第一师尊纳那格就已开始，到第十师尊高温德·辛哈时又得到了巩固和发展，完成了锡克教军事化的任务，组成了一支强大的锡克军，并率领这支锡克军同莫卧儿军队展开了长期斗争。高温德·辛哈给教徒举行献身仪式，要求教徒实行五K（即指五件事）：佩短剑，蓄长发，带梳子，穿短裤，戴钢镯。剑，是为了自卫；长发，以示区别其他教团；梳子，为了梳发；短裤，表明锻炼的重要；钢镯，象征锡克教兄弟永远团结。有种说法，认为这五件东西随时提醒教徒对本教坚信不疑。

到1699年师尊高温德·辛哈在旁遮普的阿南德普尔·萨哈布召开了8000人大会，会上宣布成立了卡尔萨党，以便用武力对付各种灾难，保卫锡克教。同时，还给锡克教徒取了一个共同称号叫"辛哈"（雄狮）。锡克人给人们以勇敢无畏的印象，这同他们的教育有关。

1919年4月13日在阿姆利则400多锡克人遭到英国当局的杀害，致使许多锡克教徒纷纷脱离英国人的控制参加到甘地所领导的自由运动中去，各种形式的斗争此起彼伏。总之，在英国人统治时期，锡克人的斗争并未停止。在独立斗争中也起过重要作用，为印度独立做出了贡献。

四 特点各异的民间信仰

印度除了几大宗教以外，各地又有不少地方信仰，南北不同，东西有异，加上民族不同，其信仰也带有地方特点。

阿萨姆是印度拜力教派的中心之一。这个教派认为妇女是力量的象征。传说在古时候，雪山神女曾向湿婆神提出一个问题：是什么力量推动着人们的生活？人们应该敬奉什么？湿婆回答说，推动人们生活的力量是妇女，人应该用符咒来敬奉这种力量。崇拜力量就是崇拜自然。这就是拜力教派的核心，也是呾叉罗，即符咒论的基本精神。这种拜力论一开始就在阿萨姆普遍流行了。

拜力教派主张杀牲，甚至杀人祭神。被用来祭神的人，不能有生理缺陷。那些被认为可以用来祭神的人，称为"婆格"，意思是供神享用的人。这种人一旦被选定，允许他在被杀之前随心所欲地吃喝玩乐，为所欲为。到了每年一度庆祝节日时，举行宗教仪式，把他杀死祭奠女神。根据《往世书》记载，以人祭神，功德无量。所以有时候，甚至把怀胎刚满了九个月的婴儿，从母腹中取出，杀死祭神，而且认为，这样的祭牲，意义更大。这种杀人祭神的野蛮做法，当然是过去的事了。

15 世纪后期，有几个拜力教派和佛教教派在阿萨姆活动，后来由于商羯罗倡导的虔诚教派兴起，拜力教和佛教便黯然失色了。但拜力派并未衰亡，至今仍有相当势力。

商羯罗的虔诚派主张平等博爱，协调团结，反对杀牲，反对高低贵贱之分和种族歧视，认为人人都有权用虔诚和颂神来纯洁自己的心灵，摆脱糜烂的生活，走上和平发展的道路，最后获得真正的解脱。

他们提倡启发和提高人们对宗教的觉悟，认为阿萨姆社会之所以四分五裂，互不团结，是由于各教派教律严酷，人们还不觉悟的缘故，为了启发人们的觉悟，商羯罗写了大量"那摩·格尔登"，即颂神曲，以及名叫"帕瓦那"的宗教性戏剧，此外还开办了名为"萨特拉"的经院。每个经院里设一名高萨伊，即主事方丈或萨特拉蒂迦利，也就是院长。高萨伊或萨特拉蒂迦利须终身出家，过独居生活。

经院不但是进行神学教育的中心，而且是学习艺术和文献的地方。经院里反对偶像崇拜。

商羯罗对阿萨姆人民生活的影响极大，他写的《那摩·格尔登》颂神曲，至今仍在整个阿萨姆邦流行，而且每个村庄都修建了"那摩·格尔登"庙，人们每天都来到这种庙里，坐在一起，共唱颂神曲，表演"帕瓦那"剧。

孟加拉人笃信宗教，但由于历史原因，与其他地区的人有所不同，他们又有自己的特点。雅利安人未到孟加拉之前，孟加拉人崇拜大自然，雅利安人进入孟加拉之后，尽管孟加拉人也信奉雅利安人的神，但是他们对自己原先的地神、村神、家神等更为虔诚，而且往往把他们自己的神同雅利安人的神混合在一起敬奉。他们所敬的神有地神、龙神、蒙萨神、迦利女神，湿婆神以及非雅利安人的女财神等，尤其是迦利女神，是他们原先的神与雅利安人的神糅合在一起的典型。

但是孟加拉在宗教上有一大特点，即善于融合，不狭隘保守。符咒派的观点、婆罗门的观点和佛教的观点，都兼而有之。特别是佛教观点对孟加拉的印度教影响更大。印度教吸收其他教派观点补充自己的这种现象，在印度其他地方也是少有的。从杰旦尼耶到辨喜，所有孟加拉的宗教领袖都高举了一切宗教融合论的旗帜，所以孟加拉一般没有宗教或教派纠纷。

孟加拉邦节日很多，一年十二个月中有十四个节日。例如杜尔迦节、罗其密节、斯尔斯瓦蒂节、湿婆节、克里希纳节、贾拉格节、特拉摩·塔古尔节、耿乃西节、札格纳特节、多尔亚德拉节、迦利节、秋楞亚德拉节、拉斯亚德拉节、新年节等。而杜尔迦节是孟加拉人最大的节日。从一定意义上说，孟加拉社会的全部经济都和这个节日紧紧联系在一起。对每个家庭来说，这是花钱最多的节日，人们要添置新衣，修理房屋，打扫卫生等。而对婆罗门祭司和商人来说，这是一年中挣钱的大好时机。对孩子们来说也是最高兴的节日。节日期间吃好的，穿好的，还放假休息。

奥里萨邦被誉为印度教之乡，素有印度教圣地之称，古籍中说它是"神圣之国"，故这里印度教寺庙林立，庙内香火旺盛，至今仍是印度教的中心，尤其是扎格纳特庙在印度人民的心目中占有很重要地位。

扎格纳特即毗湿奴神，在扎格纳特布利域内有一座扎格纳特庙，所以此城又叫扎格纳特布利。布利的意思是城市，印度教徒认为扎格纳特庙是天门，因此每年有上万香客从全国各地来这里朝拜，奥里萨人的全部宗教生活都同这座庙联系在一起，受这座庙的绝对影响，甚至可以说奥里萨邦的历史也在很大程度上同这座庙有关。每当外族入侵到奥里萨的时候，奥里萨人总是首先想方设法保护扎格纳特神的木像。扎格纳特不仅是天神，而且是奥里萨的民神。

关于扎格纳特有许多传说，奥里萨邦的许多民间故事也都和扎格纳特有关。其中有一个传说是这样的：古时候，马尔华的国王下令叫大家找扎格纳特，并且还亲自派婆罗门使者到东西南北四个方向去查访，往东方去查访的婆罗门到了格岭伽国，同当地一个名叫瓦苏的夏瓦尔人的女儿结了婚，并在格岭伽定居下来。瓦苏是扎格纳特的信徒，他在女儿的劝说下同意带那位婆罗门去见扎格纳特神，但是去的时候必须用布把眼睛蒙住，不能让他知道去扎格纳特的道路，婆罗门接受了这个条件，于是被带到一个森林里见了扎格纳特。等瓦苏到别处去采花时，婆罗门便开始敬神，突然有一只乌鸦从树上掉下来，落在扎格纳特像前的地上，直接到扎格纳特居住的天堂去了，婆罗门看到这情景，也想学那只乌鸦。这时天空传来声音说："你要先回去告诉国王，说你已经找到毗湿奴，你前面那块蓝色的石头就是毗湿奴神。"过了一会儿，瓦苏采了一束鲜花回来，他要用鲜花敬毗湿奴，但遭到毗湿奴的拒绝。据那位婆罗门说，毗湿奴神已经享用了他刚才献的米饭和甜食。从此以后，敬毗湿奴的人不仅应该献鲜花，还应该献米饭和甜食。毗湿奴原先叫尼尔马特瓦，这次事件以后改称扎格纳特了，因为原来只享用鲜花的当地神，现在已经变成既享用鲜花又享用米饭和甜食的众人之神了，所以应叫扎格纳特，即世界之主。

这个传说，主要说明雅利安人来后，他们的文化如何与当地文化结合在一起的。另外毗湿奴还有一个名字叫婆苏提婆，意思是住在当地的神，这个当地的神既接受当地人献的花，又接受外来族（雅利安人婆罗门）献的米饭和甜食。这样，两种不同的敬神供物合二而一了，因此有人说在扎格纳特庙里可以从敬神的仪式上看到雅利安宗教和达罗毗荼宗教文化的绝妙结合。

还有一个传说，说国王因陀罗·突木那德得到黑天神像的一块残片，他想把它雕成毗湿奴像，命令雕神像的雕刻家维希瓦格尔马负责雕塑，维希瓦格尔马提出一个条件："如果在他工作期间国王不来看，他可以一天雕成。"国王同意了，但是维希瓦格尔马正在雕塑的时候，国王就急着进屋去看，维希瓦格尔马一生气不雕了，结果扎格纳特神只有头部和身躯，没有臂膀和腿脚。扎格纳特的这种形象一直延续至今。

据史书记载，公元前 813 年希腊王拉格德·巴忽从北部入侵的时候，僧侣们曾携带扎格纳特神像逃遁，这是最早提到扎格纳特的一次。据说这次把扎格纳特神像放在森林里，藏了 150 年之久，后来又有三次被放在吉尔迦湖水里保存。这说明扎格纳特在奥里萨人民生活中影响之深。

在扎格纳特庙里，可以看到一个值得注意的现象，就是不分高低贵贱，什么族或种姓的人都可以到庙里敬扎格纳特，敬神的供物都可以互相分食，不存在圣洁不圣洁的问题。对此，古时候还流传一个故事，说有一个国王很骄傲，他发誓不吃扎格纳特神前的供物，认为那些供物是别人接触过的，不干净，结果他来到扎格纳特城的时候，胳臂腿都自动掉了，剩下的身躯一直在城门口躺了整整两个月。一天，一只狗从城门经过，嘴里叼了一块扎格纳特神前的供物，过城门时供物从狗嘴里掉在地上，饥饿的国王赶快把它吃了，刚吃下去，便立刻恢复了原来的样子。这个故事当然是编造的，但它却无情地鞭挞了那些想保持自己所谓高贵种姓地位的人。

现在的扎格纳特城和扎格纳特庙可能是 12 世纪后半叶阿南特·伐尔

曼·焦拉甘伽国王重建的。据说，这座庙是印度最富丽堂皇，资产财富雄厚的寺庙之一，存款有数千万卢比之多，每年的收入近百万卢比，有人甚至担心如此巨大的财富有可能使这座神圣的庙宇变成贪污腐化的温床。庙里有一位长老，表面上他的工作是打扫庙宇，实际上大权握在他的手里。此外，还有数百名所谓僧侣的服务人员。

扎格纳特全城的人平时不干什么工作，既不务农，也不经商，他们完全依靠来自全国各地的朝圣者的施舍维持生活。扎格纳特神像每12年更换一次。快到换像的时候，庙里有僧侣先行斋戒，在梦里发现雕新像用的树木在何处，然后到所梦的方向去寻找此树，如果发现是棵楝树，它长在火葬场边，双杈，生有海螺纹，缠着黑白蟒蛇，没有鸟巢，就把它砍倒，并且小心翼翼地把它运到扎格纳特布利，雕塑成新的扎格纳特像，然后举行隆重的仪式，把旧像换下来，将新像竖起。换下来的旧像，由一个叫德伊达巴蒂的信徒负责烧掉。

喀拉拉邦自古就有拜蛇的风俗。当地许多人认为，蛇有意识，懂得人性，只要你无伤它意，它则没有害你心，因此不少人家养蛇。凡是印度教徒的家门前，都有一片小树林和一个小池塘。树林里有石砌的小蛇庙，叫基德尔古德庙，庙里有石雕蛇像。每天傍晚，家里的姑娘们或青年人沐浴后就到这个基德尔古得庙进行祈祷。年轻的夫妇则坐在庙前，弹着维拉琴，敲着陶罐，演唱赞颂蛇神的歌曲。

在人们看来，谁要想发财致富，就必须敬奉蛇神。在基德尔古德庙里敬神时，如果心里不诚，或者砍伐庙旁的树木，蛇就会震怒，冒犯者家中的成员就会大难临头。有皮肤病的人，没有后代的人，或者儿女愚蠢的人，忏悔和祈祷就要更勤些。

在喀拉拉邦有两座著名的蛇神庙。这两座庙都在阿勒布沙县。一座是在摩纳尔夏拉地区；另一座在塔蒂高德地区。这两座庙的周围都是茂密的树林，树林里有很多蛇像。每逢星期日早晨，信徒们就成群结队地到这里来祈祷，无儿无女的夫妇更是如此。他们为了生孩子，向蛇神献上青铜器，并在青铜器上刻上自己的姓名，口朝下倒放在庙里。待日后果真生育了儿女，夫妇俩便会满心欢喜地再次到庙里来，用他们献的青铜器熬牛奶粥招待别人。

在摩纳尔夏拉的蛇庙里，每年要举行一次朝拜大会。上百万的信徒从喀拉拉邦各地云集到这里进行祈祷。

那伽兰邦的那伽人相信鬼神，但是不能因此就说他们相信万物有灵。他们把男神和女神讲得一清二楚，认为他们对人民生活关系重大。他们认为有一个"天王"神指导并支配着人的生活，其地位在所有的神、鬼之上。这个神无所不知，无所不能和无所不在。人们崇拜他，祈祷他，既怕他又尊重他。他至高无上，是善良与罪恶的施者，他使人有穷、富之别，有伟大和渺小之分。除了这个万物之神，还有相当一些他们既害怕又崇敬的神。根据传说，这些神中有八个神是由一个称为"赫斋尔"的女神所生。其中两个神最为重要，每当人们生病时，就祈求这两位神保佑。人们认为，鬼在丛林、森林、河川、山谷悬崖、岩石、河流和天空中显灵。因此，人们要经常请求他们息怒。那伽人不建任何庙宇或设神龛来表示对鬼和神的崇拜，而是由祭司代行，祭司主持公众仪式和为这种仪式选定日期。

那伽人认为，鬼神的影响是灾难的根源，因此在纺织、打猎或旅行之前先要看是否吉祥，采取的方法是：拿一只鸡来杀掉，然后再看死鸡的腿朝什么方向。若鸡的两腿朝上，则认为吉祥，若鸡的左腿压在右腿上面，则认为不吉祥。那么，这个人最好暂不工作，或暂不出去。如听到鸟叫，看声音是从哪边来的。若从路的右边听到，认为吉祥；若从左边听到，则认为是不吉祥的。

太阳和月亮不受崇拜，但是受到尊敬。他们认为山丘、溪水和岩石都是天王创造的。日食和月食被认为是罪恶之源，因为它在一年中的某个季节曾经吞食过他们，致使作物歉收，饥荒接踵而来。雷电是由于生活在天堂的丈夫与妻子吵架而引起的。他们在天堂里咆哮、怒吼，闹得人间天翻地覆。若不能拿出祭司所指示的供品，雹子会从天而来，毁掉人们的劳动果实。认为地震是由于某些鬼魂摇动地球而引起的。

那伽人把生病归咎于某些野鬼显灵的结果。某人一旦生病，要请祭司驱鬼，认为他具有神力，他通过抽签的办法宣布病因，把某病说成是由于男神、女神或居住在某一悬崖壁上的鬼显灵的结果，这时他还告诉人们屠宰野鸡或猪的数量，供献于神，以祛病消灾。

当一个人突然昏迷，或遇有令人恐怖的事情发生，或在途中或森林中突然死亡，人们则认为是由于野鬼作祟。这时要杀牲祭供，肉由病人吃掉，把血供奉给女神。认为这样做后，女神会让病人恢复健康。

每年年初举行一次向神上供仪式。其目的为向万能之神赎罪，请他息怒。祭司祈求天王帮忙，以使人们平安无事。供品分为二等，献给家神的供品是一等，献给村神的为二等。在他们的祖辈去世时，若不向鬼灵献足供品，鬼魂可能在死者后代身上显灵，给他们带来麻烦。向村神上供是在全村闹灾（如有霍乱、天花等传染病）时举行。到时还故意放走一两只白色或黑色的禽鸟，认为它们是神的"化身"。这时，要禁止任何外人或不速之客进村。

那伽人认为，若一个人晚上做了噩梦，例如他从树上掉下，或不幸掉进河里，或遇到可怕的事情，认为这个人已被恶鬼缠住。这个人第二天不该出门，要去找祭司驱鬼。这时，祭司会杀一只禽兽，奉献于神鬼，以使这个人从恶鬼的手里脱身。

若一个人在旅途中见到一只黑猫在他前面穿过，他要停止旅行，马上回家，否则他在旅途中会遇到不幸。若有人出门后看到一条蛇，必须把它打死，然后回家。认为半夜狗叫是凶兆，是恶鬼在村里显灵的迹象，预示着村里要死人。

梅加拉亚邦的居民有同大自然进行斗争的漫长历史。这里的气候和山地环境使这里的人民形成了一种特殊的思想信仰。他们对于周围环境的好坏还处于无能为力的状态，所以尽量使自己适应这种环境。例如，他们相信野兽不伤害好人。如果谁被老虎吃掉，就认为这个人一定是做了坏事，得到了报应。他们砍下老虎牙来发誓：如果谁有罪，就被老虎吃掉。他们不归罪于老虎而归罪于人。有谁淹死了，他们就说这是被水晶宫的仙女看中。他们认为，水晶宫的仙女如果喜欢谁，就会把谁的灵魂捉到水里去，然后将他的躯体抛到水面上来。

梅加拉亚邦的各民族信仰，既有相同之处，也有不同之点。其中迦洛人的信仰有一定的代表性。

迦洛人认为，世界是由塔塔尔·拉布迦这个强大的神所创造，另有两名叫瑙斯突·那般突和马奇的小神帮忙。塔塔尔·拉布迦不仅被认为是神中之王，而且在医治慢性病方面是他的拿手好戏。人们认为，他创造世界的方法是这样的：当他想到创造世界时，他派瑙斯突·那般突打扮成女人的模样去执行任务。但他发觉没有一块干地可供他存放食物时，他则把自己的住处安在水上面的一个蜘蛛网上，塔塔尔·布拉迦给了他一些沙土去创造世界，但是沙粒黏不到一起。因此，瑙斯突发现沙土没用，就派一只大螃蟹去水底搞些泥土，但未获成功。后来他又派一只小螃蟹去水底，小螃蟹也被吓住了。最后，他又派出一只甲鱼，拿到了泥土。于是他就用泥土来加固地球。但是，因地球太湿，不能在上面行走，于是瑙斯突祈求他的母神塔塔尔·拉布迦帮他把地球弄干。为此，塔塔尔把太阳和月亮放在天空，还有风。他们把地球弄干后，蔬菜也没法种出来。第一批动物创造出来，它们当中胡鲁先猿是头一个，这是因为它能大声喊叫，不让地球睡觉的原因。水中的生物青蛙第一个被造出来，青蛙用哇哇叫声宣布雨季来临。青蛙之后，鱼被创造出来。以上这些创造出来之后，塔塔尔·拉布迦派了一名叫苏西姆的女神来到地球，为给人准备住的地方。布挨迦苏和他的妻子加挨岗杜清除了森林，给创世主供献南瓜，结果创世主给他们稻子。从此以后，人类就以大米作为主食了。

迦洛人认为：地球是一个薄而平的躯体，塔塔尔命令太阳和月亮轮流照射地球的上部和下部。在另一个故事里，把太阳、月亮描写成兄妹二人。妹妹月亮比哥哥太阳更加漂亮可爱，于是太阳就产生了妒忌之心。他一怒之下，把一些泥土扔到自己妹妹的脸上。妹妹不洗脸就来到她母亲那里告状。母亲看到她脸也不洗，非常恼火，决定把这泥永远糊在她的脸上，作为对她的惩罚，从此以后，月亮就没有太阳光亮。星星被认为是管季节和年份的神。晨星警告公鸡，白天就要来临，它们应该开始啼叫，这样人们可以醒来。晚星出来意味着可以把鸡关起来过夜。对陨落的星星有一个有趣的解释：一次，一个叫达撕迪斯·明提尔的星星同地上的一团泥结婚了。以后，他警告其他的星星，再不要和地上的泥土结婚，否则难以归天，但是直至今天他还没忘记他旧时的爱人，所以不时到地球上来看望她。

正如前面所说，迦洛人崇拜许多神灵和自然力。在鬼神中，有仁慈的和邪恶的。除了造物主塔塔尔·拉布迦之外，还有庄稼的保护神乔拉布提，给他供奉祭品能治耳朵痛和脓肿；生育之神是撒尔江；力量之神是高耶拉，他引起雷和电，他的兄弟掌握人的生命，苏西姆给人财富，但同时也对瞎眼和残废者负责。

迦洛人还相信，像打雷、闪电、下雨、刮风、地震、潮水、日食、月食等自然现象都由一些神掌管的，因此，迦洛人经常向这些神供奉祭品，用来消灾避难。

比如，闪电是高邪拉神晃动自己宝剑的结果，当他发怒时，发出的响声就是雷。对于地震的解释也很奇妙。认为地球是一个平四方块，由四根从天上掉下来的绳子吊着，每根绳上住着一只松鼠，它在啃咬绳子。四个瞎子拿着竹竿站在每个角的外面追赶松鼠，但是有时由于松鼠跑得太快，他们无法打着，这样，就引起了地动。另外一种说法是，平方的地球像一张桌子，由四条腿支着，当一只老鼠无论从那一条腿上爬下时，就会引起地震。

迦洛人认为纳旺格神吞下太阳和月亮，就会引起日食和月食，因此必须敲鼓把他赶走。每当要刮起一阵意外的大风时，迦洛人就拿起一把剑，在门外乱砍，嘴里不住地说："去，去到山涧深谷里去。"

为了求雨，或因天气太冷而祈求太阳，就在一块专门设置的土地上举行仪式。求雨时，村子里的人每人手提一葫芦水来到一块大岩石旁，祭司念诵咒语，供奉一头羊，把羊血洒在岩石上。然后，所有的人都把葫芦里的水倒在可怜的祭司身上。为了求太阳，在岩石前点起火，供奉一头羊或一只鸡。

第三章　印度教的种姓

印度的种姓制度，是个非常复杂而又奇怪的问题，今天在世界上也是罕见的。印度人口众多，百分之八十为印度教徒，其中又分为不同等级的社会集团。这些不同等级的社会集团印地语称为"贾蒂"（旧译名"阇提"），西方人称为"卡斯特"，我国通常译为"种姓"。种姓制度不仅在印度教徒中存在，在伊斯兰教、锡克教中也有不同程度的影响。种姓制度不但奴役、残害了广大劳动者，剥夺了他们做人的权利，也是印度社会发展的一大障碍。直到今天，它对印度社会、经济、政治、文化以及人民生活等方面仍有很大影响。

一　种姓的形成及特点

印度教的种姓，把人分为四个不同等级，即婆罗门、刹帝利、吠舍和首陀罗。婆罗门即僧侣等，为第一种姓，地位最高，从事文化教育和祭祀；刹帝利即武士等，为第二种姓，地位次于婆罗门，从事行政管理和打仗；吠舍即平民，为第三种姓，经营商业贸易；首陀罗为第四种姓，地位最低，从事农业及各种体力和手工业劳动等。后来随着生产的发展，各种姓又派生出许多副种姓（或称亚种姓、次种姓）。据说这些副种姓全国有3000多种。各种姓都有自己的道德法规和风俗习惯。

除以上四个种姓外，还有一种被排除在种姓之外的人，即所谓"不可接触的贱民"，又名"哈里真"。他们的社会地位最低，最受歧视，好像被排斥在社会之外，他们的工作是扫地、扫厕所、处理动物的尸体等。在农村只准他们居住村外，或某一指定区域，不能和其他种姓的人使用同一口井，无权进庙拜神，等等。

种姓制度由来已久，大约有3000多年的历史。早在原始社会的末期就开始萌芽。最早的宗教典籍《梨俱吠陀》中使用了"瓦尔那"（即颜色、种、品质）和"达萨"（即奴隶）的字眼，用以区别雅利安人和被征服的当地土著，当时把土著称为"达萨"。后来由两个等级发展成四个等级，即婆罗门、刹帝利、吠舍和首陀罗。在阶级分化和奴隶制形成的过程中，这种原始的社会分工后来形成等级化和固定化，逐渐形成了森严的等级制度。以后，随着社会劳动分工进一步发展，这个"瓦尔那"又逐渐分裂成许多副种姓。古代统治阶级一向对种姓制度大肆鼓吹，为此，还编造一种神话，说婆罗门是从梵天的口里出生的；刹帝利是从他的双臂出生的；吠舍是从他的两腿出生的；首陀罗是从他的两脚出生的。由于出生的部位不同，所以四个瓦尔那的地位有别，分尊卑高低。

种姓是世袭的，代代相传，不能更动。各种姓的社会地位的高低，经济情况的好坏，大都同种性有关。几千年来，人们受种姓思想的约束，在日常生活和风俗习惯方面影响很深。不同种姓有不同的道德标准，有些地区至今还非常严格，如若违反，轻者受到惩罚，重者则被开除出种姓之外。在四个种姓中，首陀罗受苦最深，至于被排除在四个种姓以外的"不可接触的贱民"，其处境更加悲惨。印度独立以后，虽然规定不允许种姓歧视，但是由于几千年来种姓制度根深蒂固，种姓歧视至今仍未消除，尤其是在广大农村情况仍十分严重。

二　种姓的表现

各种姓之间在饮食方面有种种限制。他们把食物分为三类，即水果、熟食和生食。水果类食物包括水果、牛奶、奶制品；熟食指用油和酥油炸的食物，例如"布里"、"格角里"等；生食指用开水煮熟的食物，如米饭、煮豆汤等。一般来说，印度教徒只能吃本种姓或同级种姓或高于自己种姓的人做的"生食"，也可以吃低于自己种姓的人做的"熟食"。高级种姓的人不能从低级种姓的人手里接受任何食物或饮料，但高级种姓的婆罗门做的"生食"或"熟食"其他种姓的人都可以吃，而首陀罗做的任何食物其他种姓的人都不吃（各地并非全都如此，例如孟加拉邦、古吉拉特邦等地就没有"生食"与"熟食"之分）。当然，对用水也不例外，各种姓不能合用一口井，尤其是首陀罗，必须使用自己的水井，否则会认为他们玷污了井水，就会遭到痛打或处死。

婚姻方面也有严格规定。（一）只许在同种姓内部通婚，同种姓的各副种姓之间可以互相通婚，但不能与副种姓以外的人通婚。（二）一般允许"顺婚"，禁止"逆婚"，即高级种姓的男子可以娶低级种姓的女子，但较低种姓的男子不能娶较高种姓的女子。否则高级种姓的人会被开除出种姓之外。

不同种姓有不同的地位和权利。婆罗门的权力最大，社会地位最高；首陀罗的地位最低，备受歧视，无权上学读书，没资格进庙敬神。甚至有些地方的首陀罗不配让高级种姓的人看见自己的面孔，有时，老远发现有婆罗门种姓的人过来，首陀罗就得赶紧躲在路旁，等着婆罗门过去后自己再走，不然就要挨打，甚至还会被活活打死。有些地方，首陀罗身体的影子都不能落到婆罗门种姓的人身上，否则就会被认为是玷污了高级种姓的身体而遭到痛打，婆罗门种姓的人回家后得赶快洗澡，以去晦气。

各种姓有自己传统的固定职业，而且这种职业也有高低贵贱之分，并世代相传。凡是同宗教有关的职业，都认为是神圣的、高贵的，由婆罗门承担，例如祭司之类的工作；凡是同脏东西有关的工作都认为是下贱的，例如扫地、洗衣服之类的工作，大多都由低级种姓的人来做。此外，与此相类似的工作，诸如当护士、理发、织布、染布、听差、皮匠、吹鼓手等，都被认为是下贱的，而这些下贱工作也还有三六九等之分，一般认为扫地和当皮匠的最为低贱。

各种姓的职业一般固定不变。高级种姓的人限制和反对本种姓的人改行从事外种姓的职业。例如孟加拉邦有位婆罗门种姓的学生，虽已毕业，但因找不到工作，只好开了个理发店。当其他婆罗门得知这一消息后，则群起而攻之。这种例子在各地也是屡见不鲜的。因此，在印度还有另一种怪现象，一个家境贫穷的婆罗门，即使被迫给别人当佣人、看孩子、做饭，但绝不给人家打扫厕所，否则就认为降低了自己的身份，不少主人也知道这一点，因此，对她们不扫厕所也给予原谅。

印度教的种姓制度还规定，高级种姓的人不能吃肉、鱼和蛋类等。印度本是个发展中国家，经济并不富裕，不少人得不到足够的牛奶、黄油、水果和蔬菜等一些富有营养的食品，如果再不吃肉、鱼、蛋等食物，会影响人们的体质和智力的发育。印度人一般体弱多病，这是众所周知的事实，其原因固然很多，但其中也与饮食有关。不少人已经开始重视这一问题了。

其次，因为有些农民认为，化肥与白骨和肉类有关，因此，他们种地不使用化肥。这就无形中影响了农业的发展。

三 种姓的危害

上面提到种姓制度，把印度教社会分成若干社会集团，集团之间有高低之分，贵贱之别，有的种姓之间彼此仇视，相互诋毁。这种情况，不仅限于印度教徒内部，对穆斯林、基督教徒等也有不同程度的影响，一不利于他们之间相互帮助，二有碍于他们彼此间文化交流。

由于种姓制度的限制，一般人对职业无权挑选，世代所传的职业不得随意更改。这样一来，便束缚了一个人的积极性和聪明才干的充分发挥。

种姓制度的存在，是妇女处境不佳的原因之一。正如著名学者勒温德尔·纳特·穆克尔吉所指出的那样："在维护种姓的名义下，妇女的权利一天天丧失，获得的权利也得不到落实，不懂何谓结婚就被出嫁，每年生孩子，每天做家务，当仆人，好好侍奉丈夫是她们的工作，一旦成了寡妇也无权改嫁再婚。"

高级种姓享有特权，有些人利用特权，甚至打着宗教的幌子，满口仁义道德，却干着令人发指的勾当。所谓戴沃达锡风俗（即神的女奴）就是其中一例。婆罗门祭司等人利用这一传统习惯，名为把一些青年或少女买进寺庙，为女神服务，实为把漂亮的姑娘买进寺院，供他们蹂躏。有人曾严肃地指出："这些高级种姓的祭司把寺院变成了妓院，这些姑娘的生活实际上比妓女还悲惨。妓女还能靠此养家糊口，而这些姑娘不但分文不得，反而还得服从任何一个男子与自己同床的要求，哪怕是个麻风病患者，或是全身溃烂者。"[1]

这里受害者当然首先是低级种姓的人。据有关调查，做戴沃达锡的人百分之九十以上是低级种姓的。例如卡纳塔克邦的白勒岗地区的索德迪村山上的一座寺院，每年的一月份就有5000名少女或年轻妇女沦为戴沃达锡[2]，情况可谓严重。除此之外，奥里萨、拉贾斯坦和马哈拉施特拉等邦也都有发现。

由于种姓制度内部通婚，也带来了不少社会弊端。谁家的女子都想嫁个高级种姓的男子，于是，在社会上出现了你争我抢高价购买新郎的风气。这

---

[1] 参见印度《妇女杂志》1984年第18期；《斗争》杂志，1984年第8期。
[2] 印度《斗争》杂志，1984年第8期。

种情况，多以女方多出嫁妆的形式出现，以满足对方的要求。一些贪婪之家，婚后还向女方索取嫁妆，因得不到满足，就把儿媳妇活活烧死。为了"先下手为强"，尽早将女儿嫁出，于是童婚也便"应运而生"。童婚的流行，影响了儿童的正常发育。因此，不少人过早夭折，对社会造成了危害。这也是印度人平均寿命较短和儿童寡妇较多的原因之一。

总之，种姓制度危害很大，对国家的发展和个人生活的改善均有影响，人民，尤其是低级种姓的人对此强烈不满，不同形式的斗争此起彼伏，一再发生。政府也很重视，制定了相关法律，采取了有关措施，因此情况有所变化。

四 种姓的变化

目前，在印度，随着工业的发展和城市的扩大，出现了一些新情况和新职业。有些新的职业不可能再以种姓来划分，一个人的能力和特长往往显得更加重要。这样，低级种姓获得了提高自己地位的机会，对传统的种姓势力就有所冲击。另一方面，随着资本主义的发展，今天金钱的作用更为重要。在城市里，有些富人，不管他们原来属于哪个种姓，这时候他们在某种程度上要比那些高级种姓的穷人更吃得开，受人尊重。（在乡村则不然，低级种姓的人再有钱，高级种姓的人还是歧视他们。）婆罗门的重要性同宗教有关。今天信教的人数在日益减少（尤其在文化界），这样，婆罗门的作用自然有所下降。一个婆罗门，若无文化，收入不多，能力又差，人们也不认为他天生就聪明能干。

变化最大的要属贱民。一方面有法律规定，对他们不准歧视，与其他种姓享有同等权利，在政府部门、新入学的学生人数中保证百分之十五的比例，这是个进步。不过，婆罗门的最高贵的职业——祭司，贱民的最下贱的职业——扫地等，至今并无变化。不管哪一家结婚，举办婚礼时，没有看到由贱民做祭司的。前边已经提到，也几乎没有看到一个婆罗门当佣人时给人家打扫厕所的，即使现代文明的都市也是如此，其他城镇和广大农村可想而知。

种姓的内婚制也受到了冲击。印度教的历来传统是实行内部通婚。这在城市里有所变化。由于教育的发展和科学的进步，今天在政治生活、社会生活、经济生活等各方面，男女之间可以彼此来往和相互接触，再加上法律上的保证，这样，出现了一些自由恋爱或晚婚现象。虽然不多，也是个可喜现象。这种婚姻有利于消除种姓歧视。例如有的婆罗门女子和刹帝利的男子自由结婚，尽管女方家里坚决反对，最后男女还是结婚成亲了。有的双方种姓不同，虽已结婚，家长并不承认，一年二年家长不予理睬，但久而久之，生米做成熟饭，只好认可同意。这种情况虽不多见，但也说明印度的种姓制度随着文化教育的发展正在开始变化。当然，这些现象还仅仅是出现在城市或一些有文化的青年之中，在广大农村则是另一回事。

对职业的看法也有所变化。种姓制度把职业分为高低贵贱，主要同宗教有关。今天的印度，衡量职业的高低不再都是以宗教思想为基础，而是以金钱、权力等作为标准。这个新尺度对当代新职业更为适用。这样一来，一些传统的旧职业的地位则大大下降，有钱有权的职业被视为最高贵的了，因为它实际上决定一个人的社会地位和威望，所以今天的祭司职务在不少人看来，要比一个政府部门的职务低了。一个婆罗门，他若放弃祭司的职业而去从事商业，赚了很多钱，那么他的社会威望自然也会提高了。还有另一种情况，制鞋匠的职业本来是最低贱的，可是，他若开了个很大的制鞋厂，赚到很多钱，他也会受人尊重。由此可见，工业化带来了新情况和新的社会价值观念。这个尺度不是一成不变的，也不是说现在职业高低的旧观念已经全部消除了，而是说以前认为好的职业现在不一定像从前那样认为重要，更不是说种姓问题不重要了，现在种姓还仍然在起作用。例如在印度的文化古城贝拿勒斯，那里印度教盛行，若你说自己不是婆罗门，而是刹帝利或首陀罗，恐怕连找个住宿地都成问题。你若租房，房主首先问你是哪个种姓的，即使都是婆罗门，也要问你吃肉与否，因为吃素者要高于吃肉者。这还是在城市，乡村则更加严重。

饮食上的限制也有变化。随着工业的发展，教育的提高和交通的发达，各种姓间的来往接触的机会增多了，这样，饮食方面的限制也发生了一定程度的变化。城市里，出现了经济、政治、社会、文化等各种团体与组织，其成员有各种姓的。他们为了共同的目的，彼此来往接触，去旅馆、饭店总不能再问彼此是什么种姓，吃些什么东西，饭菜是谁做的，用饭者都是些什么人，等等。另外，政府也号召平等相待，反对歧视，结果使一些人思想渐渐解放。其实，吃什么食物，也不是一成不变的，例如古时候，婆罗门也吃肉，在吠陀里就有记载。有些动物的肉可作祭品，如山羊、绵羊、马等，由于受到佛教、耆那教和毗湿奴教的影响，后来认为吃肉的习惯不好，在

《摩奴法典》和《雅迦沃格耶》法典中便禁止吃肉了。印度各地情况也不尽相同，至今印度有些地区，例如孟加拉邦和克什米尔地区的婆罗门还是吃肉的，这同地理环境有关，因为西孟加拉邦靠海，产鱼较多，自然有吃鱼的习惯；克什米尔大米较少，气候凉爽，这样，吃肉当然会多。印度又有些地区，例如古吉拉特等地，就连低级种姓的人也不吃肉。另外，印度不少知识分子懂得科学，注意食物的营养，有些人虽不吃肉，但吃大葱、大蒜（按规定不准吃）；有些人虽不吃肉和鱼，但是吃鸡蛋（照理也不能吃），因为他们知道鸡蛋里营养丰富，就连印度电台也常宣传吃鸡蛋的好处。当然，还有另一方面的问题。一些低级种姓，例如首陀罗等，为了上升到高级种姓也放弃吃荤，改为吃素，向一些高级种姓进行机械模仿，以求改变自己的地位，虽然这种情况很少，但也是有的。总之五花八门，有各种各样的变化。

随着上述的种种变化，对首陀罗的歧视情况有所改变。有史以来，由于种姓歧视严重存在，引起了多次种姓斗争，发生了多次重大政治运动。结果作出了一些有利于改变种姓歧视的法律规定，取得了一些进展。例如允许首陀罗进庙敬神，去旅馆住宿，到公共场所娱乐，可改行从事其他职业，等等。有些地方，也确实有了点变化，但总的说来变化不大。有些法律规定，收效甚微，形成法律规定是一回事，实际情况是另一回事，更有甚者，有些人公开认为：有些法律规定是错误的，因为它违反了历史传统；也有不少农村，还不知道什么是法律规定。在城市里，也有人明知故犯，例如在今天一些学校里，教师知道不应歧视首陀罗子弟，但还是看不起他们，对他们态度不好。有些学生也是同样，例如，在食堂工作的首陀罗，有些学生知道了他们的种姓出身以后，便不吃他们用手拿过的食物。

印度的种姓制度发生了上述变化，而且还在继续变化。但是何时能彻底消除种姓歧视，目前尚难预料，至于说彻底根除种姓制则是遥远的事了。因为种姓由来已久，根深蒂固。回顾历史，宗教对种姓的形成与保持起了相当大的作用，印度人笃信宗教，至今如果不叫他们信教是很难想象的。在不少人看来，不信宗教简直不可思议。另外，印度人中还有大量文盲，尤其是广大农村，缺乏教育，宗教迷信思想很浓，对国家领导人有时不见得知道，但对神名却了如指掌，背得很熟，想让他们去掉那些迷信思想相当困难。

印度政府对这种不合理的种姓制度力图解决，电台上经常宣传，报纸上时有揭露。只是由于几千年来种姓制度根深蒂固，故种姓制度至今未能根除。当然它同经济和文化教育问题也不无关系，因此它的彻底解决，恐怕是个长期而又艰巨的任务。

五　不可接触的贱民

关于印度教的四个主要种姓，即婆罗门、刹帝利、吠舍和首陀罗的问题，上面已经提到。除上述外，在社会上还有一部分人，传统上称他们为"阿丘得"，即不可接触的贱民，有的也称其为第五种姓，今天称之为"哈里真"或"表列种姓"。他们受到高级种姓人的欺压或凌辱，甚至惨遭杀害，前几年印度内政国务部长指出，近两年又有近千名"贱民"遭到杀害。

他们所以被称为"阿丘得"（不可接触者），是认为他们所从事的职业是低贱的，不圣洁的。凡体内排出的东西，在高级种姓的人看来都是不圣洁的。因此，凡与上述这些东西有关的职业，例如扫地、洗衣、理发、修鞋等都被认为是不干净的职业。而从事这些职业的人也被认为是低贱的和不圣洁的，人们看不起他们，不愿接触他们，甚至连看"贱民"一眼，接触一下他们的影子，也被认为是玷污了自己，因此，避免同"贱民"接触，这便是"阿丘得"即"不可接触者"的由来。

种姓歧视由来已久，早在原始社会末期，就开始萌芽。后来在阶级分化和奴隶制形成的过程中，原始社会分工逐渐固定化和等级化。慢慢形成了等级制度。

在印度最早的宗教经典《吠陀》中，除了达斯（奴隶）外，还使用了旃陀罗、尼沙达等词，他们被称为社会地位最低的人。在吠陀后期，进行祭祀、宗教活动时，有关的圣洁思想便很严格讲究起来。尤其在《摩奴法典》时期，不可接触的思想是明确的。例如一个婆罗门女子和一个首陀罗男子所生的孩子叫做旃陀罗，最受歧视，对这种"不可接触者"不仅要驱逐村外，而且让他们做那些表明他们是"最下贱"的工作。《摩奴法典》还明文规定：禁止一个不可接触者听念《吠陀》经典咒语，否则就要被割掉耳朵；"不可接触者"无资格戴金首饰、穿绸衣服、用好炊具。到中世纪，甚至到独立之前，"不可接触者"还被禁止使用上述用品。"不可接触者"只能住在村外，而且要住在村镇外风向的下方，即风先从高级种姓的住处吹过才成，而不能相反。上学也受到限制，高级种姓的学生不愿同他们坐在一起，教师歧视他们，理发师不给他们理发，等等。在历史上有些人受到耆那教和佛教影响，对"不可接触者"的处境深表同情，试图改革，可是直到穆斯林统治印度时为止，贱民的情况并无明显改善。尽管纳那格、查德挨、格比尔等社会改革者做了大量工作，使成千上万受高级种姓压迫的"贱民"加入了伊斯兰教。英国人入侵后，当局也做了大量工作。独立后，印度政府也采取了一些措施，力图解决历史上遗留下来的这一难题，致使情况有所好转。

关于"不可接触者"的名称，几经改变，在不同历史时期有不同的叫法，例如"阿丘得"（不可接触者）、"受压迫种姓"、"外部种姓"、"哈里真"、"表列种姓"，等等。历史上"阿丘得"一词使用的时间最长。由于这部分人经济状况很差，因此对他们的称呼一度由"阿丘得"改为"受压迫种姓"，意思是，他们是受压迫的，剥夺了他们的一切权利。后来，一些社会改革者们认为，这种人"不是不可接触的"，因为他们自己没有任何罪过，是社会压迫了他们。当时，"不可接触者"也喜欢用"受压迫"一名。直到1931年人口统计之前，对"不可接触者"一直使用"受压迫种姓"一词。到1931年时又出现了新问题，当时人口统计的负责人把"受压迫种姓"一词改为"外部种姓"，因为这部分人在社会上无任何地位，他们处在种姓结构之外。通过"外部种姓"一词的运用，在社会上又产生了政治性问题，引起了很大社会反响，于是有人公开提出要求：既然这些人不是印度教徒，那么他们应有单独的选举权，对他们不应使用"受压迫"一词，而应改用另外的词。当时，圣雄甘地指出："受压迫种姓不能同印度教分开，相反，他们应该是其中的一部分。因此，若给他们单独选举权，就意味着印度教社会将要瓦解。"结果，英国政府宣布，把这部分人从印度教徒中化分出来，并决定给他们单独选举权。甘地对这个决议大为恼火，为此进行了绝食斗争。最后达成一项协议，给予这种人一些特权，并答应把他们作为印度教徒的一个组成部分。当时甘地把这部分人改称为"哈里真"即"上帝之子"。1935年宪法中为向受压迫种姓的人们提供特殊方便而作了附表。因此，从宪法上看，这部分人又叫做"表列种姓"。目前，印度官方都采用"表列种姓"这一名称。这便是表列种姓的由来，表中所列的种姓很多，它们统称为表列种姓。

所谓的贱民，受到社会的种种歧视，归纳起来，主要表现在以下几个主要方面：

1. 经济方面。他们的经济状况很差，他们的职业一般世代相传，不得随意更改，例如，理发的世代理发，修鞋的祖辈修鞋，洗衣匠的后代永远洗衣，即使有从事其他工作的能力和才干，也无权改行。在同一工厂，他们只能从事条件最差的工作。所以他们一般生活很苦。在农村里，他们大多数无地，只能给人当雇工，做奴隶。另外，以宗教为名对他们进行欺骗，把他们所忍受的一切都说成是合理的，"若这一生不好好干活，下世生活将会更悲惨"。对他们残酷剥削，"一年劳动所得无几，只能过衣不蔽体，食不果腹的生活，最后一旦生病，只能像牲畜一样，药吃不上一剂，只好默默地悲惨死去"[①]。有不少人靠借债维持生活，负债累累，有些人终身或几代当债务奴隶。

2. 在社会上备受歧视。有人说他们比奴隶还惨，这话不无道理。因为奴隶至少还有个"主人"，同主人有"人"的关系，而"不可接触者"全家受到全村人的压迫，如同全村集体的奴隶，任何一个"不可接触者"无资格同高级种姓的人有"人"的关系，从这个意义上讲，确实连奴隶都不如。由于他们社会地位最低，高级种姓的人对他们另眼看待，就连他们的目光及身体的影子都不能落到高级种姓人的身上，一旦不慎，接触之后，高级种姓人则认为是一种倒霉或不祥之兆，不可接触者会招来麻烦，轻者挨骂，重者挨打，甚至会被活活打死。

3. 政治上对他们非常歧视，他们的权利得不到保障。印度独立以后，政府采取了不少措施，有些情况已经杜绝。但是应该看到，种姓歧视流毒很深，至今影响仍在。例如有不少地区，不可接触者上学受到限制，受教育的权利得不到落实，就连正常生活都受到种种限制，有些地方，至今不可接触者住旅馆、去食堂，以及学生在校住宿等都受到限制和刁难。南印度有些地方情况更为严重，他们连穿干净衣服、戴首饰的权利也没有。若路上发现有高级种姓的人走来，他们必须恭恭敬敬站立一旁，等着别人过去，自己再上路。更可悲的是，不可接触者自己也彼此歧视，他们本身又分许多"亚种姓"，相互歧视，例如鞋匠不愿接触洗衣匠，而洗衣匠又不意接触清道夫，如此等等。

4. 在宗教方面的歧视表现得也很严重。虽然法律规定，公民有信仰自由，但实际并非如此。不少地方的贱民无权进庙敬神。甚至他们连读宗教书籍或参加宗教仪式的权利也被剥夺了。

对"不可接触者"的歧视危害极大，既不利于国家统一和民族团结，

[①] 穆克尔吉：《印度社会与文化》，（印度）智慧出版社1983年版，第554页。

又妨碍经济繁荣和生产的发展。因此不可避免地引起下层人民的反对，出现了多次反抗运动。早在1865年就出现过以温叠约巴特耶为首的改善"贱民"状况的运动。继他之后又出现过以欣泰为首的声势浩大的运动，后来又在孟买成立了"被压迫阶级协会"，这些都产生了一定影响。继他们之后，在亨白德格尔的领导下，抗议活动搞得轰轰烈烈。后来又有"全印被压迫阶级协会"和"全印被压迫阶级联合会"相继成立，推动了运动的进一步发展，产生了一定影响。1914年在德拉温高尔地区贱民们又掀起了争取宗教权利的斗争，斗争取得了一定的胜利。

1931年，甘地在孟买成立了一个协会，并且展开了绝食等斗争。绝食斗争失败之后，协会在孟买举行了一次会议，成立了一个"哈里真服务同盟"。在冒罕·马勒威耶的领导下，协会一致通过了一项决议，决议中说，从今以后，印度种姓中不再以一个人的出身定为"不可接触者"，那些一直被称为"不可接触"的人将和其他印度教徒一样，享有进庙敬神、去井里汲水、上学读书，在公路上行走以及参加其他公共团体的权利。

关于"哈里真服务同盟"，各邦都有它的分会。这个组织在宣传消除种姓歧视、主张平等精神，争取哈里真进庙敬神的权利等方面做了大量工作。同时，为改善贱民的经济状况开展了一些同企业有关的训练工作。还为发展他们的家庭手工业和提供更多的医药援助作了不懈努力。另外为他们开办了学校，并向家庭有困难的学生提供助学金和讲义费。通过这个组织的努力，南印度不少庙宇为"贱民"敞开了大门，例如当时的马德拉斯政府还为他们制定了有关法律。这个组织利用宣传、广告、话剧、传单、集会等手段来努力宣传消除种姓歧视的必要性和重要性。

当时，全国性的维护贱民"利益"的组织有"印度被压迫阶级同盟"。这个组织也有不少分支，分布于全国各地，工作开展得很成功。它们主要是做些宣传工作，通过它们的工作，不少"贱民"得到了进庙敬神、去旅馆住宿和到公用水井汲水的权利。

1936年，当局制定了改善"贱民"生活状况的计划。1936年至1940年，为改善"贱民"健康和教育条件提供了一些经济援助。

尤其印度独立后，政府为改善贱民的状况做了大量工作。1948年国会曾通过一项废除种姓制度的议案。后来在宪法中又做了保护他们利益的法律规定，例如1955年通过了消除种姓歧视的宪法条款，各邦政府也制定了相应的法律。根据法律规定，"贱民"有权去公共祈祷场所，有资格去圣河、圣湖沐浴或取水，有权去商店、旅馆或公共娱乐场所，谁若阻挡或刁难，将依法受到惩处，每个人都有权在村、镇里居住和佩戴各种首饰。有权去公共医院看病、买药，有权上学读书和在校住宿等。同时，还做了明文规定，他们有权挑选职业，阻拦者将以鼓动种姓歧视论罪，并受六个月的监禁，或被罚款五百卢比。

特别在教育方面更是采取了一定措施，例如为他们提供食宿方便，提供必要的费用，如助学金、学杂费等。因此，过去三十多年来，他们识字率有了提高。尽管从总的来说，他们的文化水平仍偏低，但毕竟有了很大进步，据有关统计，表列种姓中，识字率为百分之十四点七（而全印度为百分之三十三点八）。他们中的妇女识字率仅占百分之六点四四（而全印妇女识字率为百分之二十二点五）。他们中学习成绩好的还可被派往国外学习，为他们提供一切方便。

对他们进行支援投资。从1951年—1980年底，即过去的30多年中，为表列种姓和表列部族提供了大量物资援助，价值2030.3千万卢比以上，第六个五年计划中即1980年—1985年为表列种姓和表列部族投资为960.3千万卢比。第六个五年计划的主要目的之一是消除其穷困。因此，在第六个五年计划中，为发展表列种姓的经济，在实际纲领中，强调了土地开发，农业生产和畜牧业、饲养业的发展等问题。

在强调发展经济的同时，政府还注意了改善他们的卫生保健设施和居住条件，诸如开办医院、解决用水、建立婴儿和产妇的福利中心以及修路筑桥发展交通事业等。

从以上不难看出，政府为改善"不可接触"的"贱民"状况做了不少工作，也收到一定成效，但是仍存在不少问题。

虽然在法律上有消除种姓歧视的种种规定，但由于阶级矛盾和社会矛盾的激化，种姓制度的劣根仍在印度社会中顽固地存在着，因此在执行法律的过程中还存在不少问题，有些地方歧视"贱民"的现象还非常严重。例如根据印度官方公布的数字，70年代以来，迫害"贱民"的事件仍十分严重，例如1973年发生迫害"贱民"事件8186起，1977年达到10897起，1980年增加到13475起，1981年为11743起。尤其在广大农村，问题还相当严重。据1977年对中央邦179个村庄的调查表明，有124个村庄不让贱民饮用公共井水，128个寺庙中有49个寺庙不让贱民进入，39家饭店中有11家不对贱民营业。类似例子还有许多。印度人口百分之八十一是分布在农村，这些人大多没有文化，受着宗教和迷信思想的束缚，因此，对他们来说，宁可不遵守法律规定，也要遵守宗教传统和陈风陋习。所以种姓歧视有它广泛而又顽固的社会基础和宗教基础，一下子解决是不可能的，也是不现实的。正如圣雄甘地早在1939年所指出的那样："种姓歧视只靠法律不能消除，只有当印度教徒体会到种姓歧视对人和神都是一种罪过和耻辱时，种姓歧视才会消除。"也就是说，只要印度教徒的思想不彻底改变，种姓歧视就不会消除，而且实践已经证明，解决种姓问题不能只靠法律，法律只不过是一种辅助手段。因此印度政府除了制定必要的法律外，也做了不少与之有关的舆论宣传工作，利用电台、电影、报纸、广告和书籍，大造舆论，反对歧视"贱民"的思想和行为。为了落实法律规定，有些邦还成立了一些委员会，从事法律条款的落实工作。为此，每年还花费几十万卢比，从而取得了一定成绩。

尽管种姓制度已经发生不少变化，但它仍然是"印度进步和强盛道路上的基本障碍"[1]，随着社会的进步和经济的变化，种姓问题最终会得到解决的，不过像印度这样一个国家，种姓的历史久远，根深蒂固，再加上各种矛盾错综复杂，因此，可以断言不经过艰苦长期的努力，不付出巨大的代价是不行的。

---

[1] 马克思：《不列颠在印度统治的未来结果》，《马克思恩格斯选集》（第二卷），人民出版社1972年版，第73页。

第四章 印度教的礼仪

一 礼仪的概念

人生礼仪是社会民俗事项之一，它表示一个人在不同的生活阶段和年龄所举行的不同仪式和礼节。不同的礼仪标志有不同的含义，有着不同的作用。

人生礼仪作为社会民俗事项是在社会实践中形成的，它与社会结构和信仰习俗有密切联系。众所周知，各人类集团由于所处的地理环境、气候条件和物产的不同，形成各自不同的生产方式和经济结构，随着生产力发展的不同，而会产生不同的社会形态和制度。基于以上种种因素的作用，构成了人类集团的不同心理素质，从而产生不同的民情风俗和人生礼仪。当该集团的社会物质生活和社会制度发生了变化时，人生礼仪也随之变化，有时甚至消失。不过，人生礼仪总是落后于社会形态的发展，忠实地记录下旧时代的风貌，顽固地保留在新时代该集团的社会生活中，影响着人们的思想和行动，起着它固有的作用。虽然不同民族礼仪形式错综复杂，不尽相同，但精华部分对社会起推动作用，给人们带来欢乐和幸福，而不良的礼仪则往往起相反的作用。

礼仪属于精神文化范畴，它除了受到社会物质条件的制约外，还受到该集团的宗教信仰、道德规范、政治制度和教育等多方面的影响。但同时也不能否认精神因素的反作用，它不仅潜移默化在人们的思想中，而且表现在实际行动上，直接或间接地影响人们的思想和社会进步。因此，对它的这种影响不仅应该认识它，而且更应指出哪些是精华，哪些是糟粕。对于健康的，要发扬光大，使之成为文化宝库中的瑰宝，而对于那些有害于人们思想和社会进步的糟粕应予以抛弃。

二 礼仪的种类

前面提到，印度教是印度的主要宗教，其教徒占全国人口的82.7%，他们中绝大多数人认为，参加宗教仪式非常重要：能使人的生活纯洁、神圣，死后使灵魂得以解脱。因此，一个人从生到死要参加很多宗教礼仪。

印度教的礼仪共有多少，说法不一，在古代经典中有各种记载，有的提到13个，有的提到18个，有的提到40多个。到后来，仙人德亚南德综合了所有的礼仪，确定为16个。但实际上主要有13个。

1. 授胎礼。它是新郎、新娘祈求怀孕并避免生体弱、貌丑或残废之子而举行的一种仪式。有的在结婚后第四天举行，有的在女子月经期过后举行。根据《毗湿奴往世书》记载，若一个女子未曾沐浴，身患疾病，心情不悦，或有外遇的话，她则无权接受这一仪式。

2. 生男礼。这是祈祷生男孩的一种仪式。根据《摩奴法典》规定，应在孕妇怀孕的第四个月举行。通常做法是，若一女子头一次怀孕，则在怀孕的第三个月举行，否则从第二个月到第八个月随时举行均可。举行仪式时，女子穿上新衣，向神发誓，其丈夫在孕妇怀里放一个盛满水的罐子，然后轻轻抚摸胎位。以祈求生个勇敢的男孩。当天夜里，用榕树皮汁点入孕妇右翼鼻孔，以防孕妇小产。

3. 分发礼。这种仪式一般在孕妇怀孕的第四个月举行。这一天，先向女神祈祷，然后丈夫把妻子的头发向上梳起；用饰物装饰打扮一番，以祈消灾避邪，母子健康。

4. 诞生礼。这种仪式在婴儿出生后，脐带剪断前举行。人们担心婴儿降生后会招灾生病，为免受其害才举行这一仪式。举行仪式时父亲对婴儿又是抚摸，又是端详，又是亲吻，还诵祝福咒语，然后用金匙喂婴儿几滴蜂蜜和酥油（或黄油）。这时，便有人乘机将婴儿脐带剪掉。接着，给母子二人洗澡。也有其他做法，例如婴儿出生后（特别是男孩）连续生火几天，以消灾祛邪。还有些人家，当孩子一出生就用金丝等物在婴儿舌上写"ॐ"的字样，以示吉祥。

5. 命名礼。《摩奴法典》中规定，婴儿出生的第十天或第十二天为吉日良辰，应给婴儿举办起名仪式，在年终举办也可。所起的名字大都同星辰、神名等有关。若婴儿生下后不幸夭折，其父母更要加倍敬神，而且一定要给孩子起个神名。过去起名受种姓影响，不同种姓的人名前加有不同词，例如婆罗门加"sharma"不能加"辛哈"，而刹帝利一定要加"辛哈"，首陀罗种姓的人名后面一定要加"达斯"（奴隶）或"杰郎"（脚下），例如波格旺·达斯、罗摩·达斯、迦里·杰郎，等等。但是，今天并不十分严格，这种影响越来越小,尤其在城市和知识界更是如此,不少人愿意起些现代化的名字,例如薄尔帕德(早晨),薄尔迦希(光亮)等。

6. 出门礼。婴儿出生后,未举办出门礼之前不能将其抱出门外。据《摩奴法典》规定,这种仪式应在婴儿出生后四个月时举行,但是一般在孩子出生后第十二天到第四个月之间随时都可以举行。孩子在母亲怀里,首先由父亲让孩子观看太阳,所以有的还把这种礼仪叫做观日礼。倘若父亲不在,可由孩子的叔叔代劳。

7. 初食礼。婴儿长到六个月之后,可开始吃些粮食性食物,但是必须在为其举行了初食礼之后。举行仪式时,除了喂小孩米饭外,还喂适量的酥油、蜂蜜和牛奶粥等。有些地方还有其他做法。对此仪式感兴趣的人在逐渐减少。

8. 剃发礼。这是一种剃婴儿胎发的仪式。印度教徒认为,举行这种仪式能使婴儿长命百岁。据《摩奴法典》规定,剃发仪式应在婴儿一岁或三岁时举行,《住宅经》中提到,在小孩一、三、四或七岁时举行也可。但大多数人习惯在小孩三岁时举行。胎发由理发师剃掉,先剃右侧,再剃左侧,头顶留一点结成小髻。剃下的胎发不可随便乱扔,须用榕树叶包好放在一个最高处,或把胎发放入面团中扔进恒河或其他河流湖泊中,让水冲走,或是混入牛粪埋在地下。这时,理发师会得到一份特别的赏钱。剃发后在婴儿头上擦些黄油或酸牛奶,然后给小孩洗澡,举行祈祷和宴请活动。邀请许多亲朋参加,应邀者带些赠送小孩的礼物纷纷前来祝贺,歌者、舞者杂在其间,有的规模相当庞大,多达几百人,乃至上千人,热闹非凡。还有人去女神庙、宗教圣地或恒河和其他圣河举行这种剃发仪式。

9. 穿耳眼礼。当小孩长到三四岁时,请首饰匠或理发师给小孩的两耳举行穿耳眼仪式。耳眼穿好后戴上金耳环,以防耳眼愈合,这时还要祈祷、敬神,为孩子祝福,并给孩子吃些糖果。今天,在印度教家庭中并非普遍流行。

10. 拜石板仪式。在小孩开始学习知识之前,先要举行这种仪式。仪式这天,先敬毗湿奴神、吉祥天女、斯尔索迪神、耿乃希(智神),然后用酥油祭火神,向婆罗门施舍,老师向小孩教诲。家中长者,或老师,或祭司拿着小孩的右手在石板上写"अ"或某位神名,然后再写一些字母。从此以后,小孩才开始学习知识。这种仪式大多在小孩三、五岁或七岁时举办。

11. 再生礼。这种仪式在印度教徒看来非常重要。根据印度教的种姓制度，前三个种姓即婆罗门、刹帝利和吠舍称再生种姓或再生族，认为他们有两次生命，第一次生命由父母所生，第二次是通过戴圣线，由女神和老师所给，在未举行这个仪式之前，一个人，无论他属于哪个种姓，都是首陀罗。举行仪式是老师对小孩象征性怀胎三天，给小孩脖上戴条圣线，然后小孩算获得了第二次生命。从此小孩地位提高了，开始遵守各种姓有关规定。不同种姓举行再生礼的年龄不同，据《摩奴法典》规定，婆罗门、刹帝利和吠舍分别在八岁、十一岁和十二岁时进行。首陀罗没有"再生"权利。

12. 结婚礼。对印度教徒来说，结婚是个重要的宗教仪式，结婚被认为是神圣的，而且是由天神安排的，因此结婚又有不少宗教仪式，其中主要有耿雅丹、巴里格拉合纳、阿格尼·簿里耶纳等，其具体做法详见下面的印度婚姻一节。

13. 葬礼。据经典规定，人出世以后，通过各种仪式使人战胜今世；一个人死后，再通过举办仪式战胜来世，让死者的灵魂在阴间获得安息。基于这种想法，对葬礼十分重视。尸体火化后，骨灰被抛入恒河和其他圣河中，哀悼13天。以后每年祭祀，以祈死者灵魂无任何痛苦，这是一种把今生与来世连接一起的一种仪式。

三 礼仪与生活的关系

人生在世，喜怒哀乐乃是常事，但在印度人眼里却显得非常重要。一个人从出生到死亡，在不同的生活阶段要举行不同的仪式，以隆重方式表达各种不同的心情。如一个婴儿降生后，父母格外高兴，那么，"出生仪式"就是给其父母表达这种高兴心情的机会；同样，一个人一旦去世，其儿女和亲友必然悲痛，为向死者表示哀悼而一定要举行"丧葬仪式"，如此等等。因此，印度人认为，礼仪是表达喜怒哀乐等不同情感的象征手段。

印度人认为，通过礼仪能使人除灾避邪，获得幸福。必要时，还拜火敬水，求火神、水神保佑，有时也请祭司参加主持（代表神）祈祷念咒，拜神祭祖。所有这一切，目的是驱赶各种魔鬼、妖怪，使自己和家人永保平安。因此，印度人也把礼仪视为除灾得福的手段。

印度人，尤其是广大的印度教徒认为，一个小孩出生后，不管他家原来属于什么种姓，是婆罗门、刹帝利，还是吠舍，但他一律被视为首陀罗种姓的（第四种姓）。只有给小孩举行了戴圣线仪式后，小孩才变得圣洁，升为他家的种姓。从此以后，孩子也才有资格上学读书。因此，礼仪也是确定或提高一个人社会地位的重要手段。

　　印度的礼仪大都离不开敬神。祈祷、上供，千方百计取悦于神，目的是希望诸神降福于仪式的举办者全家或某个人，不仅今生今世平安多福，吉星高照，而且来生来世也一切如意，不遭灾遇难。

　　如此等等，以上不难看出，在印度人看来，礼仪与他们生活关系密切。尽管这样，礼仪也和世上其他事物一样，在不断发展变化。印度由于受到西方文化与文明的影响，加上本国工业化和城市化的影响，宗教在人们的生活中作用在日益减少，这自然也影响到各种礼仪的流行。现在不少印度教徒，对有的礼仪已不再重视，有的礼仪也几乎绝迹了，例如授胎礼。有些礼仪根据今天的需要进行了改造，如出门礼，还有的则根据今天的情况进行了简化，如婚礼等。

第五章　奇特的生活习俗

一　印度的见面礼

我国有句俗话："入国问禁，入境问俗"，这就告诉我们，到一个新地方，说话、做事不可贸然，切记尊重对方的风俗习惯，否则会闹出笑话，甚至引起麻烦。现把印度的见面礼略谈一二。

世上的见面礼，尽管五花八门，各不相同，但归结起来，不外两种。一是通过言词来表示，二是通过动作来表示，印度也不例外。

我们中国人见了面，过去多用"恭喜"、"早安"、"晚安"。现在多用"你好"、"再见"。而印度人见面则说"纳莫斯德"（祝贺、致敬之意），它不分时间、见面或分手皆可用它，十分方便。但是也不尽然，有些地方或城市里，或受西方影响的人则用英语来表示，例如"Good morning"、"Good afternoon"、"Good night"、"Good bye"或"See you"等，有的地方则用自己的地方语来表示。

两人见面之后，不仅使用上述用语，还有各种举止。中国过去是拱手作揖，或是跪拜叩首，后来是点头鞠躬，现在是点头或握手等礼。而印度不是这样，他们一向是两手合十，或举手示意。一般两手空时，则合掌问候，合掌之高低，其意颇不相同。对长者宜高，两手至少与前额相平，对平辈宜平，一般位于胸口和下颌之间，对晚辈宜低，齐于胸口即可。若久别重逢，格外亲热，或作远别，或有大事发生等，则往往拥抱。拥抱时，彼此的双手搭在肩上，先是把头偏向左边，胸膛贴紧一下，然后把头偏向右方，再把胸膛贴紧一下。有时，彼此用手抚着背，紧紧抱着，以表示特别亲热。此外，对于尊长或某人表示恳求时，则行摸脚礼，即屈身用手摸长者的脚尖，然后再用手摸一下自己的头，以表示自己的头同长者的脚相接触。还有的恳求者干脆跪在地上，用双手去摸对方的脚，用头的前额去触对方的脚尖。印度电影《两亩地》中，那位穷苦农民恳求地主开恩，不要买他的两亩地时所行的就是这种礼节。当然，对于大人物的脚、名望者的脚，摸的人就更多了。至于仆人对主人也是如此，个别的一天要摸几次脚。

我们中国人通常以左为上，以右为下。请客座次，左方为首席，右方为下席。至今不少农村还有这种习惯。但在印度可不能这样。同印度人招手致意，万不可单用左手，否则，会引起对方的反感，认为是对他的莫大不恭。这同当地的生活习惯有关，因为印度人大便后不使用手纸，而使用左手用水罐冲洗。因此，他们认为左手很脏。你若招待客人或平时递给别人东西，切记要使用右手，万万不可使用左手。

二 印度人的姓名与称谓

印度人的姓名和中国人的姓名不仅长短有很大不同，就连姓、名次序排列也有很大区别。中国人的姓在前，名在后。印度人与此相反，若不注意，则会闹出笑话。例如1984年间，我们在印度参加世界翻译工作大会期间，可能有人不小心，把我们的名字写颠倒了，经指出得到了更正，我们中国人也有类似情况，例如见印度人名太长难记，嫌麻烦，干脆记最后一词，认为那就是他们的名字，其实不对，那是他们的姓。

印度人名，各地有不同的组成规律，例如西印度，一般先说本人名，再说父亲名，最后才是姓。我们熟悉的圣雄甘地就是一例，其全名为摩罕达斯·喀兰姆卡德·甘地，摩罕达斯是本人名，喀兰姆卡德为其父名，甘地是姓。南印度是另一种情况，往往把村名同姓名连在一起，冠在人名之前，从他的名字便可知道他是哪里的人。

女子婚后要随丈夫姓，例如，一个姑娘姓歇尔马，名叫斯尔拉，她同一个姓沃尔马名叫拉杰希的男子结了婚，那么她则改姓为"沃尔马"。从前如此，但现在有些女子婚后并不改姓，说明这方面正在发生变化。

印度教分四大种姓，不同种姓的人姓前加一个字，以表示不同种姓：婆罗门种姓的人要加"sharma"等，刹帝利种姓的加一个"rarma"等，吠舍种姓的加一个"Gupta"等，首陀罗加一个"Dasa"等。这种习惯也有变化，例如婆罗门种姓的人也有用"Dasa"的。有些人名前还加称呼，而且称呼不止一个。以我们最熟悉的释迦牟尼为例，"释迦"是族名，"牟尼"即圣贤，是对他的尊称，或称他"佛陀"，佛陀即"觉者"。这些都是对他一个人的尊称，日久天长，便成为其专用名。又如称甘地为圣雄，这一称呼也成了专名,其实并非他的真名实姓。还有的把称呼加在名、姓之前,一起连用,例如"潘迪特·莫喇梯尔·尼赫鲁"就是如此。"潘迪特"是对他的称呼,"莫喇梯尔"是他的名字,"尼赫鲁"是姓。

关于姓的来历有种种情况,非常复杂,各地也有区别。例如西北印度的拉其普特人和锡克人多以"辛哈"为姓。"辛哈"意为"狮子",多取其勇敢之意,所以姓它。有的以"罗易"为姓,罗易是"拉贾"的变音,原意为"王",显然,它是对贵族阶级的称呼,古时候,非贵族不能以此为姓。有些则以职业为姓,例如"迈哈达",即扫地的人,有的以"角特里"为姓,原意是村长,此姓也是对富有者的尊称,如此等等。

印度人起名也很讲究。中国人起名一般表示"吉祥"、"希望"等意。印度人更是如此,宗教思想很浓,因此起名更为复杂。大多数人要过起名仪式,所起的名字各式各样,其中也有规律,主要有以下几种情况:

(1) 以神起名。他们认为,以神起名,能逢凶化吉,招来福分,便于天天称唤神名。因此所起的名字大多同以下神名有关:那拉扬、布拉合安德、博尔迈血尔、拉金德尔、拉杰希、摩哈戴沃、因陀罗、巴尔沃蒂、杜尔迦、萨尔索蒂、罗其密,等等。

(2) 以历史英雄、名人起名。以此起名,得到鼓舞,受人尊重。不少人的名字同吴德因、博尔休拉姆、阿奴、格尼施格等名人有关。

(3) 以圣城起名。为表示虔诚,便以圣城起名。例如贝拿勒斯、迦尸、迦雅、马土腊等。

(4) 以动物起名。表示凶猛,有力,大多少数民族或不可接触种姓的人有这种情况,如以大象、马、虎、狮子等为名,等等。

(5) 以星辰或季节为名。表示伟大或美丽等。如太阳、月亮、夏季、春季等。

(6) 以花起名。为了表示美丽,人人喜欢,女子多以花起名。如荷花、茉莉花等。

(7) 以鸟起名。如杜鹃、鹦鹉等。

(8) 以水果起名。如梨、橘子,等等。

(9) 以河流为名。不少女子以河流为名,如恒河、朱木纳河等。

(10) 信佛教的人多以佛陀为名,表示崇拜佛陀,信仰虔诚。如叫悉达多、乔达摩等。

(11) 以光亮、好的时辰、"××爱"的起名。如光亮、早晨、心爱的、亲爱的、神爱的、世界喜爱的，等等。

另外，还有以山起名，不少男子是这样。

除了姓名以外，印度的称呼也很多。称呼，古今中外皆有，它表示一种礼貌文明和客气，对不同人有不同称呼，尤其对长者、名人、朋友或客人更加如此。

中国人的称呼加在姓名之后，例如季羡林先生，吴玉同老师，或者称张大爷、李大娘。有的则不用姓名，只用称呼，如父亲、母亲、叔叔、哥哥等。至于印度人的称呼就更多了，而且相当复杂，归纳起来，主要有以下几种：

（1）萨哈布或萨黑巴，是对男女不同的尊称，原为印度对欧洲人的称呼，有"先生"的意思，现在无论对长者，或对平辈朋友，凡表示尊重皆可用之。

（2）古鲁，即老师，除此之外，在实际生活中这一称呼也含有长者、祖师和宗教头人的意思。

（3）古鲁戴沃。在"古鲁"一词之后再加"戴沃"，即神，两者合在一起，有主教、神父的意思，要比单用古鲁表示更为尊敬，例如人们也曾称过泰戈尔为"古鲁戴沃"。

（4）巴布，有"老爷"、"先生"等意，一般用于长者，但有的地方又有"主人"的意思，仆人称主人为巴布，有时意思也同"古鲁"。

（5）夏斯德里，一般对有学问者的称呼，有"大学者"的意思。

（6）潘迪特，也是印度教中对有学问者的称呼，通常只用于婆罗门种姓。

（7）歇里，也是一种尊称，多用于印度教徒，意思与"潘迪特"大体相同。

（8）吉，用于有些称呼的后边，例如比达吉（父亲）、妈达吉（母亲）、古鲁吉（老师），等等，表示对长者更加尊重和亲密。

除上述外，在城市或受西方影响的人也使用英文词，如 sir（先生）或 Madam（夫人）表示敬意，是一种严肃的用法。平辈或朋友以及夫妻之间有时也以帕依或帕雅（兄弟）相称表示亲热或诚挚。印度有些地方由于习惯特殊，给生活带来不便，尤其表现在忌讳叫名字上面。

中国过去夫妻之间不能直呼对方姓名，新中国成立后发生了变化。至今广大农村中年龄大的人对互道姓名仍不习惯。印度在这方面更为严重。平时，妻子不叫丈夫名姓也罢，然而紧急时刻也忌讳直呼其名，似乎有点过分，故闹出许多使人捧腹的笑话。例如，某一城市，某一首饰，某一食物或世界上某一东西同丈夫名字的读音相近，那么，妻子不能提上述事物的名称。如果有位男子名叫"马土腊·普拉萨德"，那么他的妻子便不能提"马土腊"这一城名。她若到车站买火车票去"马土腊"城，就非常难办。不知要打多少手势，绕多少弯子才能把车票买到手。如果一个男子叫"穆里拉吉"，妻子就连"穆里"（萝卜）一词也不能再提，若去市场买菜，要买萝卜，也只能打手势，并说："买那个带叶子的"，等等，忌讳直接说出"萝卜"一词。如果丈夫叫"莫肯拉勒"，那么妻子连每天食用的"莫肯"（黄油）也不能再提，只好管"莫肯"叫"格贾机"（生奶的意思）。她丈夫的名字若带有"希沃"（湿婆）、"克里希纳"和"毗湿奴"① 等词，妻子在敬神时，嘴里便不能提上述诸词，这时她要么心里默读，要么故意读成其他发音。

在火车站往往出现一些笑话。例如夫妻二人乘火车外出，途中不慎走散，即使如此，妻子也不能提丈夫的真名实姓。铁路有关人员或警察向她查票，可怜的妻子只好打手势，作比方，努力把丈夫的名字告诉对方。对方明白了还好，弄得不好，又会洋相百出。例如有一次夫妇二人乘火车旅行，车到一站，丈夫下车去打凉水（因那里天热，车上不备水），待停车时间一过，火车开动了，丈夫未能及时返回车内。火车前进到一站，妻子下车，检票员向她查票。这时她只好回答："他，在前一站下车取水，未赶上火车，车票在'他'手里。"检票员听了接着问道："他叫什么名字？我们给他去电话。"但她不讲丈夫的名字，只好绕圈子暗示，回答说："他的名字同光有关。"检票员又问："叫金德尔·婆尔迦希（月光）？"女子听后答道："不是。"检票员又问："叫星月？"女子又说："也不是。""早晨出来的那个？"检票员又接着问道，"叫苏里耶·婆尔迦希（阳光）？"这时女子才点头，深深地吸了一口气，说了声："是。"

妻子对丈夫是这样，丈夫对妻子也如此，即不称呼妻子的姓名。若在别人面前讲起妻子，只说"她"如何如何，若别人不懂，他可叫着自己儿子的名字暗示，例如"某某他妈"。若是与同辈或某个朋友谈及妻子，可说"你嫂子如何如何"，也可以称"家人"，等等。印度男人不愿提"妻子"

---

① 神名。

二字，是因为感到害羞。只有受西方影响的人，才用英文说"Wife"（即妻子）。但一般不用印地文说"巴德尼（即妻子）"或"特尔姆巴德尼。"

夫妻忌讳提对方的姓名，对孩子影响很大。孩子自然也不知道父母的名姓，万一孩子丢失，别人问他们："你父亲叫什么名字？"孩子蛮有把握地回答："叫爸爸吉"（"吉"是尊称）。对母亲也是同样，称"妈达吉"（"妈达"是指妈妈，"吉"是尊称）。

不仅如此，女子为向长者表示尊敬，也不能提公公、婆婆、大伯子、叔叔等人的名字，甚至忌讳同大伯子、公公和丈夫的叔叔直接讲话。若有必要与之讲话，得要放下面纱。一个女子服侍上述人吃饭，用饭者受罪，服侍者为难。例如用饭者的盘中①饭已吃完，还想再吃，而女主人又没有再供他吃的食物，就只好默不作声，男子也不宜同女子讲话。

一旦女子生病，事情就更加麻烦，若"儿媳"突然病倒，而家中丈夫和孩子们都已出门，仅有公公或大伯子在家，这时，事情更为难办。儿媳不能说自己患有何病，而公公和大伯子又不能直接询问其病情，甚至有些女子在男大夫面前也不讲真病实症。

以上所述，并非全国各地人人如此，不同地区也有程度轻重之分。有些受过教育的人不管这些，还劝说妻子去掉这套陈风陋习。印度随着时代的前进和社会的发展，忌讳叫名字的习俗也在变化。

三　印度人的禁忌

在印度，绝大多数人迷信吉祥祸福，因此全国各地有不少禁忌。

以北印度的哈里亚那邦人为例，出门或做事之前，先看凶吉征兆。他们认为吉祥的事物是：出门遇见打满水的人，或清洁工手里拿着扫帚；大清早看见母牛；男的右眼跳，女的左眼跳等。他们认为不吉利的事物是：出门看见顶空水罐的打水人；黑猫穿过马路；打喷嚏或狗叫声，小孩生下来那天，村上的任何人不可下地干活，否则会使庄稼枯萎。甚至在北印度，一周之内哪天去什么方向也有讲究，那里流传这样一种说法：

星期一、六莫去东，

---

① 印度人吃饭大都用盘子。

星期二、三勿北行，
星期三、四往西者，
路上必挨四耳光。

中印度也有许多禁忌。例如中央邦禁止妇女上草房屋顶，否则带来灾难。他们相信梦幻：梦见净水，象征着丰收；梦见一只猴子跟在一个人后面跑，意味着疾病来临；梦见火，意味着会出现有人吵架，梦见蛇象征着家中生男孩。

南印度的安得拉邦等地，人们也很重视征兆，简直像法律一样被人遵守。一个人上班时若听到别人的喷嚏声，他应马上止步，返回家去，这样可逢凶化吉。若一只乌鸦从右边朝左边飞过，则认为是凶兆，看见乌鸦之间的嬉戏或听见狗的哭声，认为是不吉利的象征。走路也有约定俗成的规定：男人走路先迈右脚，女子走路先迈左脚。但是部队士兵，接到行军令后，他们要先迈左腿。早晨起床时看见猫或旅行者时，或看见猫过马路，认为都是不幸的征兆；上班时发现豺狼过路，则预示着工作顺利和成功；若看见孔雀在飞，则是吉祥的象征。若梦见婴儿上牙齿先掉，认为会对母亲带来灾难。

在南印度的泰米尔纳德邦禁忌更多，在印度可算是首屈一指。他们认为，第一、三、五胎生女孩最好。若第四胎生女孩，便会倾家荡产。第五胎若生女孩，则会家财万贯。第五胎若生男孩，便会家破人亡。第六胎若生女孩，则不好不坏，不穷不富。第七胎若生女孩，家里必然会穷困潦倒。第八胎若生女孩，她到哪里哪里就会倒霉。第十胎若生女孩，家里的财产会像水一样流走。由于这些迷信，所以在娶媳之前，首先要打听好姑娘的生辰八字，尤其问清她属第几胎。

要是生双胞胎，最好都是男孩。如果都是女孩或一男一女，便认为是不祥之兆。

吃奶的小孩，不能照镜子，否则他们认为会变成哑巴。照看小孩的人不能刷牙。孩子掉的第一颗奶牙，要包在牛粪团里，放在房上。如果头两个孩子已死，那么第三个孩子生下来后，要在其左鼻翼上穿个孔或者取个难听的名字，例如，古布萨密（即垃圾），或叫波格利（花子）或叫比杰（流浪者）等。

出门时，也有许多忌讳。例如脚板发痒，意味着要出远门。出门时若看到金翅鸟在头上盘旋，便认为是大吉大利。出门遇到花或装满水的罐子以及有夫之妇，也是吉利。路上遇到从右向左穿路而过的狗，或者从左向右穿路而过的母牛、鹦鹉、孔雀、公鸡、鹿、水牛、豹子，就说明万事顺利。路上看到雨伞、旗帜、水果、甘蔗、肉、酸牛奶、蜜蜂、大象、牛、马以及听到钟声、枪炮声、驴叫声、鹰叫声和念经声等，认为都是吉利的象征。

出门若遇到下列事情，则被认为是不祥之兆，应立即回家休息一会儿，然后才能出门：

1. 碰到蛇、猫、寡妇、行乞僧、独身婆罗门、理发师、油贩；
2. 听到喷嚏声或其他难听的声音；
3. 出门滑了一跤或者绊了一个趔趄；
4. 出门时头碰了门框或其他东西；
5. 听到不认识的人说"别去"；
6. 出门时突然遇到暴雨。

除了上述忌讳之外，关于哪一天去什么方向，也很讲究。例如，星期二、三不能往北去，星期四不能往南去，星期一、六不能往东去，星期五、日不能往西去。要是打破这个框子，就得在太阳落山以后用酸牛奶敬神，否则是不行的。据说正是由于这些迷信的原因，每星期四从泰米尔纳德邦首府马德拉斯向南开的火车上乘客极少。

此外，每天都有不吉利的时辰。在不吉利的时辰里，他们是不出门的。即星期一的七点半到九点，星期六的九点到十点半，星期五的十点半到十二点，星期三的十二点到一点半，星期四的一点半到三点，星期二的三点到四点半，星期日的四点半到六点，都属于不吉利的时辰，不便出门办事。

泰米尔纳德人还忌讳数字。例如，他们认为一、三、七是不吉利的，一般要避免说这些数字，或用其他办法来代替。这些忌讳不仅在一般人中流行，就是在一些有文化的大人物中也频繁流行。如安装电话，为避开这些数字有时要等许多天，甚至多达数月。

但施舍的时候，都是单数。例如，可以给一零一个卢比，或一零零一卢比，或五零零五卢比，总之，不能给整数。

另外，还有许多其他禁忌，例如，太阳落山以后，不能理发、剪指甲、给洗衣工脏衣服，也不能提理发师和蛇的名字，甚至不能给别人针、盐和其他白色之物。

妻子在月经期间，丈夫不能出门。妇女怀孕之后，不能单独睡觉。太阳落山以后不能吃刺激性调料。日、月食时，只能静静地躺在床上。

女孩从进入青春期到结婚时为止，要在前额上点黑点。富户人家的姑娘，婚前不能同任何外人见面，她们穿衣戴花也都有一定规矩。不过，现在由于姑娘上学读书，或在机关工作等原因，这一规矩也被逐渐打破。

四　动物与宗教信仰

印度广大地区气候较热，植物繁茂，故动物的种类也很多，再加上宗教信仰的原因，不杀生的思想流行，一切动物都在保护之列，所以人们称印度为"动物的天国"。

象，是印度的主要动物之一。印度教的神话中提到象的地方很多。财富女神罗其密四周围绕着象；智神（耿乃希）是象头人身，智力非凡，他是印度教所崇拜的神之一。古代，印度人作战，即有象军。今天，印度每逢国庆，或其他大型喜庆活动，总有象队参加游行，因为一般人认为，象是高贵的象征。印度象性情温和，听人使唤。一家若有一头大象，可做许多事情，例如，象能用鼻子卷帚扫地，运送柴草。农民下地干活，用它作为交通工具，驮着一家老小和用具行走。有的人家还用大象照看孩子，哄着小孩不哭，等等，象的用途可真不少。

当你漫步在印度城市街头，总会不时地遇到三五成群的白牛。它们横冲直撞，无所畏惧，简直无法无天，各种车辆和行人都得为它们让路。在广大农村这种牛自然更多，牛在印度教中被视为最神圣的动物，处于最优越的地位。这固然同宗教有关，然而实际的原因还在于它的经济价值。母牛产奶，可供人们饮用，它的粪可以作燃料，也可以作肥料；牡牛阉后可拉车、耕地。农家养得起牛是富有的标志。牡牛在印度教中地位也很高，相传它是破坏之神"湿婆"的坐骑，因此，每个湿婆神庙都有它的塑像。

令人吃惊的还有那一群群天真活泼乱蹦乱跳的猴子。猴子在印度也属圣物。据印度教的神话传说，印度的长尾猴哈奴曼是印度的神猴，哈奴曼是罗摩神的弟子，他组织猴军帮助罗摩打败了魔王罗婆那。

印度的猴子很多，甭说在森林里，即使在城市的街上也能看见大量的猴子，一些地方还有神猴"哈奴曼"的神庙呢。这种神庙里的猴子很多，当你刚一走进庙门口，便有成群结队的猴子向你奔来。入院以后，有更多的猴子向你蜂拥而来。有的夺你的提包，有的抱你的两腿，但你不必害怕，它们既不欺人，也不咬人，尽管它们这样拦路抢劫，或故意向你嬉戏，并不向你讨钱，那全是为了向你要吃的。当你给它们一些吃的，它们则会自动离去。当然，也有些"不法"的猴子，随便闯入人家，偷吃香蕉等物。这类事情不仅发生在哈奴曼庙内和附近的地方，就是在汽车站或剧院附近，也时常有十几只猴子杂在几个乞丐当中，向旅客或行人乞讨一点吃的。对此也有人勃然大怒，举手故做欲打之状，这时猴子见势不妙，便会撒腿跑开，或爬到树上，或跑到屋顶，这种有趣的场面，在其他国家似不多见。

印度的国鸟为孔雀，1963年1月由印政府宣布孔雀为国鸟，列为国家保护对象之一，和神牛一样，严禁伤害和捕杀。

孔雀稳重而机警，深受人们喜欢，尤其那美丽的羽毛和优美的举止，更是讨人喜欢。几千年来印度有许多关于孔雀的动人故事流传于民间，脍炙人口。传说迦尔迪盖耶（湿婆神的儿子）骑孔雀云游四方，耆那教神祖的交通工具也是孔雀；印度教大神因陀罗命它为鸟王；世世代代人们还把孔雀的形象刻在器皿上，雕在建筑物上，塑在庙宇里，等等。

印度孔雀之多，几乎随处可见，无论在平原或高山，还是在森林与湖畔，都能看到它留下的足迹。有时三五成群，或者成群成片，有的是双双出现，很少有单个行动。它们有时昂首阔步，有时低头伸颈快跑。它们虽然美丽，但见人后总是感到羞怯，犹如印度乡下姑娘。清晨，它们最爱放声高叫，发出"哇""哇"叫声，似乎唤醒人们快快起床，去从事各自的工作。白天，除觅食和嬉戏外，还用尾开屏，在阳光的照射下放出五彩缤纷、光辉夺目的光芒。人们都不愿伤害它，因为它实在太美了。孔雀那五彩缤纷的羽毛，高视阔步的神态，富丽堂皇的外表，似乎象征着印度在发展，人民在前进。

印度也有令人讨厌的乌鸦。印度的乌鸦与别国的不同，我是专指它的数量和胆大而言。那里的乌鸦多得出奇，一年到头成群成阵，而且非常大胆，也很烦人。它们那难听的叫声不仅使人讨厌，行为也实在令人憎恨。黎明前，当人们还在酣睡，它们那刺耳的噪声会把你从梦中惊醒。这且不说，一天到晚偷吃东西，非常猖狂，若食堂门不关，它们竟敢闯入室内，啄食各种食物，甚至还闯入人们的宿舍。例如有人早上准备好的午饭（四片面包，两个鸡蛋）放在窗台上，乌鸦见了便会毫不客气地把它吃光。楼前房后，往往有成群的乌鸦落在地上哇哇乱叫。在公园里，当你坐在靠背椅上休息，转眼间不知从哪儿就会飞来许多乌鸦，有的悄悄藏在你的身后，有的不声不响地落在你的身边，同你保持一米左右的距离，密切地"监视"你。一旦你拿出点吃的，它们则跃跃欲试，在你身边飞来飞去，叫声不停，缠得人心烦至极。在我们中国，还没有见过乌鸦有如此之多，尤其如此大胆。这也算是印度乌鸦的一大特点吧。

五　脱鞋与宗教信仰

印度人走进庙宇或厨房之前，先要脱鞋，他们认为，若穿鞋进去，既不礼貌，也不圣洁。我在印度期间，从北到南去过不少地方，凡遇到进庙、进厨房的机会，只好尊重当地人民的风俗习惯。不过，有时我也有点灵活的做法，尤其是在进庙时。一般印度人进屋前把鞋脱在门口或大门口，然后赤脚进去。一些印度朋友曾多次提醒过我注意，鞋放在外边有时会出现麻烦，因为"有人穿旧鞋来，穿新鞋走"。当然他们是故意这样做的，不然，新鞋与旧鞋总该分得清的。进庙敬神是为了修善积德，这种人恐怕白敬神了，不知他死后能否升天，且不管他。但我也从中吸取了教训，提高了警惕，每次参观庙宇，鞋我是照脱不误，不过，我不把鞋放在门口，而是装进一个布袋里，要么提在手中，要么搭在肩上，以防丢失。因为印度人丢了鞋，能赤脚走路，我可没有这种习惯和本领。当然，若看门的人发现了我这样做，自然会把我拦住，但一经我说明了缘由，他们还是通情达理，原谅我，放我进去。

进厨房做饭一定要脱鞋，这同他们的宗教信仰有关。印度教徒把厨房视为神圣的地方之一。凡到神圣的地方都要脱鞋，否则，神不吃你做的饭菜，也是你对神的不恭。说到进厨房脱鞋，使我想起了有关做饭的其他习俗。例如做饭时，不能用嘴接触任何炊具来品尝饭菜的生熟，要么凭眼睛观察，要么用右手轻轻撮一点放进嘴里品尝。在他们看来，饭菜做熟之后要先叫神吃，然后人才能吃，这就是在做饭时不能用嘴接触勺子、铲子等炊具的缘故。吃饭时也是同样，把做好的饭菜摆在地上，人们席地而坐。用饭者坐好以后，先将吃饭时要喝的生水用杯子往身体周围洒一圈，接着把要吃的饭菜也往地上撒一点，然后人们才开始吃饭。虔诚的印度教徒一般如此。随着时代的变迁，现在有些年轻人已经不讲究这些规矩了。吃过饭后，走出屋外，才能再把鞋穿上。平时，进厨房取东西，也得如此，这是人人熟知的习惯。

六　视牛如神，视粪如宝

牛，古今中外，各国都有，但对牛的崇拜与爱护，则以印度为最，印度教徒视牛如神，视其粪便如宝。

牛在印度教中被视为最神圣的动物，享有优越地位。牛生在印度，算是走了红运。相传，牛是破坏神湿婆的坐骑，湿婆骑着一头白牛，手执一柄三股叉，可降服一切妖魔鬼怪。同时，牛既是代表繁殖的象征，又是人们维持生存的基本来源。因此，每个湿婆庙里都有牛的塑像，就连一些公共汽车司机座位的左前方都供牛像。凡此种种，这固然同宗教有关，但也同牛的经济价值很大和与人们生活密切不无关系。

牛有各种用途。母牛能提供牛奶，牛奶可提炼黄油和酥油等重要营养品；牡牛可拉车、耕地，等等。从前，有的虔诚的印度教徒还喝牛尿，以净化肉体和灵魂。牛粪更有用处，不仅作肥料，还可以当燃料。有种说法，用牛粪烧饭，香甜可口。人死以后，用牛粪焚尸，使灵魂圣洁。另外，有的地方，把泡有牛粪的水洒在地上，以示敬神，然后人们才可以吃饭。正因为牛粪如此有用，所以在古代《摩奴法典》中还特地做了规定："偷牛粪者被罚款。"

无怪每天清早可以看到有捡牛粪的人群，三三两两的妇女，头顶铜制大盆，四处寻找牛粪。一旦地上的牛粪被她们发现，则视为宝贝，大步朝前跨去，用手把牛粪抓进盆里。然后把捡到的牛粪，统统带回家去，做成粪饼，贴在墙上，或晾在地上，干后用作燃料。城镇是这样，乡村更是如此。农村牛群更多，所以当你进村之后，就能闻到一股很浓的"牛味"。

牛尽管被视为神圣，但毕竟它属畜类，有时不免会"轻举妄动"，干出令人讨厌的事情。在偏僻的乡下，一些"不法"的牛群也偷啃庄稼或果树，人们发现后也只是把它们轰走；在繁华的闹市，也能见到到处游荡的牛群，有的牛大摇大摆地闯入琳琅满目的百货商店，扰乱顾客；有的则逍遥自在地走进热闹的菜市，偷吃摊贩的蔬菜，店主们发觉后，一气之下只好狠狠地把它们打走；也有些牛趾高气扬地站在十字路口，四处张望，或无忧无虑地卧在路上打盹反刍，来往的行人和汽车只好绕行，当然也有人"路见不平"把它们赶走，可是更多的人对此并不介意，虽说它们有碍交通，但这历来允许。

因为牛被视为神圣的动物，所以它在历史上受到很好的保护。在《摩奴法典》中有明文规定："犯误杀牝牛这种二等罪恶者，应当剃光头，披他所杀的牝牛的皮，吞大麦稀粥并栖身在牝牛牧场内一个月"；"要每天尾随牝牛后，直立，吞食大量牛蹄扬起的尘埃，夜间在侍候并敬礼它们之后，坐在它们旁边守卫它们。"等等。（见《摩奴法典》，第272—273页）偷牛更要受到严惩，《摩奴法典》规定："歹徒应被立即切断半只脚。"

今天，时代进步了，社会改变了，但对牛的崇拜和保护依然如故。

七 讨价还价

买东西讨价还讨，在今天我国的自由市场上常常可以看到，即卖主要高价，而买主给低价，经过几番讨价还价之后，买卖才能做成。但是我国自由市场上的那种讨价还价，远不能与印度的讨价还价相比。

印度的讨价还价，差距太大，卖主漫天要价，一般高达原价的三倍以上。例如买件衣服，店主开口要二十四个卢比，照我们中国的习惯减它三四个卢比，至多给二十个卢比则可买下来，但在印度却不然，双方讨价还价的结果，最后八个卢比就可成交。又如，在印度孔雀被视为国鸟，其羽毛十分美丽，人人喜欢。外国人到了印度总得买上一些带回国去，留作纪念。一般了解行情的人用九个卢比或十个卢比则可买到一把（100根）。但卖主开口时却故意要价二十七卢比以上，有些中国朋友按中国讨价还价的原则，大多主动给二十几卢比，最少也出二十卢比，就心满意足了。其实，是吃了亏。印度的铜器十分精致，远近驰名，相对而言，也比较便宜，一般外国人到了那里，也愿买上几件铜器带回国内。铜制品很多，应有尽有。铜制台灯是其中之一，式样新颖，大小不一，小一点的每个也得三十几个卢比，但店主却向顾客要九十卢比，把顾客吓了一跳，转身便走。这时店主马上会叫喊着朝你追来："不要走，不要走，回来好商量。"硬把你拉了回来，然后满脸堆笑地向你问道："你准备给多少钱？"你若给七十卢比，他也不会马上卖给你，他还想尽量多要一些，"请你最好能给八十卢比。"他主动向你这样说。等你真的要走，他才赶忙说道："好吧，赔钱也卖给你。"其实，他是多卖了钱，根本谈不上赔钱。同是一个店主，到第二个顾客来时，最后只给了他三十五个卢比，也卖了。瞧，差距多大！这种情况由来已久，在40年前就是如此。当时有人记载："如果小贩或小店伙对一件东西讨价三卢比，买物朋友应立刻还他一个卢比，最后也许一个半卢比可以买到。"由此看来，时间虽过去已久，但这方面的情况却变化不大，对一个习惯于买固定价格货物的人来说，遇到这种情况，简直是手足无措了。这不是说印度商人不规矩，而是说他们做买卖的习惯不同罢了。当然，故意坑骗买主，不规矩者也有。为此，政府也采取了相应措施，如在报纸上公布物价，叫店主遵守，也顺便提醒群众监督。至于国家商店，价钱便宜，有固定标价，说一不二，没有讨价还价一说，同我国的国营商店相似。

八　印度人的时间概念

　　凡同印度人有过接触或直接打过交道的人，都有个共同感觉：似乎感到他们中不少人的时间概念不强，因此，同他们打起交道或办事情感到有点头痛。其实那是不了解印度情况，只要懂得了印度人的习惯，掌握了规律，也就好办了。

　　例如约定某位印度朋友十点来访，一般不会届时前来，多少会迟到一会儿。他们在国外如此，在国内也是同样，不足为怪。就以大学生为例，若上午八点开始上课，一般八点人们不会到齐，所以不能准时上课，除非教师不等迟到者。八点半左右学生来齐就不错了。若召开会议，往往不能按时开始，迟到一会儿视为常事。这有几种情况：一是会议的主持者自己迟到；二是大会的与会者晚来。有些机关单位也有这种情况，规定上午十点上班，但到了十一点有时办公室的门还关着，找办事的人只好在门口耐心等候。不少外国人到了印度对这点很不习惯，每当谈论起这类事，也总是摇头叹息。其实印度朋友对此也不满意，每当外国朋友批评某办事员时，他们也表示赞同，有时不免跟着感慨几句："这是在我们印度，不是在你们国家，有什么办法，有些人就是这样！"

　　看电影也是同样，和我国电影院做法不同。你可经常碰到一种情况，虽然已到电影开映时间，这时若有人想去看电影，可照样前往影院，用不着担心看不全电影，只要不超过30分钟。因为电影开映后的半小时大多放映广告之类的东西，电影真正开演是在半小时以后。这种做法，既等了迟到者，又放了广告，可谓两全其美。这点与中国不同，因此，只要了解了情况，掌握了规律，就不会大惊小怪，也不会浪费时间。

　　对时间的支配并非所有单位的工作人员都如以上所述，例如火车、飞机等单位，若无特殊情况，严格按规定时间办事，不无故拖延或更改，更不杂乱无章。许多政府机关的工作人员也严格按规定时间上班、下班，时间概念很强。

在印度，人们吃饭方便，时间不定，只要需要，随时能买到热菜热饭。印度的住家也是一样，一个几口之家，有的工作，有的上学，再加上有几个小孩，家庭主妇简直一天忙于做饭，因为吃饭时间不一，有早有晚，难怪印度妇女忙个没完，非常辛苦。

睡觉时间有早有晚。白天上班，夜里睡觉，古今中外，大都如此。而有些印度人在别国人看来，有点奇怪。白天若是睡觉，一睡就是几个小时。在印度，你还会发现，不管大街小巷，还是在公园，或是空旷的草坪上，总有三五成群的人躺在那里，地上不铺任何东西。夏天，凡是树荫浓郁的地方；冬天，凡是阳光充裕的地方，多半会有人躺在那里。夜里一般睡觉较晚，尤其从四月到十月几个炎热或较热的季节更是如此，夜里两三点才开始睡觉的人很多。当然很多人起床也晚，有的第二天上午九点才起，有的会更晚。因此，有些人喜欢一日两餐。所有这些，自然同当地气候有关。

会客时间不限。印度人会客的时间随便，不大讲究。如天刚亮时会见朋友也行，中午两点午饭时去也可，夜里随时均可，无所禁忌。不过，印度有种习惯，只要客人来到，主人就得热情接待、陪伴、聊天。若客人到来，正赶上主人有事准备外出，这时主人一般也得委屈一下，切忌说"请原谅，我得出去办某一事情"之类的话语，否则认为是不礼貌行为，客人听后生气。因此，不管客人何时光临，属事先预约，还是不速之客，主人都得热情接待。出于礼貌，客人不管坐到何时，主人都要一陪到底。

第六章　衣、食、住、行在印度

马克思主义认为，民族的衣、食、住、行属于物质文化范畴，它们受所属民族社会生产方式的制约，然而，由于各个民族社会生活条件的不同，各自的物质文化也有区别。印度物质文化内容极其丰富，形式多种多样，它充分体现了各族人民群众的聪明才智和巨大的创造力，也是印度民族文化宝库中的珍贵财富。

一　服饰

（一）服饰的产生与发展

考古、民族和文献方面的材料告诉我们，人类服饰的起源、发展和变化，都经历了漫长的时期。从马克思主义人类学来看，人类是由类人猿发展而来。当类人猿脱离动物界的童年时代，当然不存在什么穿衣问题。只是后来随着狩猎的发展，冰河的来临，人们为了御寒，才慢慢开始用树叶、兽皮等蔽体。印度在新石器时代就学会了"纺线织布"，有了棉织品，这中间经历了漫长的岁月，反映出印度远古的生活史影。以后随着生产力的不断发展，也促进了服饰的变化。到了印度河文明时期，除有棉织品服装外，也出现了麻织品、毛织品和丝织品的衣服。从考古证明，"莫亨殊达罗的居民不仅同印度的其他地区有通商往来，而且还同亚洲许多国家进行了贸易"。[1]说明当时经济已相当繁荣，因此，服饰也有大增，而且非常讲究起来。男女都佩戴项圈、发带、臂环、指环和手镯，妇女佩戴的饰物还有腰带、耳环和脚钏等。

到了吠陀时期，人们对于服饰更加讲究起来，这一时期的"服装似由三部分组成——称做尼维的内衣、称做瓦沙或帕里达纳的外衣和称做阿迪瓦

---

[1] 马宗达等：《高级印度史》，商务印书馆1986年版，第25页。

沙、阿特卡或德拉皮的斗篷。衣服有各种不同的颜色，用棉花、鹿皮或羊毛制成。外衣往往用金线刺绣。他们通常使用金饰物和花环，每逢节日更是如此。男女都戴头巾。头发留得很长，并加以梳理。妇女们的头发梳成宽辫子。"[1] 另据记载，这个时期有了陶迪、纱丽等服装。

当波斯人和莫卧儿人进入印度以后，不仅使印度社会发生了变化，一些外国服装，例如萨尔瓦、衬衫、短上衣、男长裤、帽子等也随之传入印度，但这些服装仅限于王公贵族和城市居民穿，一般人大多穿陶迪，披围巾，包头巾等，后来欧洲人大量进入印度，又输入了欧洲服装，如西服、领带等。

以上看出，印度服装的演变，从无到有，从简到繁，与社会生产力的发展水平有密切的关系。

一个民族的服饰特点，不仅受着本民族的生产力水平的限制，而且也受着所处自然环境的制约。例如北印度人与南印度人在穿着上就有区别。北方比南方气温低，因而北方人比南方人穿着较多，同时服装颜色也较深。还有些地区，由于一年中温差变化不大，加之自然条件良好，因此人们的服装另具特色。例如印度的果阿地区这方面表现得更为突出。

同时，印度的民族服装也与该民族的心理素质和宗教信仰有关。早在吠陀时期，人们就有了根据不同场合和工作需要而穿不同服装的做法，例如当时举行祭祀活动时，祭司要穿红色衣服，并包头巾，祭祀者穿丝绸衣服。到了后来，不同宗教信仰的人开始了穿不同式样的服装，表现得更加明显了，如从头巾的包法上，一眼就可以看出谁是印度教徒，谁是锡克教徒，如此等等。

印度的民族服饰的确丰富多彩。这些优美而多样的服饰不仅反映出不同历史时期的社会生产状况，而且具有重要的工艺价值和历史价值。

（二）各种美丽的服饰

印度人的服饰不仅与欧洲不同，而且同亚洲一些国家相比，也有很大区别。随着时代的前进，社会的发展，有的服饰已有变化。但是由于受地理环境和自然条件的影响，有些传统服装至今流行不衰，如纱丽、陶迪等就是如此。

印度人的衣着一般朴素大方。但不同地区、不同身份的人所穿的衣服也有区别，如一些封建领主和名门贵族一般穿质料高级而华丽的衣服，农村平民一般穿质料粗劣而简单的服装。妇女的服装则比较艳丽。主要服装有裙

---

[1] 马宗达等：《高级印度史》，商务印书馆1986年版，第38页。

子、纱丽和紧身上衣等。裙子有各式各样而且是五颜六色，有浅色的，也有深色的。有些裙子绣上花，非常漂亮；有些还镶有无数镜片，闪闪发光，光耀夺目。

女子的紧身上衣短而瘦小，紧贴双肩、大臂和胸脯，小臂和腰部裸露在外。当然大多数女子不能只穿这种衣服出门，外边还要再披件纱丽。印度的纱丽不仅本国人喜欢，外国人也为之陶醉。布料长度一般5—8米，质地从普通棉布到闪光的丝绸等，刺绣图案不拘一格，变化无穷。披戴方法雅致多样，因不同地区和个人爱好而有所不同。有的缠绕全身，有的连头裹起，有的看起来好像是穿着长袍，也有的地区妇女把纱丽披到两腿之间。但传统的纱丽6米长左右，从肩膀上缠着全身披戴和打折，这是最普遍采用的方式。同时妇女们喜欢随着季节的变化而更换不同颜色的纱丽，夏季，纱丽的颜色偏淡，如浅黄色、淡蓝色、浅绿色等；冬季，多为深红色或浅红色等；雨季时多为深绿色。

现在男子大多穿长衫（无领或圆领的）和陶迪（围裤）、包头巾。长衫一般长不过膝，围裤垂至脚面以上。头巾长达几米，包法也各式各样，多达十几种；头巾的颜色不一，有白色、红色，等等，从整个印度来说，以拉贾斯坦人和锡克教徒的头巾最为艳丽。

在现代城市里，穿西装革履的人在逐渐增多，但乡下的农民则仍以穿围裤、三角裤和赤脚为主。印度中部和北部地区，冬天气候较冷，在单衣外面再披一条线毡或毛毡，则可御寒过冬。

印度人的服装尽管千差万别，但是有其共同特点。一是显得人人平等，不分什么官服与民装，全都一样。如妇女所穿的纱丽，凡属女子都穿，区别只是布料的好坏而已。男服也是同样。二是服装宽大舒畅，清洁，通风，透光。这些都同当地气候有关。

当然，随着季节的变化，人们年龄的差异，场合的不同，以及各自的兴趣爱好而穿不同颜色的服装，这是为了同场合、年龄等进行有机的搭配，也是同美丽如画、五彩缤纷的自然景色相协调。

二　印度的发饰

印度人注重发饰，妇女更是如此。

远在印度河文明时期，人们大多留有长发，一般向后梳理，有些人也留短发。男子有剃须习惯，但多数人留有短须。女子的头发梳好后用发卡和发针结牢，有的人的头发从中间分开，头发上插花，妇女也包头巾，据有的书中记载，当时男女的头饰基本相同。

到了吠陀时期，人们喜欢留长发，男女头上束有发辫，名叫"格巴尔德"。姑娘头上梳四个辫子，然后再把它们扎在一起，头上再戴一种叫古里尔的发卡，把整个头发拢在一起。

在史诗时期，有夫之妇时兴留发路（即把头发从中间分开），头上也梳辫子，大多一至三个。若丈夫已去国外，其妻只梳一个发辫，在发缝中间插番红花或涂朱红，在前额上要点吉祥志。婆罗门一般让人理发，而刹帝利则时兴留长发。

到了笈多王朝时期，男人头上梳有发辫，然后用线或金丝结扎。有些人把头发从中间分开披至两肩。当时的女子梳有发辫，或把梳好的辫子盘在头上。在阿旃陀石窟的壁画上可以反映出当时的各种发型。壁画中有些女子的头发，从中间或偏右分开，前额上的头发，或梳向后边，或向前卷曲，头上的辫子或向后垂至脖子处。发饰结构的不同形式，反映了当时居民的兴趣和艺术的发展。

公元7世纪，玄奘对于印度人的头饰也有过描述：男人也留长发，妇女有不同的发型，发辫梳向后边，辫上扎有香花，有些人在辫上系有小花环，这样既美观大方，又有芳香气味；婆罗门理发刮须，但刹帝利则留有长须。

随着时代的发展，人们的发型大有改变。今天印度男子当然不再梳辫子，一般长短适宜。不过也有人的头发还偏长一点。当然，锡克教徒除外，他们终生不刮胡须，不理发，把头发梳好之后蛇型盘在头顶，然后用几米长的大头巾缠绕。印度女子一般梳辫子的并不很多，但是儿童除外。青年女子有留长发之俗，尤其当姑娘快到结婚年龄，非留长发不可，否则会遭到家中老人或亲戚朋友的指责："快要结婚了，还不快把头发留起来！"意思是说，一个女子头发不长，好像有碍于找对象结婚似的。事实上，也有不少女子不管这些，她们的头发长短同中国姑娘的头发类似，尤其是青年学生和一些受过教育的人。女子到了中年或老年，对头发的长短不再讲究，大多不是很长。

三 装饰品古今谈

印度人并不只是满足于身体的自然美，还要用各种饰物打扮自己，无论男女，古今皆然。

远在印度河文明时代，男女都有戴各种装饰品的习惯，尤其是女子，除戴耳环、手镯、项链、臂镯以外，腰间还系一种作装饰的腰带。富人的首饰多用金、银或宝石制作，象牙首饰也有不少；穷人的首饰质量较差，除铜制和贝壳制品外，陶瓷制品的首饰也是有的。此外许多人还喜欢在头上结扎鲜花。

吠陀时期，时兴一种叫古里尔的发卡，头上戴一种叫贡帕的首饰，富人头上还戴一种金制的"王冠"，手镯、脚镯、耳环必不可少；脖上戴的项链名目繁多，诸如尼施格、斯里迦、莫里格里沃、斯利格和鲁格姆，等等。到了史诗时期，装饰品的质量有了进一步的提高，数量也随之大增。富人除戴讲究的手镯、脚镯以外，王后头上扎有金带、腰间系有宝石等，脚上戴讲究的脚铃，脖上戴宝石项链。《利论》①中提到的项链达十几种之多。

笈多王朝时期，装饰品又有发展，仅仅在头上戴的首饰就有数种，例如"纠错莫里"、"母格得古朗"和"吉利德"，等等，同时还出现了"孟格得"、"盖友尔"和"沃勒耶"等种种臂饰。作为装饰品用的腰带的品种也有激增，名目更加繁多，例如"莫柯腊"、"海姆·迈可拉"、"岗吉"、"格纳格·耿格利"和"勒希纳"等都有大量使用。从阿旃陀石窟的壁画也可证实，当时妇女为了装饰发缝而戴嵌有宝石的装饰品，连发髻上都系有昂贵的宝石。据有关记载，当时戴项链成风，而且不分男女，全都如此。

公元7世纪时，人们同样注重装饰，从玄奘的著作中也可得到证实，"头上戴着花环，身上佩着璎珞（类似项链一类的饰物）"②，"花环宝冠，作为首饰，镯子璎珞挂在身上。有的富商大贾，只戴镯子"③，"耳上穿孔"④。有的书中记载，有些妇女把耳朵下半部穿许多小孔，孔内穿线，系上许多装饰品。"身上涂各种香料，所谓旃檀、郁金就是"，这时的手镯也有象牙制的。

古时候，印度人并不戴鼻饰，鼻饰是外来货，并非本国的特产，据说是后来由穆斯林传入的。

至今印度男女喜欢戴装饰品，妇女脖子上戴项圈或项链，耳上戴耳环，

---

① 印度古代一部论述政治与经济的名著。
② 参见玄奘《大唐西域记》，上海人民出版社1977年版，第62—63页。
③ 同上。
④ 同上。

鼻上镶鼻饰，腕上套手镯，足上系脚镯、脚铃等。有不少地区，男子戴耳环、手镯、戒指或项链等装饰品。若是参加节日或喜庆活动，一个个都打扮得花枝招展，美丽动人。男女不仅戴有不同的首饰，就连女子的头发长短，男子留不留胡须等也作为一种装饰看待。有些地区把男子留须看成是光荣的象征，否则则被人歧视。

四　吉祥志的使用与禁忌[①]

大多印度妇女喜欢在前额中间点吉祥志，其颜色不同，形状各异，在不同情况下有不同含义，但总的讲，它是喜庆、吉祥的象征。

吉祥志大多使用红色，尤其是从前。红色吉祥志是女子已婚的标志，在一个姑娘结婚时，除了头中间的发缝里涂朱红外，还必须在前额中间点个红色的吉祥志，这种做法至今如此。所以红色吉祥志也是妇女已婚的象征，而且只有印度教徒才有这种风俗。在印度教徒举办婚礼那天，新郎和新娘的父母也相互在对方的头上点红色吉祥志，以示祝贺，意思是"从今以后，我们成了一家人了"。未婚的姑娘和寡妇则不能点红色吉祥志。因此，只要看到一个女子头上点有红志，就表明她丈夫活着，过着幸福的生活。以前情况如此，今天并非全都这样。

今天在印度，妇女前额上点红志非常时髦，这是出现的一种新情况，所以不管是印度教徒，还是其他教徒，是已婚者，还是未婚者，甚至几岁的小孩，也都开始点红色吉祥志了。红色吉祥志也不只限于女性使用，为了表示吉祥如意，希望小孩长大成人，在男孩的头上也有点的。一般寡妇无资格，也不敢在头上点红色吉祥志，不过也有例外的。

现在吉祥志也不限于红色，也有黄色、紫色、绿色、黑色，等等。这是为了同身上所穿衣服的颜色相协调一致，显得更加美观。若一个女子身着以红色为主的纱丽，那么她则点个红志；她若穿的以紫色为主的纱丽，那么她会点个紫色志，其他以此类推。当然也不尽然，主要根据个人所好，并未有一定之规。因此一个女子总备有一些不同颜色的吉祥志，有时朋友间还彼此借用。黑志虽有，但比较少见。例如有个小孩长得又白又胖，美丽可爱，人人喜欢，这时家长见了反倒会担心起来，认为小孩将灾难临头，出于怕孩子

[①] 这一节曾以冀祁名义发表于《东方世界》杂志，1987年第6期。

中途夭折，这时家长会故意给小孩的前额上点个黑志，以减少其美丽程度，祛灾避邪，祝福孩子长大成人。

现在吉祥志也并非只用圆形的，除圆形者外，还有三角形、五角形的等等，根据每个人的喜好而定。

随着社会的发展，科学的进步，吉祥志的做法也有改变，从前用几种颜料合成，今天有许多现成塑料制品，需要时贴上即可，既方便，又省时。

每逢喜庆活动，或节日庆祝，女子非点吉祥志不可，尤其是已婚女子就是在平时也是要点的，否则受到家中老人或亲友的批评："难道你丈夫不在世了！"因此，单从屈服于各种压力和对丈夫的尊重，不管平时或节日期间吉祥志一般都点，不管是什么颜色的。

在敬神时或由祭司举办庆祝活动时，祭司代表神也向在场的男女老幼祝福，往他们头上涂红粉，口中还念念有词，而且用大拇指沾红粉由下往上涂一条竖线。若一个人出门远行，临出发前，家中长者也为晚辈在前额涂这种红志，以表示祝出门者一路平安顺利。

五 饮食

（一）饮食特点

一个民族的饮食同服饰一样是由自身所从事的生产水平所决定的，有其自身的特点。从事渔猎和畜牧的民族，必然是以肉类和奶制品为主食，而以蔬菜、粮食等为副食；从事农耕的民族则会以粮食为主食，而以蔬菜、肉类为副食。食物的多寡与好坏，很大程度上取决于生产力的发展情况。在阶级社会里，饮食的好坏除了取决于生产力的情况外，还取决于生产资料的占有情况。

印度虽然没有什么典型的饮食，不过他们比欧洲人更加喜欢吃大米、蔬菜和调味品。北印度人觉得南印度人的食物难以下咽，而南印度人也不爱吃北印度人的食物。有些人不吃鱼、肉和蛋类；很多人宁愿饿死而不肯吃牛肉，而另外一些人却没有这些禁忌。所有这些饮食习惯的形成并不是由于食物味道的好坏，而主要是由于宗教的原因。同时这个国家在气候方面千差万别，喜马拉雅山终年白雪皑皑，克什米尔却有着北欧的天气；拉贾斯坦有灼热的沙漠，而整个印度半岛却绵亘着玄武岩和花岗岩构成的群山；半岛南端有热带的酷暑，在西部沿海地区的红壤上生长着茂密的森林，两千英里长的海岸线，流经广阔富饶的冲积平原的巨大恒河水系和其他一些大河，再加上一些大湖以及库奇、奥里萨等地的沼泽，使得印度次大陆的画面更加完美了，因而饮食也千差万别，丰富多彩。

的确，印度民族由于居住地区和自然条件的不同，以及生产力发展的差别等原因，他们的生活水平和生活方式不完全一样。城市人有贫富之别，饮食也有好坏之分，而广大农村就不只限于此。以印度土著为例，由于生产方式和生产力的不同，决定了他们过什么样的生活。有的靠采集或狩猎为生，有的以畜牧业为生，有的从事不固定农业生产，有的则专门从事农业，如此等等。因此，他们的生活也是多种多样的。

至今靠采集或狩猎为生的土著很多，如迦德尔人、巴里扬人、伊鲁拉人，等等，这些民族由于生产能力很低，所以至今还处在靠天然资源维持生活的阶段，他们绝大多数人还不懂农业生产，或对农业生产不感兴趣，他们分成许多群体，住在山林和海滨河畔。分布在山林的人，除采集野果、野菜、野花、块茎、蜂蜜等外，还猎获野猪、猴类等；分布在海滨或河流湖畔者，则主要靠捕捉鱼、虾、龟等为生。

近些年来，商人们与他们有了较多的联系，使他们的生活情况有了变化，商人们用大米、酒、布料、衣物等换取他们的蜂蜜、兽皮等土产，因此，他们的生活开始有所改善，也开始穿衣了。

靠畜牧业为生的土著主要有多达人、古贾尔人等，他们大多在固定区域内放牧，过着游牧生活，生活十分艰苦。

婆迪亚人大多住在山上，他们有固定的村落，既务农，又经商，同时还从事畜牧业，三者兼而有之，他们的生活和思想比较开化。

绝大多数土著从事农业，例如皮尔人、塔鲁人等，他们用牛、犁、耙、锄等犁田耙地，也利用水渠或水堰浇水灌溉，他们以粮食生产为主，以粮食为主食，以蔬菜和肉类为副食。但是由于他们的土地贫瘠、交通不便，加上高利贷人对他们重利盘剥，故他们的生活并不富裕。

在饮食方面，南北印度也有共同特点。第一是喜欢吃有辣味的饭菜，当然南方的饭菜辣味更浓，这同气候的炎热程度有关。第二是喜欢喝茶。印度的茶水与中国的茶水不同。印度茶水中加奶、加糖，而且很浓，呈稀粥状，不仅气味芳香，而且富有营养。这同当地盛产牛奶及气候炎热关系重大。第三是有喝生水的习惯，且一年到头如此。这也是由于气候热的缘故。

总之，印度各族由于经济类型和生产情况的不同，在饮食方面，从主食到副食都有区别。所有这些差别与不同，有的随着生产力的发展和提高而会逐渐缩小，以至于消失；有些则可能改变（因宗教信仰的改变），而有些则是不会变的，尤其是受到自然条件影响的部分。例如印度人不会放弃吃辣椒的习惯。西孟加拉人不会改变爱吃鱼的习惯（当地盛产鱼类），克什米尔人也不会改变爱吃肉的习惯（当地产肉多）。因此，一个民族吃什么食物，有什么习惯，首先取决于客观物质存在，以及生产力的发展情况。

（二）美味佳肴

印度的食物似印度本身一样，多姿多彩。从最北的克什米尔地区，到南方的喀拉拉邦，从东部的加尔各答，到西部的孟买，各地区均有不同风格的美味佳肴。

印度除了有大米、白面外，也有不少杂粮。南方人以大米为主，北方人以面食为主，各邦也不完全相同。印度人因宗教关系和气候原因，食素者多，食荤者少。广大印度教徒以食羊肉为主，绝不吃牛肉；伊斯兰教徒则以食牛肉为主，绝不吃猪肉；其他教团如拜火教、基督教等对肉类无所禁忌，但也有不少人，例如一些印度教徒甭说嘴不沾肉，一年到头连鸡蛋也不吃一个，因为在他们看来，鸡蛋也属于有生命的东西。印度的豆类很多，大豆、绿豆、红小豆、蚕豆、扁豆、三角豆等都有大量出产。还有一些在我国见不到的豆类。印度虽无丰富的肉类，但那里有很丰富而且价钱便宜的水果，特别是橘子、香蕉等品种很多，产量很高。菠萝在英国是奢侈品，而在印度则比比皆是，又香又甜。还有一些欧洲不产的水果，如芒果、荔枝，等等，在印度却有不少出产。因此，在印度一年到头都能吃上不同的水果。再加上当地牛奶丰富，人们每天喝奶，从营养学来看，各种维生素也很齐全。

当地人吃调料很多，常吃的调料有：生姜、大蒜、丁香、肉桂、姜黄、茴香、芫荽、阿魏、小豆蔻，等等。尤其是咖喱粉，无论是吃荤者，还是吃素者，都喜欢以此为调料。外国人初闻到咖喱的味道和看到它的颜色，很不习惯，有些人甚至还会呕吐。不过，久而久之，待习惯以后，也感到味道不错，配制得当的咖喱，鲜美可口，辣味也恰到好处。据说，这种调料很有用处，能起活血止痛的作用。

（三）别有风味的茶水

尽管当今进入了一个新时代，汽水、咖啡、可口可乐等各种饮料充斥着市场，但是茶叶在印度依然是主要饮料，当地人酷爱喝茶，也很普遍。不过他们喝茶方法与我们中国有很大不同。

印度人大多喝红茶。他们把茶叶放入铜制或铝制的壶里煮沸，再加入适量牛奶和白糖，所以茶水较浓，呈稀粥状，并非像我国的茶水那样清淡，两者的味道也大不相同。印度茶水不带苦味，香甜可口，而且富有营养，有些人不吃早点，也要喝上一两杯奶茶。

印度人讲究喝茶，招待客人自不必说，平时若两位熟人邂逅，有空也得到茶馆要几杯茶，边喝茶边聊天；路上遇上几个好友，更得去茶馆喝几杯茶不可，用他们的话来说："不喝茶聊天，聊天就没味道。"学生在课间休息时，或去茶馆喝茶，或叫服务员把茶送来。学生们三三两两，或十几人围成一圈，席地而坐，一边喝茶，一边谈笑。各种集会，中间休息时也备有这种茶水。印度的火车站声音嘈杂，其中喊声最大的是"贾艾，贾艾"（即茶、茶）。卖茶人中有五六十岁的老人，有二三十岁的青年，也有不少是十岁左右的儿童。他们一手提着大茶壶（如同中国烧开水用的水壶），另一只手拿着一些空杯。这些杯子大多用泥土制的，土色很浓。若有谁买茶，卖茶人就把茶水倒入这种杯中，买茶人喝完茶后便把杯子扔到地上。车站除卖茶者外，当然也有卖其他饮料的，但是以卖茶者为最多。

印度人喝茶的历史也很悠久，他们称茶为"贾"（音），茶是从中国传去的，不仅传去了茶叶，连名字也传去了。中国茶叶在印度久负盛名，至今如此。古时候中国茶叶首先传到锡兰，尔后传到印度的比哈尔、孟加拉等地。当然中国茶古代也曾经由波斯传到印度。

茶叶在印度传播开来，广受欢迎，自然有它的科学道理。根据中国文献的记载，中国对茶叶的饮用历来非常重要，而且饮茶的方法有过很大变化。我国古代最初把茶叶作为药物，用以治病。中医认为"茶叶性寒凉，有清心神、醒睡除烦、涤热消痰、清肃肺胃、明目解渴"等疗效。大约在西汉以后茶叶已从药物发展成一种饮料。晋代的郭璞在《尔雅注》中即称"槚（茶的名称）可煮成羹饮"，把做成饼状的茶叶捣碎，在茶里还要加一些葱、姜等物，因此煮出来的东西是粥状的羹，故又有"茶粥"之称。到唐以后又有在其中放适量食盐的饮法。后来又发展到"淹茶"，即把茶叶饼捣碎成末，加上其他佐料，用开水冲泡。在唐朝，这种饮法很流行。宋代以后，不再加任何佐料，但要把茶捣成末，然后冲泡饮用。到了明代，饮茶方法又有改进，才发展到我们今天的泡茶饮法。

根据印度的地理环境和自然条件，印度有自己的饮茶方法，既发挥了茶叶"止渴"、"化痰"等功能，又充分利用了当地奶多、糖多的特点。印度茶水富有营养，这对当地天气热、体质消耗大也是个补充吧。

（四）喝生水的高超技能

对一个正常人来说，吃饭重要，喝水更重要，在印度尤其如此，这同当地的气候有关。因此，印度法律上有条规定，无论何人行至何处，只要说"喝水"，随便去什么地方找水，别人无权拒绝和阻止。

由于气候原因，当地人形成了一种喝水多的习惯，而且喝的都是生水，一年到头如此，对宾客的招待也是同样。你若是来到一家作客，同主人见面之后，主人会先递给你一杯冷水。你若是到饭馆用餐，一进门，服务员也会先向你端来一杯冷水，对你热情接待，然后再问你吃点什么饭菜。在机关食堂，开饭时，炊事员把饭菜在桌上摆好以后，再往桌上摆许多杯冷水，供人们边吃边喝。去旅馆住宿，当你刚一踏进房间，服务员马上会端来供饮的冷水。你若身有不适，去医院住院，也是如此。总之，所到之处，热情的印度朋友首先敬你一杯又一杯的冷水，这就是当地的习惯。

招待宾客喝水，当然要用杯子。若同时有几位客人，人手一杯才成，不然无法喝饮，这对外国人来说是理所当然的。但是，印度人自己倒不见得，他们几个人同用一只杯子也行，甚至没有杯子也可以，既能喝到水，又不会用嘴接触杯子或水，把杯子或水弄脏，这就是印度人喝水的高超技术。具体喝法是：喝水人右手持杯，把头仰起，接着把水杯高举过头，然后倾斜水杯，将水慢慢地倒入张开的嘴里。奇怪的是，一杯水能不停地流进嘴里，如同我们中国人把水壶里的水倒进杯子里一样，而喝水人一直往下咽水，中间并不停歇，他们的嘴简直成了一个"漏斗"。几乎每个印度人都可以用这种方法喝水。因此，几个人、十几个人，甚至更多的人可以一起喝水。只要有一个杯子，就可以用上述方法轮流喝水，真可谓是一种高超技术。如若没有杯子也能喝水。印度有种盛水的罐子，看上去如葫芦形状，下大上小，上面有一细口，体积有大有小，不知什么原因，装进里面的水变得很凉，这种水一喝进肚里，身上的汗水会顿时消失，可谓"水到暑除"。这种水罐家家都有（富有人家使用冰箱），他们可以把罐内的水倒进杯里，也可直接用水罐喝水，方法和上述一样。他们的嘴同样不接触罐口，因此，罐口干净，水也未被弄脏。这也是一种高超的喝水技能。印度人这种喝水技巧，同他们能歌善舞一样，外国人望尘莫及，甘拜下风。外国人都很纳闷，印度人这种喝水方法，既不呛鼻又不呛嗓子，水不间断流出，喝水者如此之快，目击者无不惊奇。我和在印度的一些外国人也努力试过多次，皆以失败告终，不是呛得鼻子生痛，咳嗽不止，就是把水倒得满脸，流得浑身都是。中国有句俗话："冰冻三尺，非一日之寒。"印度人这种喝水技巧，也绝非三五日之功所能奏效。从他们个个那种娴熟的喝水技能来看，没有几年功夫是办不到的。

这种喝水方法也没有什么不好，尽管看上去稍欠雅观，但它既省时间，效率又高，而且喝水人嘴不沾杯口或罐口，水也保持干净，不影响别人使用，合乎卫生要求，在不同宗教和不同种姓的人看来，这种做法当然更有必要。这种喝水方法之所以被广泛采用，世代相传，总有它的道理吧。

（五）别具一格的炊具

印度人的食器别具风格，无论是盆、壶、罐，还是盘、碟，不少是铜制品，富贵人家还有不少银器。厨房的各种大小饮具一般也都是铜制品。这些器物，世代相传，作为家产继承，它也是衡量一个家庭贫富的标志之一。从前女子出嫁，有的就以饮具，餐具作为嫁妆，如今时代已变，不少人家用现代化物品代替。你若是到了印度，不管走在街上，还是走进商店；住旅馆，抑或去乡下农家，给你留下印象深刻的首先是印度铜制品很多。门锁有铜制的，酒壶、酒杯有铜制的，各种大小的灯具、小孩的玩具、妇女的装饰品也是铜制的，甚至一些木制品上还镶有各种美丽的铜制花卉，就连捡牛粪用的大盆也是铜制的，所以有的外国人开玩笑说："我们来到印度，仿佛回到了历史上的铜器时代。"这话有些夸张，但也说明铜制品的确很多，表明印度制铜业发达。今天，随着科学的发达，不锈钢的东西在逐渐增多，因此不少炊具逐渐在被不锈钢所代替。

印度人吃饭，与许多国家不同，他们既不像西方人那样用刀叉，也不像我们中国人一样使用碗筷，他们大多使用盘子，用右手抓取。不了解情况的人认为，这样既不方便，又不卫生。其实并非如此，因为他们已经习惯，而且饭前都要洗手。外国人尤其对他们用手把饭菜送入口中感到新鲜惊奇。他们只用三四个手指不但能吃米饭，甚至还能把菜汤同米饭一起搅拌，然后一一送进嘴里，就连稀粥也能用手抓入口中，外国人对他们这种吃饭技巧在赞叹之余，只好自愧弗如。其实，当他们知道中国人用筷子吃饭时也大为惊讶："世界上还有这类事情？不使用手，而用两根棍儿把饭菜送入嘴里，这太困难了，而且也有点危险。"他们认为，用两根筷子夹住东西太困难，而且担心会把嘴捅破。当然在我们看来，这种担心纯属多余。因此，吃饭如同穿衣一样，不同国家有不同的服装和穿法，那么不同国家也有不同的吃饭方法，这很自然，不足为怪。吃饭方式在印度也不完全统一，例如北方有个民族，他们既不用手抓取，也不用筷子，而是用一块小木板吃饭，它既有中国筷子的作用，也有印度人手指的作用，显然是介于中印两国人吃饭方法之间。据说，他们的祖先原在中国，来到印度以后受到了印度的影响。当然这是很久很久以前的事情了。

在印度你会发现，不管是南方人，还是北方人，是印度教徒，还是伊斯兰教徒，是大人还是小孩，他们吃饭都用右手，主人递给客人东西，也是使用右手，不用左手，就是递给你一杯冷水也是如此。所以这样，是同印度人的又一习惯有关。印度人大便以后，不用手纸擦，而是用清水冲洗。冲洗时只用左手，不用右手，因此，他们认为，左手肮脏，右手干净，这便是他们用右手吃饭的原因。这点全印度做法统一，无一例外。

六　住宅

（一）印度住宅的产生与发展

马克思说过："人们首先必须吃、喝、住、穿，然后才能从事政治、科学、艺术、宗教等等。"①

自有人类以来，就出现了住的问题。住房是人们劳动的成果，它反过来影响人们的劳动和生活。住房问题总是和社会发展状况密切联系着：社会的发展，生产力和生产关系的发展，极大地影响着住房问题的发展，而住房问题解决得好坏又会反过来影响社会的发展。

人类的住宅也有它的起源和发展变化的历史过程。在刚脱离动物界的童年时代，人类为了防止猛兽的伤害，曾有过树居的习惯，其后，随着人类本身的发展，才逐渐下到地面，栖身于岩檐之下，或露宿荒郊，或住在搭盖而成的简陋的防风窝棚之中，过着极其艰苦的狩猎生活。当人们学会使用火和驯养狗来辅助狩猎时，才逐渐进入洞居、半穴居的时代，并用兽皮、树皮或

---

① 恩格斯：《在马克思墓前的讲话》，《马克思恩格斯选集》（第三卷），人民出版社1972年版，第574页。

树叶遮体御寒。同世界其他地方一样，人类在印度也曾这样朝不保夕地生活了数千年。

公元前10000—前6000年，人类生活方式发生了巨大变化，那时他们学会了种植粮食作物，驯养动物，制陶，织布和制造一些与旧石器时代的粗糙石器相比打磨得较为精细的石器工具。这个以使用打磨石器和经营早期农业为标志的新石器时代，奠定了文明人类的基础，在这以前，人类社会受到猎获物和食用植物供应的限制，但是随着农业的开始，有可能播种更多的种子，耕耘更多的土地。许多家庭开始集居一地，共同从事农业生产并抵御敌人，保护自己。随着氏族的产生，定居的开始，人类才开始逐渐过渡到地面居住，建筑结构简单的房屋，从今天一些印度土著民居住的情况可以想象到当时人们的居住条件。在印度次大陆，新石器社会的遗迹大都留存于西北和德干地区。印度次大陆发现的定居文化的最早遗迹是俾路支中部与南部和信德（均在巴基斯坦境内）的农村小村落。其中最古老的可追溯到大约公元前3500年。公元前3000年左右，出现了哈拉巴文化，这种文化发展成了一个独具特色的居民点。从考古发现，当时人们居住在城市型的聚落里；聚落周围有高大城墙，城内有上下水道。住宅还分大小，从遗迹的结构来看，大屋为富人所造，而一排排的两层小屋供贫穷的社会阶层使用。可见当时有了贫富之分和阶级差别。它属于早期的阶级文化。从哈拉巴遗址发现，当时的建筑均用优良的烧砖建成，出现了大小不一的双层结构的房屋，说明当时科学文化已相当发达，不亚于同时代的世界先进国家。当时的建筑由环绕一个长方形庭院建筑的房间组成，像这种"井"字形布局，今天在北印度不少地方还可看到，但它们多属陈旧住宅。从中一方面看出古代那种建筑的痕迹，另一方面也说明后来继承了这种传统。

进入阶级社会后，人们的住房发生了深刻的变化，在平民百姓中产生了以木构架或简陋石砖石瓦房为主体的房屋建筑；在剥削阶级中出现了豪华的庭院、楼阁和宫殿等建筑。这就是印度房屋发展变化的简单过程。

（二）印度住宅的风格与特点

今天印度房屋的形式颇多，不仅有城乡之分，就是同一地区，山区和平原也有区别，而且同是山区也不尽相同。所有这些，主要与自然条件和经济发展有关，同时也具有较明显的民族风格。

1. 城市住房

城市住房，一般讲究，不是高楼大厦，就是漂亮的小洋房，要么就是印度式房屋建筑。室内宽敞舒适，有古式传统装饰，也有现代化先进设备。不少人家的住房分为上下两层。下层有宽大明亮的客厅、方便舒适的厨房、厕所和洗澡间等；上层是安静的书房和舒适的卧室，其间数也相当可观。不管楼上楼下，其特点是通风透光，四周有宽大的玻璃窗，而且许多房舍的方向是坐西朝东，即东西走向，这是为了避免强阳光的照射，同当地的气候有关。中国的房屋主要是防冷，而印度的房屋主要是防热。此外，每一间房内大多吊有大电扇，每年4—10月一直不停地转动，包括夜间在内，印度的电扇质量优良，经久耐用，名不虚传。房舍不管是两层，还是三层，大多为平顶，顶的四周有矮墙，古时候，这样的房顶在打仗时可以防守。中央邦、北方邦、旁遮普邦等地这种房屋很多。房子的一头有砖砌的阶梯，供人们上下使用，不像中国人使用木制梯子。

当然，城里也有生活困难的家庭，他们住在矮小破旧的小窝棚里，这种窝棚大多用废铁皮、破布片、旧纸板或塑料布搭成，有一丈来高，没有窗户，阴暗潮湿，一家老小，一年到头，居住里面。这种简陋的窝棚大都分布在城边或市内偏僻的地方。此外，还有一些人住在砖砌的平房里，尽管没有洋房和楼房方便舒适，但要比上边提到的那些窄小、阴暗的窝棚好上千百倍。当然，随着政府对他们的关心，他们的住房条件也在逐步改善之中。

2. 乡村住房

广大农村，尤其是平原地区大多住土房和砖房，富裕村庄，建有洋房。一般住房的中央一间开有后门，目的是为通风凉快。同中国南方如中国江西农村的房舍类似。不少屋顶也是平的，砌有上房用的阶梯，天热时，人们在屋顶上休息或睡觉。一般农村家庭，屋内摆设很少。

山区农民的住房是另一番景象。有的民族喜欢在山脚下建村，便于抵御狂风和猛兽的袭击，而且各家相距不远，目的是确保安全和相互照顾。有些村庄则建在山坡上，一排又一排房子，看上去很有规则，每排房后有一道10—20米的高坎。从远处望去，好像房子建筑在阶梯上。这种房子的好处是各家自成一体，一旦村庄遭到袭击，或者敌人放火，不至于全村受害，同时各家又可以互相照应。有些人家围墙的大门类似瞭望台，这是在危急时供站岗放哨使用，站在上面，能看到远处，便于保护住家和村庄。

有些地方，人家的房舍建在高出地面二三米的地基上，房子用石头、竹子或木头搭成。房顶用草盖的，屋内只有一个窗户，炉灶安在中间，灶的顶上放着木板，木板上放湿柴火，灶前的门廊边堆放干柴和煤炭，房前堆牲畜的草料。每家大都有住房三间。前面是走廊，中间和后边是卧室，有些屋子外面呈椭圆形，房子的右边或后边还有一间偏房。有些民族的房子里面非常宽大，但当你乍一进屋，会觉得漆黑一团，因为除了一个入口外，既没有其他门口，又无任何窗户。进去待一会儿后，当你的眼睛习惯了这阴暗的光线，就会发现墙上挂着或靠着许多日用工具。又有些民族的住房都修在离地面一定高度的木台或竹台上。台下是猪圈或牛圈。房屋四面无墙，屋里只有一灶。但男女青年结婚后，要另修新房，单成一家。未婚青年到了十四五岁后，晚上都住村里的公房。之所以如此，原因有二：一是他们不便同已婚人一起居住。二是他们自己负有保卫村庄的任务。一旦村里有事，便可招之即来。

七　发达的交通运输

印度幅员辽阔，交通方便，铁路、公路纵横交错，航空、航运四通八达，这对促进国民经济的发展和各地文化交流等都起了重要的作用。

（一）纵横交错的铁路

打开印度地图，不难发现，印度的铁路纵横交错，分布均匀，成为人们的主要交通工具之一。在印度乘火车不仅可以饱览美丽的自然风光，而且有机会接触各界人士，给乘客留下愉快的回忆。

印度自1853年铺设由孟买到塔那的第一条铁路开始（只有34公里）到1981年为止，已发展到61240公里，居亚洲首位，占世界第四。这是个了不起的变化。

印度铁路的发展，经过了一个漫长的过程，至今已有100多年的历史，起初只是试验性质，铁路线短，后来总督提出了大量修建铁路的建议。当时英国棉织业有了很大发展，对棉花需求量有了显著增加，自然又加重了对印度的侵略与掠夺。为满足对棉花的日益增长的需求，深感发展铁路的必要性。在19世纪中叶英国国内出现了"铁路热"，尤其到1846年铁路热达到了高潮，这就为在印度发展铁路提供了可能性。与此同时，印度的1857年，士兵大起义给英国以沉重打击。英国当局为镇压叛乱，迅速调遣军队和运输军需物资，也感到有铺设铁路的必要性。总之，英国统治者为进一步开发印度资源，维护必要的"治安"，才着手扩充了印度的铁路建设。

印度独立后，铁路事业发展很快。现在印度每天有11000辆机车运行，运载1000万旅客，固定铁路职工170万人以上，非固定工人也有30万。印度的火车头和客车厢均由本国制造，其火车车辆和车站数量以及长距离旅行人数都居世界首位，被称为世界最大铁路国家之一。尤其自1950年以来，印度电气化铁路已增长11倍，这是个了不起的变化。今天，印度自己能制造所需的全部机车（柴油机车和电气化机车）以及其他的各种铁路机车，而且90%以上的部件均为本国产品。印度目前向不少国家的铁路系统出口铁路车辆和提供各项服务，例如马来西亚、叙利亚、伊拉克、坦桑尼亚和尼日利亚等国。

印度火车分为五等，既有豪华的车厢，又有次等车厢，也有价格不等、设备不同的普通车厢。豪华的车厢，设备齐全，坐卧舒适；次等车厢，设备简陋，甚至连座位都很少，大部分人只能站着。这样倒好，拉开了档次，乘客根据自己的需要、兴趣和经济条件而自由选择。但是，不管哪种火车，价钱都较便宜，这点给外国乘客留下了深刻印象。在印度乘火车方便，购票容易，无须提前排队买票。你若有事外出，随时即可。哪怕在繁华的城市也是如此。当你要说"提前买票"时，他们听后会感到吃惊和好笑。因此，印度广大人民不把乘火车当做回事，如同我们这里乘坐公共汽车一样。乘客可随身携带许多行李，多得令人吃惊，简直难于理解，幸好上下车有不少"苦力"帮忙。但印度乘客对此都彼此通融，相互支持，已成习惯。在火车上比较安全。列车窗口玻璃外都装有一根根铁棍，犹如银行的门窗，看上去虽稍欠美观，但利于安全。万一有偷盗等之类事情发生，有专人负责处理，即每列火车上都有几名带枪的军人，他们负责车上的治安，没有固定座位，也不只待在某一车厢内。车厢之间彼此隔绝，不像中国的火车各节相互连通。各车厢的乘客若想彼此来往，只有等火车到站停车以后。这些维持治安的军人往往每到一站就更换个车厢。各节车厢都安装着许多电扇，每两排座位之间的头上，就装有三台，这是由于当地气候炎热的缘故。尽管如此，在夏季车厢内仍然闷热，因风都是热的，似乎感到电扇的作用不大。车上没有供水设备，由乘客自己想办法解决，因此，不少人只好自己用陶器水罐或玻璃瓶带水（生凉水）。火车上没有"服务员"一说，清洁卫生也全靠乘客自觉。有些车厢较乱、较脏，尤其是次等车厢，有时乘客去厕所都有些困难。

无论快车、慢车，不像中国火车上有乘务员报站。站台上标有站名，靠乘客自己观察。但是，看不到站牌名字的人，尤其在夜间会出现麻烦。所以有些乘客彼此间不时地相互打听。也怪，很多人对火车站名很熟。这也许与印度的铁路发达和人们经常乘火车有关。

印度火车显得很陈旧。看了印度的火车，自然想起了印度本身的古老文明。

（二）密布全国的公路网

印度公路交通方便，名不虚传。公路上行驶着各种各样的车辆，除各种汽车外，还有不同型号的拖拉机，跑着的马拉车，慢慢吞吞的牛拉车和昂首阔步的骆驼拉车。当然，数量多、速度快的还是汽车。在不同的公路上，风驰而来，闪电而过。车头部分不是供有神像、牛像，就是搭有大小不同的花环，或者在车身上画有女神像或吉祥符号。你一看就知道，这是在宗教盛行的印度，而不是在别的国家。

印度公路的历史并不算短，尤其英国统治印度以后，除建有大量铁路外，还修了不少公路。印度独立后，公路建设有了更大发展，成了世界上公路最发达的国家之一。自1950年以来，公路总长增加了两倍，由25万英里增加到76万英里。印度公路分为三级，即国家公路，邦公路和地方公路。国家公路质量好，路面宽阔而平坦，路标齐全而醒目，路旁设有里程碑，遇有窄路或拐弯处，建有明显标志或路障，如立有涂白灰的大油桶。因此，不管白天或夜晚，汽车可放心行驶，比较安全，也不会迷路。像这样高水平的国家公路，全国共有49条，总长为3万多公里，它连接了印度各主要城市。邦公路的质量也不错，但一般比国家公路窄，这种公路总长为10万公里以上，是各邦内的主要交通干线，属于国家公路的支线。地方公路，主要归地方管辖，它主要解决邦内各区县交通运输的需要。路面有好有坏，土路较多。

印度是个发展中国家，从公路来看，比较发达。国家注重公路建设，为此投资不少。例如，在第四个五年计划中为公路建设投资826.94千万卢比，在第五个五年计划期间为此投资1348千万卢比。印度计划到20世纪末，每个村庄距离公路不超过1.6公里。印度人修路，既注意引进外国先进技术，又结合本国的地理、气候等特点，因此公路质量很高，如印度夏季气温高达48度甚至50度左右，但柏油公路照常使用，路面上的沥青并不熔化。外国人都为之惊叹。的确，不少地方值得学习。

印度机动车总数自1947年以来，增加16倍，现在超过410万辆。各种公路车辆——卡车、拖拉机、轿车、摩托车、自行车等，这些都能本国制造，不仅自给有余，还能出口亚洲、非洲和中东一些国家。值得注意的是，印度对外国进口车辆卡得很严，注意保护本国工业，就连已故的英迪拉·甘地总理也是一直乘坐印度的国产汽车，其他人更可想而知。因此，从城市到乡村的公路上，奔驰的汽车大多为本国产品。在繁华的城市，也能看到外国牌汽车，但一般是外国使馆用车。印度也注意学习外国，尤其近些年来，重视引进外国先进技术，或与外国合资制造，但对外国技术结合本国情况予以消化吸收，因此所有汽车产品都带有印度特色。

印度的公路交通之所以方便，因为除有大量公共汽车外，还有大量出租汽车和三轮摩托。不仅车站有车，公路两旁、大街路口亦随处可见。凡出租的车辆车顶都是黄色，也不一定写有"出租"字样。你若手提着行李站在路旁观望，出租汽车发现了你便会主动朝你开来；你若看到有个黄顶汽车从你身边路过，可向它招手示意，它会马上停下。车价也比较便宜，以行程里数计价，车内靠左前方装有计程器。每公里的价钱一般由国家规定，出租者不可随意向顾客要价，当然个别人也是有的，尤其对待外国人。这时顾客可以讨价还价，双方同意，交易才能做成，这是一种习惯。

印度的公共汽车有其特点：一是无车门，只有门框（长途汽车除外）。这样，上下车方便，只要车速放慢或路口遇有红灯停车，乘客马上可跳下车来。当然无车门也有不利的一面，由于乘客太多，尤其在拐弯处，有时有人被甩下来，造成事故。这也是个习惯问题。二是车速快。印度的公共汽车速度很快，外国人开玩笑地说"印度的汽车司机个个都能开消防车"，就是拐弯时也不减速，汽车颠簸厉害，尤其是外国人和本国妇女更是有些紧张。汽车每到一站，速度放慢，不少车并非完全停车，或停车的时间很短，不同于中国的汽车，当地人往往在车速慢了时，便开始跳下车，在人们不断往下跳的过程中汽车缓缓前进，在汽车缓缓开动的过程中人们跑着跳上车去。从车上下来的人们跳下车后要朝前跑几步，利用运动的惯性。若跳下车后马上往后走，非摔跤不可。外国人由于缺乏经验，个别也有被甩下来摔死的。当然也有的汽车到站后完全停车，对外国人也比较照顾。三是从后门上车，从前门下车。汽车售票员坐在后门的靠左边，乘客上车先买票，然后逐步向前移动，到站时从前门下车。这种秩序，人们都自觉遵守。若你"反其道而行之", 会遭到司机的批评, 甚至他会拒不开车, 直到你下车为止, 同时车上的其他乘客也会因抱不平而说你几句。

印度车多、人多, 车祸也多。如1982年印度每1000辆汽车的出事率为34.6次, 造成死亡的是5.5次。据有关统计, 事故死亡率比美国、法国、西德和日本都高。在德里的大街上两车相撞的事情并不新鲜, 只要进城上街, 准能看到。类似贝拿勒斯这样的城市更不用说。那里给人印象是, 人、车不分上下道, 简直横冲直撞, 可谓"见缝插针", 再加上"圣牛"在街上摇摇摆摆, 自由行走, 影响交通, 难怪有很好的小轿车四轮朝天躺着。这类事情不乏其例, 印度朋友风趣地对我说: "这就是印度的古老'文明'。"这种"文明"的确已经古老过时, 在拥有现代化交通工具的今天, 这种"文明"若不改变, 人们乘坐当地的汽车怎么会不担忧呢。

(三) 日益发展的航空业

印度的运输业早已突破水、陆运输的范围而向空运发展。虽然国家航空公司所用的大部分商用飞机仍需进口, 但印度能自己制造喷气战斗机、运输机和作物喷雾机等。印度现在共有103个飞机场, 其中有85个大机场, 23个小机场, 遍布全国各地, 还有4个国际机场。它们分别设在孟买、加尔各答、新德里和马德拉斯。印度的航线分布均匀, 人们乘飞机方便。所有航线均由政府控制, 在交通运输和国防上起着重要作用。

印度的航空事业早在1917年开始, 至今已有几十年的历史。起初, 主要是为了满足邮政的需要, 当时的政府委托交通公司管理, 但航空事业发展缓慢。到1920年, 政府对航空事业产生了兴趣并开始给予重视, 修建机场, 开辟从孟买至加尔各答和从加尔各答至仰光的航线, 还建立了航空委员会等, 为发展航空事业进行了充分的准备, 开展了一系列工作。

几年后, 英国、法国、荷兰同一些远东殖民地国家开办了航空业务。这样, 也促进了当时印度航空事业的发展, 当局同大商人进行谈判。后来, 塔塔航空公司和印度国家航空公司发展起来, 生产了一些小型飞机, 1938年通过了"发展国家航空邮政计划", 进一步推动了航空工业的发展, 出现了大型飞机制造业, 开办了许多航空业务。

第二次世界大战爆发后, 由于军事的需要而使用了飞机, 于是航空业转而为军事服务。1945年8月第二次世界大战结束以后, 航空业脱离了国家控制, 又恢复到商业轨道上来。战后几年, 印度航空业发展迅速, 越来越多的印度人对乘飞机旅游产生了兴趣，这样，促进了航空事业的发展。

印度独立后，航空事业发展较快，现在已同世界上50多个国家建立了航空联系。印度飞机上设备较好，服务周到，再加上印度有丰富的旅游资源，文化名胜很多，自然风景秀丽，所以乘印度飞机来印度的外国游客逐年增多，例如1980年为800150人次，1981年增到853148人次，增长6.6%。外汇收入由482千万卢比增加到564千万卢比。为了吸引更多外国游客，印度进一步加强了旅游事业，例如仅在第六个五年计划中（1980—1985年）就投资3亿卢比。还采取种种措施，鼓励和吸引外国游客去印度旅游，在世界各地设立了18个旅游部，开展业务活动，并出版了英、德、法等大量外文刊物，配合宣传。

引人注目的是，印度新兴的航空工业体系发展很快，其中印度斯坦航空有限公司发挥着重大作用。该公司的特点是，规模大，人数多，技术先进，于1964年10月1日成立，现在它拥有12家分公司，共有职工5万多人，其中科技、经营管理干部有5800余人。该公司专门为印度设计、制造和修理各种飞机和有关航空发动机、电子仪表及附件。据不完全统计，主要产品有30多种，诸如米格—21战斗机、HS—748涡轮螺旋桨式中型运输机、SA—315B拉马式直升机，等等。现在每年可生产飞机200多架。该公司正在大力开展有关飞机、电子仪表的设计与研制活动。为赶上世界先进水平，满足印度武装部队现代化的需要而采取了一些有效措施：如把公司的12家分公司重新组成三大联合企业，分散经营，以发挥各大城市的技术优势，提高其在国内外的竞争能力；从本国经济实力出发，引进世界最先进技术，购买外国专利，用新工艺、新材料来提高经济效益和劳动生产率。根据军民需要，既为印度部队提供各种现代军用飞机，也为民用提供多品种和不断更新的新式飞机；重视技术人员，用其所长，并对管理干部和职工实行严格录用，认真管理和考核，并且有计划地进行培训等措施，使他们成为该公司的智囊团，发挥其应有的才干。

印度在前进，航空事业在发展。尽管在前进中遇到了种种困难，诸如对引进外国的现代尖端技术如何消化吸收，如何进一步搞好技术改造等问题。但印度的航空业毕竟有一定雄厚的基础，而且拥有约230万人的科技队伍（居世界第三位），这是个巨大的发展潜力。经过短短10年，印度便突破了地球引力的束缚而迈入了太空时代；在不到30年的时间内成为世界上和平利用原子能的先进国家。同样，印度的航空业也在不断前进。

第七章 婚丧习俗

一 婚姻习俗的发展

婚姻，是印度风俗的一个组成部分，而且是个重要部分。它是物质生活条件的产物，受生产活动、经济生活、地理环境、宗教信仰和共同心理素质的制约和影响。它是在长期历史发展中形成的，有的世代相传，终年不变，有的变化较少，有相当大的稳定性。当然，有些方面，随着物质生活条件，特别是经济条件和社会制度的改变而有所变化。在人类社会的初期，是杂乱婚，后来随着生产力的不断发展，出现了人类社会第一个婚姻形态——血统群婚。这是个进步，它排斥了父母与子女、祖父母与孙子女的婚配，从而兄妹结婚就被认为是当然的习俗。马克思也说过："在原始时代，姊妹曾经是妻子，而这是合乎道德的。"[①] 印度当然不能违反这个历史规律。就广大地区而言，早已经历这个历史阶段，但是有些地区或部族中，即使在今天，也还有"兄弟共妻"、"姐妹共夫"的现象，这还是那种不受年龄限制的群婚状态，是恩格斯所指出的那种"更粗野的群婚形式"或多或少的表现。

随着社会的发展，一夫一妻制成为科学和普遍的婚制。它的出现，正如恩格斯所说："一夫一妻制是不以自然条件为基础的，而是以经济条件为基础，即以私有制对原始的自然长成的公有制的胜利为基础的第一个家庭形式。"这时表现在婚姻方面的一系列习俗是围绕妇女问题而展开。当女子出嫁，她的家族向男方索取一定代价或补偿。今天不少印度土著还是这样，例如桑塔尔族、霍族、吴朗族、柯里亚族等，至今这种风俗仍盛行不衰。买卖婚姻是它进一步发展的结果，把姑娘当作一种"商品"进行

[①] 恩格斯：《家庭、私有制和国家的起源》，《马克思恩格斯选集》（第四卷），人民出版社1972年版，第32页。

买卖。今天生活在印度的山区或边缘地带的贡德族、皮尔族等至今还有这种情况。

当社会发展到封建制乃至资本主义制度的社会形态时，私有观念进一步加强，买卖婚姻习俗不但没被消灭，相反更是花样百出。世界上有些国家，为了筹备新娘的聘礼，常常弄得债台高筑。而印度则是另一种形式，尤其是印度教徒，姑娘结婚时兴"倒贴男方"钱财，而且，随着社会的发展，要价越来越高，现在不再像以前那样，只是贴几件衣服，给几百卢比就可完事，而是上升到沙发、电视、摩托车、小汽车等大件物资。若给少了，女子则难以嫁出。所以印度有句俗话，"一家若有仨姑娘，全部家产折腾光"。为了嫁出女儿，有多少人家倾家荡产，又有多少女子自杀或被杀身亡！这说明不仅把妇女当成了商品，而且成了廉价商品，倒贴钱财才能嫁出，可见妇女地位之低。多少年来由于这种陋俗的流行，坑害了许多无辜女子。因此，1983年7月间，印度总统宰尔·辛格曾经呼吁：废除嫁妆习俗。他曾强调指出，"尽管法律和社会都谴责这种习俗，但仍有妇女被烧死，同时嫁妆问题又有发展趋势"。据报道，一般中等家庭，没有三万到五万卢比的现金（约合人民币六千到一万元）是无法让女儿出嫁的。即使已婚的妇女，也常因未能满足男方索取嫁妆的要求，而在丈夫家受到虐待，甚至被害死或者被迫自杀。因此，总统强调："应该废除嫁妆习俗，避免这种风俗带来的危害。"政府虽然采取了有关措施，但一时难以煞住这股歪风。

一个民族的婚姻制度既反映着它的文明程度，也反映着其生产力水平和经济发展状况。今天印度全国各地发展很不平衡，有自由婚姻，也有包办婚姻。有些地区，尤其有些土著部落中至今还流行着一些落后的婚姻制度，诸如服役制、换婚制和抢婚制，等等。这就反映出其社会和经济状况还比较落后，生产力还不发达。在人类历史上，社会发展到一定阶段，随着男子在社会生产中地位的提高，父系制代替母系制是"人类所经历的最激进的革命之一"。"提亲订婚"是男子地位提高的一种表现，妇女地位就随之下降。恩格斯指出过："最初的阶级压迫是同男性对女性的奴役同时发生的。"今天印度存在上述几种婚制还属于这种残余，这些婚制，显然把妻子视为家里的一宗动产。男子可以像抛弃货物一样，随意抛弃妻子。有些妻子丧夫后不能再嫁，无自主权，有的则被移交给亡夫的兄弟或近亲。这是历史发展中的一种社会现象，它影响着人们的思想，束缚着人们的手脚。随着社会的不断发展，经济状况的逐步改善和文化的普及与提高，印度这种婚制正在趋于消亡。

二　不同宗教的婚丧习俗

（一）印度教的婚丧

1. 印度教徒眼里的婚姻

印度教徒把结婚视为一种重要的宗教仪式。他们通过结婚再完成一系列的宗教仪式。只有完成了这些仪式才算成婚。这些结婚仪式中，有的是新郎、新娘绕火转圈，视火为神，祈祷念咒；有的是夫妇二人各把一只脚踏在石上，向神祈祷，共表决心；有的是往新郎、新娘浑身上下涂抹姜黄，驱鬼避邪，如此等等（详见本章第3节）。这些仪式必不可少，否则认为结婚手续不全。

印度教徒认为，婚姻关系是由天神确定的，因此，这种关系是神圣而牢不可破的。夫妇双方均无权破坏，尤其是妻子，即使有朝一日丈夫不幸身亡，她也无权改嫁，仍应同亡夫保持夫妻关系。

在印度教徒看来，结婚的首要目的是完成种种宗教职责，其中祭祀最为重要，而且不止一个，主要有五大祭祀，即梵祭、神祭、鬼祭、祖祭和人祭。要完成这五大祭祀，必须有妻子参加，否则祭祀无法进行。因此，男子必须结婚。

印度教婚姻的目的之一是生儿子。生了儿子，才算完成了祖祭，只有儿子才有资格向祖宗供奉祭品。这种习俗由来已久，印度最古的文献《梨俱吠陀》中曾多处提到：没有妻子和儿子的男人是不完全的。古代文献《百道梵书》中对此也有记载：妻子是丈夫的一半，一个有妻子和儿子的男人才是完整的。在史诗《摩诃婆罗多》中也提到：无子之男有罪。因此，在结婚仪式上，夫妇双方为此念咒、祈祷、发誓，并且丈夫对妻子明确说道：我为了得到儿子才同你结婚。祭司等人也为此而祝愿他们。

2. 几种婚制

印度地域辽阔，宗教复杂，加之历史上种种原因，所以不同民族，不同宗教的婚俗也千差万别。印度教在婚制方面也五花八门，并不统一，大致分为三类，即一夫一妻制，一夫多妻制和一妻多夫制。

（1）一夫一妻制，又称单偶制，是一男一女结为夫妻的婚姻形式。通常认为这是一种好的婚制,早在《梨俱吠陀》中对此就有记载。今天这种婚制较为普遍。许多人认为,这种婚制有利于家庭和睦,减少纠纷,使家庭稳定。当然有些人认为,这种婚姻也有缺陷,说它"会使不道德的人增加;妻子在月经期间,丈夫的欲望得不到满足和保证",等等,再加上其他一些原因,因此还有一夫多妻的情况。

(2)一夫多妻制。一个男子同时娶几个女子为妻的婚姻形式。这种婚制早在吠陀时期就有,流传至今。这种现象在印度土著人中,更为多见。印度教的顺婚制助长了一夫多妻制的流行,例如孟加拉邦,很注重顺婚,由于全是高贵富有家庭,所以男方可得到不少嫁妆,娶的妻子越多,得到的嫁妆也越多。在南印度如南布迪里婆罗门中就有这种一夫多妻现象。他们认为,只有长子才有权同高级种姓的女子结婚,其他弟兄应同低级种姓的女子结婚,例如同纳耶尔或刹帝利姑娘结婚。这样一来,在南布迪里婆罗门中适婚龄的男子便少,而适婚龄的女子则多。由于女多男少,遂出现了一夫多妻的情况。从印度古代《摩奴法典》时期就一直存在这种现象,今天还有。大多有钱人家采取这种婚制,他们把拥有妻子的多少,看作荣誉和体面的象征。在那伽人、白伽人、道达人以及中印度的一些少数民族中非常流行。

印度教的婚姻同宗教思想有关。前面提到,结婚的目的之一是为生儿子。他们认为,儿子可以帮助父母死后升天,使死后的灵魂得到解脱,等等。因此,一个女子若是不能生育,其丈夫则有权再娶。古代文献《摩奴法典》中提到:"婚后女子八年不生儿子,丈夫应该再娶一妻。"① 至今印度还有这种事情,用他们的话来说,"因为前妻尽不到责任",这也是一夫多妻制产生的原因。还有些地区,例如在旁遮普、拉贾斯坦、哈里亚纳等邦的阿黑尔、贾德、古吉尔等族以及北方邦的一些民族中时兴大哥死后其弟可以同寡妇嫂子结婚的风俗。在南印度有些地区也有这种风俗。这同样属于一夫多妻的现象。一般说来,印度教、伊斯兰教、耆那教中都流行一夫多妻制,但据调查证明,一夫多妻现象在印度教徒中最多,约占印度教家庭的5.1%。虽然伊斯主教经典规定,一个男子最多可以娶四个妻子,但从调查得知,一夫多妻的比例在穆斯林家庭中仅占4.8%。

一夫多妻的原因很多,主要原因有以下几个方面:

---

① 参见斯叠巴尔·鲁海拉《印度社会》,(印度)北方邦印地图书出版社,第210页。

第一，宗教思想影响。结婚的目的之一是生儿子，若是没有儿子，许多宗教仪式无法举行，虽然社会上有"妻子不能生育，丈夫有权再娶"的说法流传，但是，也有前妻生了儿子，丈夫仍又娶一妻的事情，凡这样做的多为富有之家，或长官之类。这是出现一夫多妻的原因之一。

第二，同经济情况有关。印度是农业为主的国家，许多农活靠妇女来做，特别在山区，土地分散，一个农民无暇照顾所有土地，又不愿雇用长工，于是妻子便成了廉价而忠实的劳动力，这就促使一夫多妻的情况发生。

第三，妻子的多寡也是衡量一个男子威望高低的标准。在中世纪，一个人的妻子越多，他的社会地位就越高，因此当时有钱的富人、地主和国王等人，喜欢娶几个妻子。这种影响至今在一些地区还存在。

第四，出于多生孩子和同居的需要。印度一些地区，尤其是山区，自然条件较差，文化比较落后，小孩死亡率也高，再加上人们彼此间流血冲突时有发生，于是有些人认为，家中人手越多越好，对生产也较为有利。另外，山区有种风俗，女子在怀孕和哺乳时期，丈夫不能与妻子同床。因此，一些男子便与另外的女子结婚。加之山区妇女比男子容易衰老，青春期较短，当一个女子开始衰老，男子就同另一个年轻的女子结婚，这些都是一夫多妻的原因。

第五，顺婚制也是造成一夫多妻的原因之一。高级种姓注重内部通婚，高级种姓的女子不能嫁给低级种姓的男子，而高级种姓的男子则可以娶较低种姓的女子为妻，一些贪财的男子愿多索取嫁妆，低级种姓的女方宁可多出嫁妆也愿高攀，这样通婚结果，高级种姓女子出现过剩，遂有一夫多妻现象发生。

一夫多妻的后果形成了多妻多子，经济负担加重，生活水平下降，文化落后，彼此矛盾重重，所以政府给予限制，通过了有关法律，目前情况有所改变。

（3）一妻多夫制。一个女子同时和几个男子结为夫妻的婚姻形式。一个妻子同时有几个丈夫，这有两种情况：几个丈夫可能是同胞兄弟，也可不是。妻子分别轮流与丈夫同居，她若与其中一丈夫同居，其他丈夫无权干涉。这种婚制在印度自古有之，今天不少地区，无论是在印度教徒中，还是非印度教徒中也还存在。他们认为，这种婚制有许多好处，"这种婚制只有一女，可以避免妯娌间的争吵，同时也可以省盖许多房屋"。北方邦的卡斯人、拉其普特人、南印度喀拉拉邦的纳耶尔人以及旁遮普的一些山区等就有这种风俗。在克什米尔地区也有相当数量。当一家的长子结了婚，其妻子即归兄弟们共有，但所有权归于长子。若其中一个弟弟想同另外一个女子结婚，那么他的大哥首先要与此女子结婚才成，尔后再转给弟弟。一个女子若同一个男子结婚，那么这位女子也就成了所有兄弟的妻子，甚至未出世的弟弟将来也都有份。妻子虽归兄弟们共有，但长子享有特权。若妻子拒绝同长子同居，则被视为有罪，会遭到遗弃。印度的尼勒根利地区的道达人和高达人中时兴非亲兄弟同娶一妻的风俗。

这种婚制弊病较多，对男女健康不利，严重影响生育，彼此发生矛盾，故离婚现象较多，因此，这种婚制在日益减少。

一妻多夫的原因。一妻多夫的原因固然很多，但主要有以下几个方面的原因：

①男多女少是原因之一。例如在尼勒根利地区的少数民族中有男多女少的现象。因为从前那里一度有杀害女婴的风俗。这样一来，女子慢慢减少，就出现了一妻多夫的现象。

②贫穷也是原因之一。由于家里贫穷，经济条件较差，一个男子负担不起一家人的生活，于是几个男子合娶一妻，共同负担。同时，女子本人也希望有几个男子共同养活自己。她们认为，这样的生活才有保障。这种风俗大都在山区流行。可见与自然条件有关，例如在印度的台拉登地区就有这种情况。

③怕多生孩子。有些人家，经济困难，生活水平不高。他们怕结婚后生活水平进一步下降，为节制人口，遂出现了几个男子合娶一妻的现象。

3. 复杂的结婚手续

前面提到，印度教把结婚看成是重要的宗教仪式，从说媒订婚，直到结婚完毕，要经过许许多多的仪式，主要有以下这些：

（1）订婚：男女双方谈妥后，女方给男方衣服、戒指、糖果、盘子和1至1001卢比的现金（根据自己的力量可多可少，但钱数为奇数，否则认为不吉祥），这一工作大都由姑娘的父亲、爷爷、伯伯、叔叔、大哥来承担。清晨或傍晚，男方宴请自己的亲属，把此事告诉他们。让男青年坐在一条木板凳上，给他穿上新衣，戴上新帽。姑娘的父亲（或由女方的一位亲戚）在男青年前额点上吉祥志，送他椰子、糖果、衣服、金钱等，往他嘴里塞个"勒杜"（一种圆形甜食）和"邦"，然后，把赠他的东西由别人送进屋里，接着女方的代表再送男方的父亲一些钱财。两人见面后，男方招待客人吃早饭或向人们分发糖果。这时,妇女们在屋内唱歌。订婚要选个吉日良辰,忌讳星期二、星期六两天,认为这两天不吉祥。通过这种仪式,双方算是订了婚。

(2) 填怀:订婚后,男方的父母再选个吉祥日子,带上一两个亲戚来到女方家里,给未来的儿媳带来衣服、首饰、玩具、糖果等物,并且还给姑娘的兄妹和堂兄妹等人也带来些衣服。然后由男方的母亲或嫂嫂把刚带来的衣服给姑娘穿上,在她怀里放些糖果。姑娘的父亲再送男方的来人一些东西,招待一两天,然后,男方告别返回。这种仪式有三个目的,一是使双方关系更加密切;二是婚姻关系更加牢固;三是通过这种仪式,将来会使姑娘多生孩子。

(3) 黄信:由女方提出结婚日期,用书信形式寄出。在信封上涂有姜黄或黄色,黄色象征着吉祥,象征着春天的快乐。此信通过理发师或邮局送往男方家里。男方收到信后,要唱歌跳舞(有些地区这样),然后让潘迪特拆开信件,看是否信上所写的是结婚日期。男方若不同意,还可提出另外日期通知女方。

(4) 擦姜黄仪式:这种擦姜黄仪式,一般在结婚前七天进行。给即将结婚的男女用姜黄或芥子油的混合物(名叫"比迪")每天擦身,擦者多为歌手、母亲、嫂子或其他已婚的女子。在即将结婚的男女青年的手、脚、腿、胸等全部擦遍。据说这种仪式有两个目的:一是使身体变美,二是能增加性欲,准备结婚。这时,男女青年手中拿有刀子、匕首等,他们相信,这类铁质东西,有助于驱逐魔鬼,这时也不让将结婚的男女青年单独出门,以免遇鬼招邪,遭遇不幸。男女青年双方手上,各绑一个手镯。手镯上串有小贝壳、槟榔、铁圈和姜黄,用以象征着结婚的吉祥,并能驱鬼避邪。这种仪式,一般在农村较多。

(5) 帕德仪式:举行这个仪式那天,舅父母带上礼品,来到外甥或外甥女家里。礼品中,有送给将要结婚的外甥或外甥女的鞋和衣服,带给外甥或外甥女的父母、伯父、叔叔及其子女的衣服、头巾等,有的还带些大米、糖果、首饰或现金。当女方收到这些东西后,也要还礼。舅父要给即将出嫁的外甥女一些鲜艳的纱丽、手镯和脚镯等。通过这种仪式,舅父一方面帮忙办理婚事。另一方面有助于保持和睦的亲戚关系,同时还可以借此机会提高舅父的声望。

(6) 宴请:在迎亲队出发前一天,由男方举行一种宴请仪式。这一天,男方把亲戚朋友请来，请他们大吃一顿，热闹一番。这个仪式起两个作用。一是通知大家，某某就要结婚了。二是请大家来欢聚一堂，使他们高兴，顺便得到他们的祝福，使婚事平安顺利。在宴会上，未来的新郎向来宾致谢，并且接受各位宾客的祝贺。

（7）骑马仪式：有时在结婚前的三四天，有时在结婚前的一两天，男女双方都举行的一种骑马仪式。男子（未来的新郎）每天夜里骑着马，由一群男女和乐队陪同，到各处游行；女子（未来的新娘）坐在轿里、马车上或骑马游行，现在有的地方改乘小汽车。通过这种仪式，使人们知道某某就要结婚了，公布于众。这种仪式主要在农村中较为流行。

（8）拜陶工转盘：这是男女双方都举行的一种仪式，区别在于举行的时间不同。男方举行这种仪式是在迎亲队出发的前一天，女方举行这种仪式是在男方迎亲队到来之前。举行仪式的时候，妇女们前往陶工家里，对他家做陶器的转盘进行膜拜，在转盘上（如同中国的磨盘大小）放些大米、白面和一些糖果等物。陶工这时再给他们一些新陶器作为交换。据说通过这种仪式可使新婚夫妇将来团结和睦，感情坚如磐石。

（9）游城与敬母：迎亲队在出发前要举行两个仪式：一是新郎骑马游城，二是向母亲保证婚后敬母。

新郎骑在马上，由其姐夫牵马在城里游逛，沿路有些人送他些钱，作为祝贺。这种仪式许多地方已不流行，仅有少数地区还有。这就是所谓新郎骑马游城仪式。

在迎亲队出发之前，新郎的母亲坐在一口井沿，故意跃跃欲试，假装要投井的样子，嘴里还不断喊道："我要跳井自杀，不想活了。因为你（指新郎）以前一直孝敬我，婚后你会变心，不会再像从前一样……"新郎这时向母亲发誓保证，婚后他和妻子对母亲孝敬如故，请母亲放心。有些土著民，这时要吃母亲的奶，以此来提醒新郎不要忘记母亲的养育之恩和自己应尽的义务。然后请母亲回家吃饭，安排迎亲队出发迎亲。这种做法目前已不时兴，只在有些地方尤其一些农村还有。

（10）欢迎迎亲队和田地仪式：男方娶亲的迎亲队伍边走边舞，吹吹打打，锣鼓喧天地来到女方家里。女方先要把迎亲队迎入招待宾客的地方，请他们喝茶、吃糖、休息片刻，然后由女方主办田地仪式。新娘的父亲这时出来对女婿表示欢迎，赠送他一些衣服。从前在吠陀时期，当迎亲队到来时，女方的人们要出村迎接，在地里送新郎东西，然后再把他们迎入村内的婚棚或村上一个中心地点,因此这种仪式起名为田地仪式。今天有了变化,城里人变化更大。当男方的迎亲队到来时,女方的人们也只不过走出家门口不远的地方去夹道迎接一下罢了。

(11)耿雅丹:这是新娘的父亲把新娘交给新郎的一种仪式。新郎和新娘被带到火堆旁边,让他俩并坐在一起,新娘的父亲向新郎问道:"你同意做她的丈夫吗?"新郎听后回答说:"同意。"接着岳父又问道:"你能尽到做丈夫的所有责任吗?"这时新郎当众保证:"能做到。"然后新郎向新娘说道:"你同我白头到老,我给你吃穿,保护你,愿你健康长寿,多子多福。"接着新郎和新娘共同说道:"我俩今后相互帮助,和睦共处,咱二人心净如水,同如一人。"这时,新娘的父亲算是把女儿交给了新郎。并且叫新郎保证,以后要满足妻子的要求,不要抛弃她。通过这种仪式,妻子成了丈夫的终身伴侣。有些地区做法不同,不是由新娘的父亲出面,而是由祭司代替,男女双方的宣誓,由祭司带领,祭司说一句,新郎新娘重复一句。因为祭司说的是梵文,新郎新娘听不懂,所以往往念错,闹出笑话,但人们并不在乎。

(12)巴里格拉合纳:这是一种握手仪式。在耿雅丹仪式之后,新娘的父亲把女儿的手放到新郎手里,然后新娘的兄弟或姐妹等人把新婚夫妇的衣角绑在一起。这时,新郎握着新娘的手说道:"我握着你的手,祝你高兴,你要同我白头到老,做终身伴侣,养活你是我的责任。"还说:"我们已经相互把手交给了对方,我们以后要相亲相爱,相依为命……"

(13)拉吉豪姆:这是继巴里格拉合纳仪式之后的又一个仪式,是一种烧拉瓦祭火神的仪式。新郎新娘面朝东方站立,中间生着一堆火,视火如神,以火神为证,完成这种结婚仪式。新郎和新娘向火中投扔拉瓦(炒熟的大米)。祈祷火神,保佑新娘,使她早日成为母亲,享受有子之乐,并且保佑孩子长大成人,长命百岁,全家幸福,生活富裕。这时新娘还向神祈祷,保佑丈夫健康无恙,和丈夫之间的爱情与日俱增,还祝愿娘家、婆家发财致富。这时,丈夫送新娘一些衣服等物,以示抚养妻子的决心。

(14)阿格尼·薄里耶纳:这是新郎和新娘绕火转圈的一种仪式。新郎新娘朝拜火神,把火神当做结婚的证人。新郎向新娘说道:"我如罗摩神一样值得称颂,你如同梨俱吠陀一样值得赞扬,你犹如地球,我好似太阳。我俩愿高高兴兴地结婚,生育优秀的公民,愿我们儿孙满堂,个个长大成人,我们自己也健康长寿。"

（15）阿希马劳合郎：新娘的兄弟把她的一只脚抬起放在一块石头上。这时新郎向新娘说道："你登上这块石头，像它一样信守教规，安分守己，始终如一，尽到一个贤淑女子的责任（即生儿育女，好好照顾丈夫和料理家务等）。"然后二人同向火神祈祷。

有的地区做法有所不同。新娘一只手搭在新郎肩上，另一只手握住新郎的手，俩人各把一只脚踏在石头上，意思是说，愿他俩的关系坚如磐石。然后新娘放开双手，新郎和新娘各自向火神祈祷一番。

（16）萨泊达薄迪：这是一种围火绕圈的仪式。新郎和新娘以火神为证，绕火连转七圈，每转一圈说一句誓言，所以又叫七誓仪式，或叫七步仪式，或叫七圈仪式。一般誓言如下：

转第一圈时说："愿我俩团结一致，实现共同愿望。"
转第二圈时说："愿我俩团结一致，携手同努力。"
转第三圈时说："愿我俩密切合作，搞好家务。"
转第四圈时说："愿我们永远和睦共处，做终身伴侣。"
转第五圈时说："愿我们合作购买和饲养牲畜。"
转第六圈时说："愿我们共同努力，保护财产。"
转第七圈时说："愿我们同甘苦，共患难，有福同享，有难同当。"

完成了上述这些仪式之后，才算完成了结婚仪式。当然，除此以外，还有附带仪式或叫做小仪式，也是非做不可的。这些仪式有：

比达依：是一种欢送仪式，即欢送迎亲队。新娘要去婆家，娘家的人们要表示欢送，这时，女方再送男方一些礼品，新郎和新娘一起来到婆家。临别时，新娘的母亲和新娘往往相互拥抱，号啕大哭一场。新娘的父亲也很难过，心肠软的也往往流泪，因为女儿将成为人家的人了。

欢迎新娘：迎亲队回来以后，由妇女们将新郎和新娘领进家里，这时新郎的妹妹故意拦路，目的是为了索取赏钱。

儿媳拜婆婆：新娘到了婆家，先要拜见婆婆，行最高礼节即摸脚礼（摸婆婆的脚尖），并送她一些礼物，以使婆婆高兴。与此同时，新郎也要接受母亲的良好祝愿。

拜神：傍晚时分，带领新郎、新娘去当地的男女神庙拜神。

唱宗教歌曲：晚上，男方家里通宵达旦唱宗教歌曲和一些吉祥歌曲。

除了上述仪式外，还有一些其他仪式，因为各地不同，同时也不重要，故这里不一一赘述。从以上仪式不难看出，印度教婚姻仪式非常复杂，而且宗教成分很浓，所有仪式都离不开敬神，祈祷和唱些宗教歌曲。上述仪式一般各地均可见到，但在北印度尤为流行。不过各邦之间，甚至在同一邦内有些仪式的做法也略有差别。因此，在做调查的过程中，被调查的人们在有的问题上争论得面红耳赤，都指责对方说得不对。其实，他们谁说得都有道理，都是实际情况，由此表明，不同地区存在差别罢了。

4. 可怕的嫁妆

印度教徒结婚花费之大，令人咋舌。凡是参加过印度教婚礼的人，对此无不深有体会。出嫁妆、送彩礼、设宴会、招待来客和迎亲队，等等，如同盛大庙会一样，张灯结彩，锣鼓喧天，热闹非凡。他们认为，花费越大，越光荣体面。今天，在印度，每一个人是否受尊重，很重要的一条是看他结婚时的花费有多大。因此，人们结婚往往像比赛一样，看谁花的钱多。为了维护所谓的尊严和荣誉，许多人家几乎弄得倾家荡产。

迫于形势，一般穷人尽管经济困难，为办婚事，也得花成千上万的卢比。女方家中情况更惨，往往被搞得一贫如洗，人财两空。与此同时，男方也得花相当数量的钱才过得去。不过，男方能从女方得到一批嫁妆来弥补。当然，有些地区和民族，例如皮尔族人，是由男方出钱办理婚事。北印度一些山区，也有这种风俗习惯，男方拿出一大笔钱，送给女方，其中一部分作为结婚费用，一部分作为女子的身价钱。而在广大地区，则时兴女方给男方一大笔钱和物，作为嫁妆。

印度物价昂贵，而且不断涨价，一般中等家庭，除了维持正常生活外，还得付很贵的房租、学费、购买节日礼品（印度节日很多），以及支付医药费，等等，每到月底，囊空如洗，即使略有节余，有些人还想用它供孩子上学深造，整修房屋，改善生活条件或留作晚年的费用。若是再办婚事，只能节衣缩食，有的甚至连孩子也得辍学。据调查，印度有四分之三的人仅能维持最低生活水平，若给女儿办理婚事，偌大一笔钱从何而来？父母为此愁眉深锁。

众所周知，印度女子的地位很低下。往往有这种情况，在订婚时，男方显得高贵，女方显得低贱。在相互交往中，男方态度傲慢，趾高气扬，甚至出言不逊；女方则只好甘愿忍受对方的歧视和欺侮，像乞丐一样，不断哀求。最后，谁家给的嫁妆多，男子就答应同谁家的女子结婚。男子像被拍卖的商品一样，待价而沽，谁多出钱，就被谁拿走。

这样，普通人之家若有几个待字闺中的女儿，处境便十分困难。嫁妆少，女儿就嫁不出去，父亲每月挣几百卢比，维持一家生活都有困难，哪能给她们筹措那么多嫁妆？由于女儿年龄已大，父亲每每抱着很大希望外出寻找合适的女婿，当一听到男方提出的种种苛刻要求，心就冷了，只好怏怏而返。每当如此，为父的满脸愁容，妻子也老泪纵横，女儿悲悲切切，后悔不该到这世界上来。一家人无计可施，只好卖掉家里的首饰、家具，等等。可是这点钱有如杯水车薪，无济于事，只好到处借贷。这样经济困难的人家，借贷也难。就是借到一点，钱数有限，也不能"买"到一个称心如意的女婿。于是只好强迫女儿屈嫁给不相配的男子。这在父母看来，总算了却一桩心事。但是，由于出的嫁妆少，嫁出去的女儿在男家只好忍气吞声，看婆婆和小姑子的脸色过日，忍受着嘲讽、责备甚至毒打，苟且偷生。有些还会被摘下身上的首饰，或者扒下身上的衣服，痛打一顿，然后把她们赶回娘家，硬逼她们去要嫁妆，女儿害怕父母听到自己的苦楚心里难过，再为自己去设法弄钱，因此，不少懂事的女子，因无法忍受痛苦，宁可自杀身亡，也不再向父母启齿，不愿叫父母再为自己发愁。这类事例很多，报上三天两头登载。如1984年10月28日《新印度时报》登有两名女子自杀的消息。一名叫拉吉拉妮，年26岁，1981年结婚，至今丈夫及全家还在向她勒索嫁妆，她无法忍受痛苦，最后自焚。另一名叫拉姆得依，22岁，也被迫自焚。据一家杂志披露，北方邦的迦吉亚巴德地区新近又发生了这样一事：婆家人们警告新婚儿媳，一月之内要从娘家弄来6000卢比，否则甭想活命。女子害怕，先是给娘家写信，说明情况，后来专为此事亲自跑回娘家，结果未弄到钱，最后，她真的死了。有的人家，为了索取更多的嫁妆，竟会把一个新婚不久的女子活活用药毒死，然后男方再婚。再婚以后，又把女子毒死，再第三次结婚。此类情况，实在令人触目惊心。

　　印度女子惨死的情况十分严重，现仅以新德里为例，因嫁妆而死的女子，据1984年5月25日的《新印度时报》报道，1980—1981年被烧死的女子有421人；1981—1982年被烧死的女子为568人；1982—1983年被烧死的女子为690人，看来，死者逐年增长。据报道说，去年德里平均每12个小时就有一名女子因为嫁妆问题而被活活烧死。

　　表7-1是1984年6月14日《新印度时报》公布的德里地区18—30岁女子死亡统计表。

表 7-1　　　　　　　德里地区 18—30 岁女子死亡统计　　　　　　（人）

时间 \ 原因 死亡数字	服毒	自杀	烧死	其他原因	合计
1980 年	6	69	197	46	318
1981 年	8	80	217	72	377
1982 年	12	75	271	80	438
1983 年	10	64	258	79	411

上述情况，是历史造成的。过去有些人曾经想法把女孩子毒死或杀死，这样一了百了。在英国人统治时期，这种做法一度蔓延，曾经引起英国人的注意。于是殖民政府出来干涉，制定了法律，禁止杀害女孩。女儿本父母所生，结果父母却成了杀害亲生骨肉的刽子手。这真是人间的一大悲剧。

现在，上述种种惨死者，一旦被发现，法院则给予追究，但未被发现者，每年有成千上万。

印度教社会一般认为，生男孩幸运，生女孩倒霉，其原因同女孩结婚时要嫁妆有关。而男孩在结婚时却可以得到首饰、衣服、现金和其他一些物品。因此男孩在某种程度上被认为是摇钱树。男孩一降生，全家心花怒放，个个喜笑颜开，而女孩一生下来，全家扫兴，个个愁眉苦脸。更有甚者，就连生女孩的母亲也要遭到虐待。一家若有两个年龄相仿的男孩和女孩，待遇则有天壤之别。平时，给男孩吃的牛奶、黄油、糖果等要比给女孩的多；在穿着、玩具等方面，男孩也优于女孩，往往是先满足男孩的要求，然后再给女孩。上学受教育的时间也不同，让男孩上学的时间长，供女孩上学时间短。不少人认为，只要女孩能写信，能读《罗摩衍那》就可以了。这是比较普遍的社会现象。

女孩的不幸远不止此。有的女孩已到结婚年龄，由于男方索取嫁妆太多，女方出不起，有的家长就迁怒于女儿身上。于是从小到大，女儿一直处于受歧视的地位。有位印度青年曾经告诉我，他有三个妹妹，一个已经出嫁，还有两个待字闺中。父亲是个工人，收入不多，父亲一直在为两个妹妹的嫁妆而发愁。当他提到此事时，不由得号啕大哭，令我心酸。作为哥哥尚且如此，作为父母，为女儿的嫁妆是何等着急，便可想而知。

一家有三四个女儿，在印度视为平常，为她们办理婚事，得花成千上万的卢比，少则 2000 卢比，多则 30 万或千万以上。因此有些人千方百计地搞钱，甚至不惜采取不正当手段。在1984年的《时代建设》杂志中曾经有这样的揭露："商店老板，卖东西缺斤少两，卖布的缺尺短寸，或以次品充优质品出售，从而获得高额利润。卖食品的，牛奶中掺水，黄油里加油，面粉中加锯末，白糖里加白灰，姜黄和辣椒粉中加赭石，卖药的做假药，等等。有些政府工作人员受贿，普通职工偷窃，有些人走私，搞黑市买卖，又有些人在光天化日之下行凶、抢劫、欺诈。上述种种，虽然均属违法犯罪行为，但不少人仍为了女儿的嫁妆铤而走险。"

有的学者调查，不少印度教徒家庭收入的三分之一用于婚事，钱财不够，于是想出种种办法，不法行为到处泛滥。可以肯定地说，嫁妆影响了社会秩序和人身安全，阻碍了社会的发展，成了人民生活贫困的原因之一。

有的学者对高级种姓的家庭做过专门调查，发现有不少姑娘已到32—35岁还未结婚成家，这也同嫁妆有关（按印度教风俗，高级种姓女子不能嫁给低级种姓男子）。像这些女子，据说大多一辈子守在家里。她们忍受着各种痛苦，过着死人一般的生活。也有的女子索性自己做主，同不理想的人结婚，有的甚至沦入妓院。这些女子抱怨自己命苦，不时流出辛酸的眼泪。可是这种残酷的嫁妆陋习，至今锐锋无减，仍在到处蔓延。因此印度总统宰尔·辛格呼吁有效地消除嫁妆陋俗带来的日益严重的危害，严厉抨击了印度传统的嫁妆习俗。

5. 寡妇的命运

寡妇各国皆有，但其处境之悲惨，以印度教寡妇为最。印度教的女子一旦死了丈夫，就等于失去了做人的权利。她们从此不能再穿带花带色的衣服，不能佩戴各种首饰，甚至被视为凶兆，谁若碰上她，就认为是一件倒霉的事情。因此，她们只好终生在家干繁重的家务，为他人照看孩子。即使头脑中闪一下自己想生孩子的念头，也是一种罪过。她们被看成家中的负担，不得不忍受全家人的各种冷遇，别人的责备、呵斥和自己内心难言的痛苦，永远伴随着她们，她们在生活中没有快乐和任何享乐的权利，只得过忍耐再忍耐的日子。哪怕是位年纪很小的寡妇，一生也只能这样度过。这种情况，在印度所谓高等种姓和中等种姓中以及广大农村较为多见。

印度有个传统习惯，男子死了妻子，可以再娶，一个、两个、三个，只要妻子死去，丈夫就可以再娶。但是，若是丈夫死掉，妻子则不能改嫁。不少人了解这种情况后，感到非常吃惊，认为是件很不公平的事情。但这种现象由来已久，而且同宗教迷信思想密切相关。它也同任何事物一样，也有个形成和发展过程。

远在吠陀时期，寡妇是可以改嫁的，没有什么限制和规定。在《梨俱吠陀》中，就有允许寡妇改嫁的记载：一个女子死了丈夫，她可以同丈夫的一个兄弟结婚，也可同别人结婚。这在当时是一种很平常的事情。在《摩奴法典》中也有记载（大约公元前400—前100年）：如果丈夫外出久无音信，估计丈夫已死，那么她就有权改嫁。在《极裕仙人往世书》中也说，一个婆罗门女子，若她丈夫外出五年不归，她可以改嫁。刹帝利和吠舍种姓的女子，也依次以三年和两年为期。

到了《摩奴法典》早期，"对小叔子娶寡妇嫂嫂为妻进行了限制"①，但在特殊情况下，也有结婚的。例如男女双方虽已订婚，但未举行结婚仪式丈夫就死去，或虽已举行了结婚仪式，而还未同床，男子的兄弟可以与寡妇结婚。在《极裕仙人往世书》中也这样写道："如果只举行了结婚仪式，在同床之前丈夫突然死掉，这样的幼年寡妇应该允许改嫁。"②

之后，寡妇改嫁逐渐减少，尤其到公元2世纪以后，寡妇改嫁就开始遭到反对了，"丈夫死后，寡妇不应该产生改嫁的想法"。大约在公元10世纪以后，情况进一步恶化，尤其到了11世纪，情况的恶化几乎达到了顶峰，寡妇改嫁全被取消，即使幼年寡妇改嫁也不准许。当然，"这种限制主要限于高级种姓内部，低级种姓的80%的寡妇还是可以改嫁的"③。

在穆斯林统治时期，为保持血统的纯洁，为限制穆斯林同印度教寡妇结婚，印度教内部做了严格规定，来限制寡妇的改嫁。这些规定也只限于一些高级种姓，不过有些低级种姓的人为提高自己的社会地位也执行过上述规定。

印度教寡妇生活很惨，她们虽然活着，但几乎和死人一样。在有的地方，她们甚至被剃成光头。至于丈夫留下的财产，寡妇无权继承。到后来，寡妇殉葬制度非常流行。这一严重的社会问题引起了社会改革家们的重视，代表人物如罗姆莫汉·罗易等人，为改变寡妇的不幸处境，做了大量工作。最后迫使英国政府于1829年通过法律，废除殉葬制度。殉葬制度从此基本结束，但寡妇改嫁问题并未真正解决，于是，伊什瓦尔·金德拉等人又发起

---

① 杰欣格尔·米希拉：《古代印度社会史》，（印度）友好出版社1980年版，第136页。
② 昌迪拉尔·古布达：《印度的社会结构》，（印度）印地语图书出版社1982年版，第224页。
③ 同上。

了运动，迫使政府于1856年通过了寡妇改嫁法。虽然有了法律保障，但由于旧的习惯势力、迷信和宗教思想束缚等原因，寡妇改嫁问题依然未能彻底解决。在过去的七八十年间，人们由于文化的提高，西方的影响，寡妇改嫁问题有所变化，但变化不是很大。今天印度的寡妇仍然很多，有3000万以上。为什么有这么多寡妇，她们为什么不能改嫁，其原因固然很多，但主要有以下几个方面：

（1）把结婚看成永久的关系。在印度教徒看来，一个女子的丈夫虽然死掉，而他们来世仍是夫妻，妻子无权破坏。当初举行婚礼时，女方的父亲已经把女儿交给了男方，即使丈夫死后，也仍归丈夫所有，如同一个礼物，只能送给一人，不能再转让一样。因此，丈夫死后，妻子不能改嫁。在《摩奴法典》中也写道：丈夫死了，实际上他不是一个死者，他要在妻子的必经之路上等她，妻子不应该做死去的丈夫不高兴的事情。他们还认为，一个女子结婚只有一次，因为一位姑娘作为处女才能结婚。丈夫死后，忠贞的妻子才能得到"解脱"，死后才能升天，俩人在天堂相会。

（2）宿命论的思想。他们相信命运，一位女子成了寡妇，归之于她的厄运，认为命运不佳。因此，其他男子也不敢或不愿意同她结婚。

（3）森严的种姓制度也妨碍了寡妇的改嫁。一位寡妇若要改嫁，她就有被驱逐出种姓之外的可能。

（4）文化落后也是一个重要原因。印度绝大多数妇女是文盲或半文盲，她们一方面迷信，宗教思想很浓；另一方面受传统旧思想影响很深，这也阻碍了她们改嫁。

限制寡妇的改嫁，产生了各种社会问题，这成为印度的严重社会问题之一。

（1）寡妇自焚殉夫时有发生。由于限制寡妇改嫁，从前，妻子殉葬风俗普遍，丈夫死后，在焚烧丈夫的尸体时，妻子跳入火中，活活烧死。这有两个原因：①认为妻子永远属于丈夫，丈夫死掉她也应该跟去，这样才是忠贞的妻子。②丈夫死去，留下妻子守寡，生活难过，为免受各种折磨，死去反比活着好些。

（2）造成自杀事故。寡妇自杀，往往由于生活过于艰难，忍受不了折磨和虐待，因而寻了短见；也有些年轻寡妇同别人发生了关系，怀孕或生了孩子，出于羞愧和害怕，一死了事。

（3）妓女的数量增加。寡妇是印度社会中妓女主要来源之一。从一些调查证明：由于限制寡妇改嫁，不少人沦入妓院，当了妓女。这里有几种情况：第一，寡妇忍受不了家中对她的歧视和虐待，因而索性到了妓院。第二，有的因为丈夫死后，家中经济困难，无法维持生计，因而来到妓院谋生。第三，有的年轻寡妇不愿守寡，已同别人发生了关系，因而来到妓院。或者是被家中赶出，走投无路，当了妓女。

（4）改信异教。据有的学者研究，由于限制寡妇改嫁，寡妇又受不了家人的折磨，不得不脱离印度教，改信了伊斯兰教或基督教等。改教以后，再进行改嫁，从此可以过上正常人的生活。

（5）构成社会犯罪的原因之一。通过各邦警察提供的犯罪数字表明，属于寡妇打胎、卖淫、酗酒、赌博、自杀、凶杀的犯罪的比例很大[①]。

6. 寡妇殉夫的陋习

丈夫去世后，在焚烧他的尸体时，妻子跳入火中，其亲生儿子举火点柴，焚烧其母，此时此刻，儿子无怜惜之心，谓从母之志，可使母亲享福于九泉之下，亲友对此不以为惧，反而庆贺。这就是所谓的"斯迪"习俗。

男尊女卑，古今中外，不乏其例。不过，焚烧寡妇的陋习，恐怕只有印度一国如此。

印度寡妇殉葬的习俗始于何时，众说纷纭，莫衷一是。这一习俗所以形成，与歧视妇女有直接关系。据史书记载，在雅利安人社会里，重男轻女，妇女地位相当低下。人们认为，妇女的本分是结婚，做妻子，干家务，侍候丈夫，生育主持祭祀的男子。妻子对丈夫要绝对服从，保持贞节，贞节被看作是妇女的最高美德。到了吠陀时代末期，寡妇再婚开始受到一定限制，只允许无子的寡妇改嫁，但在吠陀文献中，没有发现寡妇殉葬风俗的记载。不过，也有的学者研究，在吠陀时期，"有个别寡妇随夫尸体被焚烧的事例"[②]，也有人认为，在这一时代，不能排除有出于对丈夫的感情而自愿殉葬的寡妇。但是到了史诗时代，情况就有了变化。在两大史诗中，均记有不少寡妇殉葬的例子。在《罗摩衍那》史诗中提到了吠陀婆底殉葬的事。在《摩诃婆罗多》史诗中，提到般度死后，他的妻子玛德利殉夫的事。克里希纳的父亲沃苏得沃死后，他的四个妻子德沃吉、莫德拉、劳海丽和莫迪拉也都一起殉葬了，等等。据记载，公元前4世纪，在旁遮普的迦特族中寡妇殉

[①] 斯叠巴尔·鲁海拉：《印度社会》，（印度）北方邦印地图书出版社，第204页。
[②] 瓦斯德沃博士：《古代印度文化、艺术和哲学》，（印度）友好出版社，第188页。

葬十分盛行①。

到了印度教时代，寡妇的地位进一步下降，殉葬的事情就更多了。据记载，对寡妇的清规戒律更加苛刻，根据《摩奴法典》的规定，"妇女不当独立"、"寡妇禁止再嫁"②。在《摩奴法典》③中对寡妇做了专门规定："丈夫死后，寡妇以花根、果为食，以消瘦身体，并且不准再提其他男子的姓名。"一些印度教立法者为寡妇制定了大量清规戒律，例如丈夫一旦死去，寡妇从此不准梳头，不准穿带色的衣服，每日只能吃一餐，且不食美味。还有的书中写道："丈夫去世后，寡妇不准倚门而立，无资格赴祭祀，访四邻，只准穿白衣，睡地上。"有的书中还记载，"寡妇被剃成光头"，"一为寡妇，即禁止再婚"。生活如此悲惨，有些寡妇感到无法忍受，与其偷生于世，受人百般虐待，不如一死了事，于是殉葬的人数自然增多。据记载，当时在上层和拉其普特人中，寡妇殉葬的风俗非常盛行，要么寡妇与丈夫尸体一起焚烧，要么单独自焚，各种情况均有。同时还规定，死者若有数妻，则正妻与死夫一起殉葬，其余妻子要单独自焚。此外，为丈夫殉葬有两种形式：一种叫做同丈夫一起殉葬，即妻子与死夫尸体一起火化；一种叫做模仿殉葬，即妻子与故去丈夫的遗物一起火化。假如丈夫死时，妻子有孕在身，则等她分娩后再同丈夫的遗物殉葬。若同时有几个妻子，只有正妻有权同死去的丈夫一起火化，其余妻子各自随死去丈夫的遗物殉葬。若有特殊情况，如丈夫死在异国他乡，他忠诚的妻子闻讯后先用丈夫的鞋接触一下自己的胸口，然后跳入火中自焚。若不殉葬，则被人认为是失去贞节的人。据当时外国一位目睹者的书中记载：寡妇殉葬十分凄惨。妻子知道丈夫确实已死，则先去洗澡，然后穿上新衣服，戴好首饰，来到焚尸场附近的树荫下。焚尸场附近定有个池塘，树荫下有婆罗门和其他人聚集那里，还有乐队伴奏，池塘边燃烧着一堆熊熊烈火。在树荫下准备殉葬的妇女，到池塘中洗完澡后，身上只披一件单衣，把脱下的所有衣服和摘下的全部首饰，一一扔进火里，然后自己跳入火中。这时，锣鼓声、乐声骤起，在场的人手持木棒，向火中女子身上砸去，以免她跳出火外。作者目睹如此惨景，吓得昏死过去。

据记载，在孔雀王朝时期（公元前4世纪至公元前2世纪），殉葬制虽

---

① 杰欣格尔·米希拉：《古代印度社会史》，（印度）友好出版社1980年版，第409页。
② 辛哈：《印度通史》，商务印书馆1964年版，第54页。
③ 大多数学者认为，此书的成书年代是公元前2世纪至公元2世纪之间。

不盛行，但仍有些妇女殉葬之事①。一些希腊历史学家也曾提到在旁遮普的迦耶斯特种姓中盛行殉葬的事情。在笈多王朝时期（公元4—6世纪），允许寡妇改嫁，但也有所谓自愿殉葬的，情况比较复杂，对此在著名的《小泥车》②中也有记载。到戒日王朝时期（公元7世纪），殉葬习俗仍然保持，戒日王之母据说是自愿殉葬的，在《戒日王传》中记有此事。在《往世书》中有关殉葬的记载就更多了。克里希纳死后，他的几个妻子抱着丈夫的尸体跳入火中。巴勒罗摩死后，妻子莱沃蒂跳入火中焚身。更有甚者，据记载，有的妻子在丈夫未死前，竟先跳火自焚③。凡此种种，不胜枚举。

到了中世纪穆斯林进入印度以后，对"斯迪"制度起到了推波助澜的作用，使这一陋习得到进一步发展。特别是莫卧儿帝国建立以后，妇女的地位更加悲惨。婆罗门为维护印度教，保持妇女所谓的贞节和血统的纯洁，不愿与穆斯林通婚。这样一来，丧夫的寡妇也难免深受其害。于是一方面女子结婚的年龄越来越小，八九岁的儿童就被迫出嫁，童婚更加盛行；另一方面，对妇女尤其是寡妇又做了更加严格的规定，"殉葬已不再是凭寡妇自愿，而是全凭行政命令"④，大有把寡妇这一名称从社会上清除掉之势，不少寡妇由于受苦太深，感到无法忍受，只想殉夫一死，以"获天堂之乐"。因此这一时期，殉葬制度变得更加惨无人道，骇人听闻。总之，为维护妇女的贞节，印度教徒把妇女从生到死置于严密控制之下，她们的生存权和自由权被剥得精光，甚至有逼迫寡妇服毒的惨事。例如有的书中记载，"先叫寡妇服鸦片直至昏迷，然后强行将她放到焚尸台上。一旦寡妇想逃走，就用长矛和竹棍戳刺，活活将她们烧成灰烬。是时，焚尸台周围锣鼓齐鸣，乐声震天，许多人伴随着乐声尽情跳舞，以使寡妇的所有惨叫声淹没在喧嚣声中，这种残酷野蛮的杀人方式，恐怕在人类历史上也是罕见的"。

直到19世纪初期，这种陋习还很流行。以孟加拉为例，可以看出问题的严重。1817年英国人开始统治孟加拉邦时，当地平均每天有两名寡妇殉夫自焚。又据统计，1819年全邦竟有839名寡妇殉夫，仅加尔各答就有544人，其他地方，可想而知。

寡妇殉葬的陋习所以日益严重，与一些立法者们对"斯迪"制度的大

---

① 希里瓦斯多：《古代印度文化、艺术和哲学》，（印度）德里亚洲图书公司，第190页。
② 一部著名梵文剧本。
③ 杰欣格尔·米希拉：《古代印度社会史》，（印度）友好出版社1980年版，第392页。
④ 穆克尔吉：《印度社会与文化》，（印度）智慧出版社1983年版，第392页。

力支持和鼓吹有密切关系。他们大肆宣传所谓殉夫的好处，例如"凡与夫同死之烈妇，可永居天堂，其历年之久远，正如人身上之汗毛有三千五百万之多"①。又如，"若殉夫而死，可赢得来生幸福。凡女人甘愿与亡夫之身同焚者，不但今世可流芳青史，且其来生必享无穷之快乐"，"凡不愿殉葬者，其来生永不得转世为男人，或为畜粪"，等等。这些纯属欺人之谈的花言巧语，欺骗了许多无知的妇女，她们信以为真，认为殉夫是至高无上的美德，既可获得天堂之乐，又可光耀门庭。再加上受印度教轮回思想影响，成千上万的妇女受骗上当，甘愿殉夫，使这一习俗得以延续。不过，并非所有殉葬女子全都自愿，被迫者大有人在，特别在国王逝世时，往往有强迫多数妇女殉葬的事情。据有关史书记载，直到14、15世纪时数百嫔妃宫女殉葬还时常发生。

　　殉葬制度始于王公阶层，而且流行很早。从前面提到的两大史诗中的例子可以看出，"斯迪"之风最早是从王公逝世时妃嫔殉葬之风发展而来，进而扩大到上流阶级，以后普及于一般妇女。的确，在一些史书中，关于一般妇女殉葬的事例记载不多，但实际情况是否如此，还很难确说，原因有如下几个。一是印度以前的历史，多以帝王将相为纲，很少提到下层人民，所以即使百姓中有殉葬的事例，也不记载；二是既然宣传那么厉害，连国王和一些上层尚且如此，很难设想普通庶民百姓中就没有人照搬模仿；三是不少古代经典中对寡妇做了种种规定，"只准这样"、"不许那样"，生活如此痛苦，与此同时，大力宣扬所谓殉夫的好处，这样，"自愿"殉夫的也不会没有；四是根据一些史书记载，强制殉夫的也不在少数，既用甜言蜜语麻痹欺骗，又用鸦片进行毒害，竹棍、木棒兼而用之。因此普通百姓中肯定会有人殉葬，不过，她们在史书上不值得一记就是了。

　　一方面有些古代立法者、经典家对"斯迪"制度积极支持，使许多妇女死于殉葬，但也有不少有识之士并未袖手旁观，而是满怀义愤，以不同形式表示反抗和进行斗争。例如中世纪的大诗人巴腊就曾严厉地谴责过这种陋习。他尖锐地指出："斯迪制度是庸俗下流的，妇女的斯迪就是自杀。"德沃拉·波得也曾批评了这种风习，他指出："殉葬比禁止寡妇改嫁更残酷百

---

① 杰欣格尔·米希拉：《古代印度社会史》，（印度）友好出版社1980年版，第410页。

倍。"① 还有人批评说："执行斯迪制度，对婆罗门妇女来说如同杀害梵天。"② 尤其值得一提的是19世纪的著名社会改革家罗姆莫汉·罗易，他为取消斯迪制度，提高妇女的地位，做出了杰出的贡献。他首先站出来坚决反对寡妇殉夫，他撰写文章，发表演说，严厉批判这一陋习，指出"它是吃人的制度"。他的行动，遭到守旧派的强烈反对和围攻，甚至威胁到生命安全，但他仍坚持不懈地进行斗争。在他领导下，孟加拉邦内开展了声势浩大的反对寡妇殉葬自焚运动。英国当局于1829年宣布禁止寡妇殉葬。条文中规定，"谁若或明或暗帮助寡妇殉葬，将以重罪制裁"。此禁令使一些守旧的印度人大哗，极力反对，请求免除禁令，并且宣称，禁令"是干涉印度的宗教信仰"。反对未获成功，最后强行贯彻，首先在孟加拉执行。后来，由于社会改革者不断努力，英国当局于1856年又做了法律规定，废除斯迪陋习。以后情况有所好转，但是寡妇殉葬还时有发生，直到独立后也未杜绝。到80年代还屡有发生，例如1980年在印度北部又出现过两起寡妇殉夫事件，让人不可思议的是1980年12月间，"在德里竟有数百名妇女上街游行，鼓吹这种所谓贞节，印度各界对这一事态的发展深表关切，当时的印度总理甘地夫人明确表示，她的政府反对恢复斯迪"③。

由此证明，印度的斯迪制度根深蒂固，流毒甚广。这同印度的宗教信仰、妇女地位低下、文化还较落后有关。要彻底根除这一陋习，杜绝斯迪发生，还得经过一番努力，需要一段时间。

7. 印度教的童婚

印度的童婚，是个重要的社会问题，它不仅流行于印度教徒中，在伊斯兰教徒，甚至一些地方的基督教徒中也屡见不鲜。童婚尽管非法，受到禁止，但至今仍广泛流行。

从目前情况看，在广大农村较为严重。几岁十几岁的儿童结婚较为普遍。前不久在一个杂志上刊登了一篇报道，是作者的亲眼所见。文章说，作者在半路上遇到三对童婚夫妇。最大的新娘只有14岁，中间的10岁，最小的4岁。她们是姐妹三人。当作者问及她们为什么同时结婚时，她们回答说："因为父亲穷。"当时在场的自然还有两位大人，那是她们的公公，是

---

① 杰欣格尔·米希拉：《古代印度社会史》，（印度）友好出版社1980年版，第411页。
② 《荷花往世书》。
③ 参见《人民日报》1981年11月20日，第十版。

兄弟二人。他们当中的一个向作者说：有两个女孩是他的儿媳，最小的是他弟弟的儿媳。现引证一段作者与那位公公的对话：

"这么小干吗让她们结婚？"作者问道。

"小没关系，先在家里养着，学着做家务活。"公公回答说。

"童婚要受罚的，你知道吗？"作者问道。

"不知道。"公公回答。

这时作者又向他问道："现在若是有人抓你怎么办？"那位公公听了后，不以为然，带着生气的样子说："每天大家都这么做，政府为什么不抓他们，偏偏抓我们！"

的确，印度每天有成千上万的儿童在结婚，没有被抓，自然也不会来抓他们两位，只不过说说而已。这使我又自然想起几十年前某一报纸上刊登的一个笑话，其实并非笑话，而是真事：

"某处有一男孩，举办婚礼时，环顾四周，因不见父母在场，便放声大哭。新妇也是个幼女，闻男孩哭声，也跟着哭起来，于是引起满屋人哄堂大笑。这时，旁边有一成人，手持木棒，故做高举欲打之状，新郎新娘始止其哭声。婚礼完毕，待把新郎、新娘送入洞房，不料新郎一到房中，见父母不在，又大哭起来。"至今这种情况还比比皆是，屡见不鲜。无怪有些人长大之后忏悔地说："回想起小时候的结婚，当时真是什么也不懂，只知穿漂亮衣服，莫明其妙地排在吹吹打打的队伍之中，朝一个地方慢慢走去。"其实，除了几岁、十几岁幼男幼女结婚之外，连吃奶几个月的婴儿也可以结婚，当然这是个别现象。

印度的童婚由来已久，它到底始于何时，至今众说纷纭，意见不一。有的说在吠陀时期就有，有的说是在此以后。但《梨俱吠陀》时期以后，童婚一直不断发展，对此，不少古代法典中有大量记载，肯定了童婚，提到女子在来月经之前可以结婚。例如，《摩奴法典》中明确写道："三十岁的男子应同十二岁的幼女结婚，二十四岁的男子应同八岁的幼女结婚。"在《摩诃婆罗多》中也有类似记述。在《梵天往世书》中提到幼女四岁以后可以结婚。到了穆斯林统治时期，情况更加严重。印度教徒不愿同穆斯林人结婚，或为了免受其害，所以尽早结婚。一般女子婚龄可在八九岁左右。英国人统治时期，情况依然如故，甚至达到惊人程度。1931年做过有关统计，72%以上的女子年龄都不到15岁就结婚了，换句话说，大部分人是童婚。印度独立以后，于1961年也做过统计，农村女子的童婚年龄平均为

15.4 岁。

童婚的流行，一害个人，二害国家，危害极大。大多为几岁、十几岁的孩子结婚，啥事不懂，连自己的生活都不会管理，不具备生活的起码常识，却当上了媳妇，担起了生活的重担，不仅失去了上学的机会，对身体健康和正常发育都有严重影响。无数事实证明，女孩过早结婚、怀孕、生育，不仅影响健康，而且不少人因年龄幼小分娩而造成死亡。据统计，印度每年平均有 25 万女子死于这种情况①。有些女子，即使生下了小孩，孩子也不健康。同时，年幼的夫妇，过早当上了父母，尤其对女子负担更重，以后的生活和精神负担便可想而知。因此，不少女子年轻丧生，大多女子死于 30 岁—35 岁之间。童婚的盛行，过早的生育，使人口数量猛增，给吃、穿、住等带来许多困难。正如印度卫生部长所说："如果人口以这种速度发展下去，以后人们生活的起码需要都难以满足，生活的改善更谈不上。"② 从有关调查来看，"印度人寿命较短，婴儿死亡率也高，这些都与童婚有关，儿童寡妇也在不断增加"③，这已成为印度的一个严重社会问题。

童婚的盛行，造成了男女比例失调。印度目前男多女少，女子处于下降趋势。例如 1901 年时男女的比例是 1000∶972；1931 年时男女比例为 1000∶950；1981 年男女比例为 1000∶935。

童婚的危害如此之大，它为什么能流传至今，而且还非常普遍，究其原因，有以下几个：

（1）印度是个宗教性国家，宗教思想很浓，古代经典中规定，人们信从。不少经典中提到：让女儿月经来到之前结婚，父亲死后可以升天，等等。这样，童婚也成了宗教的一部分内容，一些守旧、迷信的人当然遵守。这是童婚蔓延流传的原因之一。

（2）昂贵的嫁妆助长了童婚。女儿被视为一种沉重的经济负担，往往从女儿出生那天开始，积财攒钱，筹备女儿的嫁妆。许多人家，尤其是农村，因家庭贫寒，考虑到将来女儿出嫁困难，尽早把女儿嫁出。有种风俗，姑娘年龄越小，给男方的东西就越少。因此，在幼年时就选好丈夫，确定婚配，举行婚礼。

---

① 穆克尔吉：《印度社会与文化》，（印度）智慧出版社 1983 年版，第 349 页。
② 《新印度时报》1983 年 12 月 17 日。
③ 穆克尔吉：《印度社会与文化》，（印度）智慧出版社 1983 年版，第 349—350 页。

（3）迫于社会舆论压力，既然童婚成了一种社会风气，凡没有找到幼小丈夫的家庭，则受到社会舆论的谴责，幼女本人和家庭也感到脸上无光，为避免这种情况发生，遂出现了童婚现象。

（4）种姓制度也是产生童婚的原因之一。在森严的种姓制度下，实行种姓内部通婚。这样范围较窄，人数有限，难以找到称心如意的丈夫，于是父母尽早着手，千方百计为女儿找个合适的婚配，这样，也就产生了童婚现象。

（5）妇女殉葬也是一个原因。从前，丈夫死后，妻子必须殉葬。这样，留下的女儿无人照看，故尽早将其出嫁，以了却心事，使父母放心。时至今日，上述情况还偶有发生。

（6）长期的封建制度也是产生童婚的原因。在封建制度下，重男轻女，妇女地位低下。自吠陀时期以后，妇女地位下降，有的经典中明确写道，女子没有任何自由，只能操理家务，刷锅做饭，"在家从父，嫁后从夫，无夫从子"，没有上学受教育的权利，被视为经济负担，看成别人的"财产"，想尽早卸掉包袱，解除负担，于是尽早使之出嫁。

据学者研究，目前"在印度，几乎一半以上的人是童婚"①，这个严重的社会问题一直引起一些人的强烈不满，多次出现声势浩大的反对童婚的运动。特别从19世纪初开始，在印度反对童婚的运动此起彼伏，斗争相当激烈。主要领导者有拉贾·拉姆·莫汉·罗易和依什沃尔·金德拉·威德亚萨迦尔等人。英国人起初对童婚的态度是采取所谓不干预印度的风习和宗教的政策，到了后来，人民日益觉醒，纷纷起来，掀起了反对童婚的运动高潮，迫使英国人第一次于1846年宣布：同低于10岁的幼女结婚为非法有罪。到1891年，婚龄又从10岁提高到12岁。各邦也通过了有关规定。但是，一切努力都化为泡影，因未引起中央的重视，没采取应有的措施。在1925—1927年间，巴何稀·索罕拉尔和斯尔·何里辛哈先后提出了限制童婚的法律草案，但中央政府未予推广。1929年也制定过童婚法律，宣布男子可婚年龄为18岁，女子为14岁。凡低于这个年龄者统称为童婚，但未真正生效。1949年又做了修改，把女子年龄从14岁提到15岁。1976年印度禁止童婚修改法又把女子的婚龄从15岁提高到18岁，男子从18岁提高到21岁。

---

① 斯叠巴尔·鲁海拉：《印度社会》，（印度）北方邦印地图书出版社，第216页。

印度独立以后，政府虽做过有关规定，但收效甚微。要真正解决这一问题，还要做许多艰苦的工作，诸如提高人们的文化水平，提高妇女的地位，改变农村的经济面貌，消除种姓界限，等等。

8. 印度丧葬习俗的发展

丧葬属风俗范畴。它随着社会的变化而变化，对社会有着不同影响。印度实行的火葬始于何时，尚难确说。不过，有一点可以肯定，在公元前几世纪就开始流行。根据中国史书记载，我国火葬流行，同印度佛教传入有极大的关系。

很多印度人认为，活人是由于灵魂寄居在躯体之间才活着，当灵魂一旦离开躯体，人就死亡。尸体被烧，化为灰烬，但灵魂永存。

人死以后，举行祭奠、追悼等仪式，以表崇敬，并寄哀思。但人类社会早期，人们为了让死者在阴间过与尘世一样的生活，因此在死者身旁放置一些食物、衣服、工具或武器等，甚至陪伴一段时间。后来，随着阶级的出现，奴隶主们生前使役的奴隶，死后也要陪葬，便出现了杀奴殉葬的风俗。今天，社会已发展进步，许多不健康的风俗已不复存在，但有些并未绝迹。例如今天有些印度人，尤其是土著民，非常重视祭奠，不少人还采用人类最初那种让死者在阴间过尘世一样生活的祭奠方法。如那加族人死后就是这样。他们把尸体抬出之前，先杀鸡祭奠，然后抬出去火化。火葬后，把未烧完的头骨带回村里，将其装进陶罐。在村边路上连放三年，三年内每逢全村或全族聚会，一起吃饭，都要给死者送酒送饭。他们认为，三年过后，死者的灵魂在阴间便可以自食其力了，因此不需要再为死者送酒送饭。其他民族也有类似做法，尽管形式不同，但实质上一样。这是旧风俗的残存。至于那种活人为死人殉葬的残忍风俗，早被视为非法，受到政府严禁，已基本消除。又例如，印度教徒时兴火化，在广大印度教徒看来，恒河神圣无比。他们生前若能有机会到恒河沐浴，算是莫大幸福，死后在恒河火化，把骨灰撒入恒河，是毕生最大的夙愿。他们认为，在这里死去，才算不虚度一生，死后，灵魂才能升天。因此，不少重病患者或年迈老人，尽管步履艰难，行动不便，但在临死前，千里迢迢，千方百计地要赶到恒河岸边等死。在这里沐浴好让恒河圣水冲洗他们一生的"罪孽"。世世代代，岁岁月月，不知道有多少人在恒河里为了最后一次沐浴而葬身于汹涌的波涛之中。以上种种例子不仅说明，丧葬对社会的影响之大，而且说明消除一种旧的丧葬习俗并非易事。

9. 奇特的印度教葬礼①

世界上所有国家都有丧礼，但丧礼的方式各不相同。不过，哭，这一点是共同的，只是民族不同，哭的方式也不同罢了。

在印度，一个印度教徒死后，大家出于礼貌，都要向死者的家属致哀，表示哀悼。而且，死者的家属都要把前来致哀者的姓名一一记下，以备将来别人家有丧事时再去还礼。不这样做，则被认为是没有礼貌和没有交情。

当知道某人不幸去世，或从某处传来一个人的亲友去世的消息时，按习惯，理发师要去通知附近大街小巷的居民。人们闻讯后纷纷赶到死者家来吊唁。吊唁时，一般男人坐在屋外，妇女坐在屋内。男人们来后多半是默默地坐着，有的也会不禁要号哭几声。这时，其他人见了则过来劝说："有什么办法呢？这是老天爷的安排……"然后，男人们再谈一些与死者有关的事情，例如他死前的病情、死因，以及死者的为人处世，等等，大家你一言我一语，谈个不停。最后死者的家属向前来致哀的人们说："你们明天还得上班……"人们听后方才纷纷离去。死者家里全天有人来往不断，都是如此这般一番。

前来致哀的妇女则是另一种做法。她们来后，进到屋里，围成圆圈，号哭不止。有的抓耳挠腮，有的捶胸顿足，甚至有的还会打自己的耳光，抓挠自己头发。就这样，她们一面折磨自己，一面嘴里还悲伤地喊出"咳咳"的声音，这时，捶胸顿足的声音和悲哀痛哭的叫声混成一片，女人们个个用力捶打，拼命哭喊。若是有谁不真心用力，那么她会受到在场的其他女人的责备，甚至还会挨骂。当然，其中有的是真哭，有的是假哭。因为按习俗，一个人死后，哭的人越多，说明他的社会威望越高，所以有的人为了扩大影响，就出钱买人来哭。

根据风俗，一个人死后，熟人或亲戚朋友必须到场致哀，否则被旁人和亲属看不起，即使工作很忙，或因事外出，到时候也得赶回来表示哀悼。否则，别人会说他是"借口不到"。万一有人因极特殊情况，哪怕在一个人去世后两年才回来，他回来后也得先到死者家里哭一场。

人死后，从哀悼死者的那天开始，死者的家属要停止做饭，不动烟火，有些地方长达十天之久。家中的孩子由邻居喂几口饭吃，而大人则应饭水不沾。虽说如此，但实际上，人们一般都要偷偷进屋弄些饭吃；有的是邻居或

---

① 这一节曾以冀祁名义发表在《东方世界》1986 年第 3 期。

亲戚来给做饭，或强迫他们做饭吃。因为这已经成了一种约定俗成的事情，大家都得遵守，不这样做，会被人说闲话。

印度教一般实行火葬，火葬时，人们把尸体抬到焚尸场或运到河边，用木柴或牛粪焚烧，在抬死者去焚尸场或河边的路上，人们嘴里还不停地喊着："罗摩、罗摩是真理。"即罗摩在召唤，死者要回罗摩那里去了，也就是说死者要升天了。有的地方还有边走边敲鼓的习俗，在前进的过程中，不时向拥来的观众投掷零钱。一般家庭，用普通木柴或浇上煤油或汽油焚烧，而一些富有之家，则用带香味的木材或在上面浇上酥油焚烧。点火之前，长子和家属先绕尸体连转三圈，从右至左。按宗教习惯由长子才能举火点柴，从头部开始烧起。点火时，要先从死者的头部烧起。焚尸时，家属和亲朋都要在旁守候，不得离开。但对女人，除死者的妻子外，所有寡妇与无子妇女都不得在场，因为她们属于不祥之物，有的地方甚至禁止所有女子到场。由于死人的头颅不易烧透，所以长子要将它用木棒敲碎。因为人们认为，头颅被敲碎后，死者的灵魂才能升天。若是死者的长子已不在世，可由次子代替，以此类推。万一死者没有儿子，女儿也不能代替，可由死者的侄子或近亲长子代办。所以，在印度教徒看来，儿子的作用非常重要。

焚烧后的骨灰，一般都要撒在河里，让河水冲走。他们认为，这样可以洗掉死者生前的罪过，变得圣洁，可以升天。印度的河流中以恒河最为神圣，它有许多大小支流，使广大的土地变成了肥田沃土，孕育了五千年来的印度文明，因此，印度人很感激它，尊敬它，誉之为"圣河"。人们认为"跳进恒河洗个澡，就可以洗清自己的罪过"。所以，印度的男女老幼都愿意去恒河洗澡，尤其早晨和傍晚，在恒河里洗澡的人拥挤不堪，有些人甚至一天要连洗几次。人们更愿死后在河边焚尸化体，然后再把骨灰撒在河里。因此，不少年迈老人或病危男女，都在死前赶到位于恒河岸边的贝拿勒斯圣城去等死。贝拿勒斯城里有许多印度教寺庙，距释迦牟尼初转法轮的鹿野苑很近，还有耆那教两个教长的诞生处。因此，对印度教徒、佛教徒和耆那教徒来说，这里是个极其神圣的地方。他们认为，一生能来贝拿勒斯一趟，算是莫大的荣幸。所以，历史上许多宗教名人都到过这里。此城至今仍较多地保留着古代文明，庙宇林立，目不暇接，几乎每户人家都有神像敬奉。

因此人们千里迢迢来到这里，租房居住，等待死亡降临。每天都有不少人一个接一个地来此寄居。因此，供他们居住的简易旅馆，非常拥挤，即使那里食宿简陋，人们也毫不在乎，恒河水奔腾不息，河岸上人山人海。站在高处，举目眺望，那些焚尸的场面映入眼帘，烈火熊熊，烟气腾空。正在燃烧的火堆旁边，总有尸体停放，那是在排队，等待尸体的焚烧。

尸体火化完毕，家属回家后先要洗澡，否则不能接触别人或任何东西。丧事过后，有的还去庙里拜神，给些施舍，有的还请些穷人吃饭。做法不一，总之做些行善积德的事情。

（二）伊斯兰教的婚丧

1. 穆斯林的生活习俗特点及其变化

印度的穆斯林虽然与别国的穆斯林有许多共同点，但也有不同点。由于受到了印度文化和风俗习惯的影响，所以在日常生活中，不少地方带有印度特色。

头戴面纱：穆斯林妇女，头戴面纱，有些人甚至在吃饭或喝水时也不摘下来，北印度的穆斯林尤其如此。从前，穆斯林妇女，头上不戴面纱则不能出门，即使她们坐在轿里、三轮车里或马车里也是同样。今天，印度的穆斯林有所变化，各地情况也不完全一样。有些较为开化或文化比较发达的地区，妇女并不戴面纱，例如，南印度的喀拉拉邦就是这样。当然，就多数地区而言，仍如上所述。

无种姓区别：伊斯兰教徒喜欢一家人坐在一起吃饭，即在一个地方铺上一块布，全家围在一起，一些富人更是如此。这点同有些印度教徒不同，不是男人先吃，女人后吃。吃饭时，几个人合用一个饭盘。他们相互间不嫌弃别人吃剩的东西，就连宴请客人时剩下的东西也不肯扔掉，往往由主人把它吃掉。有些地方是将所剩的食物分给仆人或穷人。穆斯林吃饭时，不分穷富，不像印度教徒那样有种姓之别和高低之分。大家可以同桌而食，平等气氛较浓。随着对科学的宣传，又受到西方的影响，越来越多的人喜欢分食了，即吃饭时各人用各人的吃饭盘子。受过教育或文化界的人这方面变化更大。伊斯兰教徒不像印度教那样有森严的种姓制度，因此，他们的职业不分高低，人不论贵贱，所从事的职业也并非什么世代相传的传统性的职业，他们的职业完全根据自己的需要和便利自行挑选。即使有些亲戚选择了同一职业，也绝非什么宗教性的规定，更不是受什么穆斯林文化或社会法律的约束。一些人的职业若有变更，任何人无权干涉或指责。

服饰：伊斯兰教徒穿戴讲究。现在的印度穆斯林服装，式样很多，但是单从穿着很难区分一个人是穆斯林与否。男的穿外套和裤子。女的穿纱丽。

就服装而言，一般以德里、勒克瑙、海得拉巴的服装最闻名。根据不同季节变化，衣服的种类和式样不尽相同。帽子也有不同样式，勒克瑙的帽子最为著名。穆斯林妇女服装各种各样，如希勒瓦尔·金巴尔、纠斯得·阿腊·巴加马、纠斯得·西塔·巴加马、古尔达等。穆斯林的穿着各邦不完全一样，往往带有地方色彩。例如，古吉拉特的妇女喜欢戴希勒瓦尔，海得拉巴的穆斯林妇女喜欢穿肥大的古尔达①；克什米尔的妇女喜欢穿衬衫和戴希勒瓦尔，然后再套上肥大的古尔达，另外头上再梳两个发辫，发辫下端用手绢扎起。孟加拉的穆斯林妇女有穿纱丽的习惯。喀拉拉和泰米尔纳杜邦的穆斯林妇女，穿纱丽的同时还穿衬衫；北方邦的一些城市里，女子结婚以后，喜欢穿格拉拉，有些地方的女子结婚以后也穿纱丽。有些地方的女子喜欢头上顶个大头巾，认为这是腼腆和谦恭的象征。姑娘和妇女佩戴铜镯并且在手心上涂有图案，更是一种常见的现象。一度流行在眼上塗油（黑色），在牙齿上涂黑粉的习惯，这种习惯至今在一些农村还有。城里人则使用现代化的东西，诸如香粉、脂膏等类的东西。

礼貌与问候：穆斯林强调尊长爱幼，讲究礼貌。老人很受尊重。晚辈回到家里，首先向长者请安问候，接受长者的祝福，然后坐在长者身边倾听长者的吩咐，对长者的话一般奉为"圣旨"，洗耳恭听。穆斯林若在路途相遇，一般行礼问候，这种做法世界各国的穆斯林多半如此。主动行礼者说："阿斯拉毛·阿莱古姆。"意思是说"真主祝你幸福"。这时对方也要还礼，说："沃阿莱古姆·阿斯拉姆"即"也祝你幸福"。勒克瑙地区的穆斯林，见面时有说"你好"的习惯，双方鞠躬问候。晚辈回答时则说："吉德勒豪。"（祝你长寿）行礼后双方握手。伊斯兰教徒注重在身上洒香水之类的东西。在出门之前尤其如此。北印度城市里的伊斯兰教徒更是这样。当然，广大农村并非如此，这同他们的生活条件有关。南印度的穆斯林妇女出门之前更多的人是往头上戴鲜花，而且不止一个，往往几个或一串，香味扑鼻。这同当地的自然条件有关，因为那里的天气较热，一年几季鲜花盛开。

饮食与忌禁：在伊斯兰教的经典中对穆斯林可食与禁食的食物有明确规定，因此，有"合拉勒"与"合拉姆"之说。"合拉勒"即可食的，"合拉姆"即禁食的。穆斯林食肉也有规定，有些动物的肉可以吃，有些动物的肉不可以吃。例如他们可食的肉有鹿肉、骆驼肉、羊肉、各种牛肉以及家禽

---

① 一种瘦腿裤。

的肉，诸如鸡、鸭之类。禁食的肉有：猪肉、狗肉、虎肉、豹肉等。打来的猎物中如有野禽和用爪而食的各种鸟肉，例如鹰、乌鸦等，它们的肉是绝对不能吃的。同时，他们在宰杀一个动物之前要进行祈祷，然后再杀（这点与锡克教不同），否则所宰杀的牲畜的肉是不能吃的。穆斯林不喝酒，酒作药用也被禁止。不过，从实际情况看，发现有不少人不论这些，他们在家里同样喝酒，这也说明这种规定正在变化。

真主不离口：一个虔诚的伊斯兰教徒每时每刻都提"真主"，做某事之前，说"真主保佑"；做事时说"愿真主保佑"；事情做完之后说"感谢真主"；高兴时说"感谢真主"；当一个人死掉、遭受损失或发生不幸事故时要说"我们都是属于真主的，我们都会回到真主那儿去的"，当遇到不顺心的事情，或有什么痛苦和忧愁时则说"没有真主保佑，坏事不可免，好事不能成"；在高兴、奇怪或吃惊时，要说"真主好极了"，穆斯林开始吃饭时要说"真主保佑"，吃完饭要说"感谢真主"，当吃饭时若有来客，则要请来客吃饭。来客若是不吃，则说"真主祝福你"；有谁若是打喷嚏时，他要说"真主保佑"，听到打喷嚏的人要说"真主同情你"。这样，穆斯林每时每刻，每一件事上都要提真主，所以人们说他们是真主不离口。

2. 穆斯林的婚俗

（1）穆斯林眼里的婚姻

穆斯林称结婚为"尼迦何"。在他们看来，"结婚"并非是一种宗教仪式，而是一种社会协定。据穆斯林法律规定，结婚是一项必须遵守的社会法律，其目的是建立家庭，生育后代，并使之合法。这种"协定"对穆斯林来说如同一项"决议"，必须自觉执行。

根据穆斯林风俗习惯，求婚由男方提出，经女方同意才成。而且当女方同意时男女双方要在一起举行仪式，姑娘当众表示"同意"。同时，要有两男或一男两女出面作证，证人一定是成人。这样所答应的"求婚"才能合法有效。然后，男方要支付给女方一定的钱财，作为酬报，称之为"迈何尔"。当丈夫答应支付妻子"迈何尔"或者付完"迈何尔"后才有权与妻子同床，否则会遭到妻子的拒绝。因此，穆斯林婚姻被称为一种社会协议。据有关规定，结婚者必须年满15岁，神智正常，结婚自愿，尤其尊重姑娘的意见，没有"强迫"一说，否则非法。一个穆斯林男子同时可娶四个妻子，但一个穆斯林女子只能同一个男子结婚（丈夫死后可以改嫁）。一个穆斯林男子与穆斯林女子结婚视为当然，但也可以娶犹太人或基督教女子为妻，绝不同偶像的崇拜者结婚。而穆斯林女子只嫁穆斯林男子。

（2）结婚规定与禁忌

穆斯林对婚姻也有种种规定和禁忌。直系亲属不能结婚，禁止舅表兄妹、姑表兄妹结婚；妻子在世时，不能与小姨子结婚，当妻子死掉或离婚以后才可以。姐妹二人不能做一个人的妻和妾。

穆斯林男子和女子不能与印度教徒结婚。除非对方已改信了伊斯兰教。不过这方面各地情况也不完全相同。一般北印度，特别印地语地区较为严重，例如，巴特那和阿拉哈巴德等地印回两教徒不能同居一村，必须分居异地，一旦碰到一起，也不能一起吃饭，因为印度教认为穆斯林是"不可接触者"，印度教徒一旦与他们接触，回去后则马上洗澡，以去掉污秽，保持圣洁。在这种情况下，他们彼此通婚更不可能。有些地方没有如此严重，例如西孟加拉邦、喀拉拉邦等地，印回之间的界限不那么明显，甚至还有印回结婚的现象。

（3）提亲与订婚

求婚大多由男方先提出，若由女方先提出，一般人会感到不好，会引起种种误会，认为女孩要么有什么生理缺陷，要么有什么其他毛病，不然的话，怎么会主动提出求婚？男方若看中一位姑娘，则把意见写在一张纸上，用一块漂亮的手绢包好，或装进一个带颜色的信封里，派人送往女方家。之后，男女双方的家长便了解对方的青年情况。例如，他们的品行如何，年龄多大，有否生理缺陷，等等。当女方了解完男方后，派人告诉男方家里，表示同意。然后双方再商定结婚成亲事宜。也有的女方家长，为了相看男青年，将男青年请到家中。但是，从来没有相看姑娘的风俗。不过，今天一些有文化的家庭，往往男女双方相互了解和相看之后再进行订婚。其实，印度各地做法不完全相同，例如马德拉斯和喀拉拉邦等地的穆斯林，在订婚之前，男方可以到女方家相看姑娘。若被小伙子看中，表示满意，小伙子则当场吃"邦"或糖果，以表示满意。否则不吃任何东西就返回家去，则表示婚事告吹。相看之后，小伙子为表示订婚，在脚上带副脚镯。克什米尔一些地方的穆斯林有另一种做法。在订婚之前，男方把打听了解女方的事情托给亲戚或其他可信的人代劳，等他们感到满意后，再告诉男方。事后男女双方要给中间人一些适当报酬。这种做媒之类的中间人，大多由阴阳人充当。

男女双方两家经过一定时间的来往以后，男家的母亲、妹妹和一些亲戚的女子选个吉日良辰带上一些糖果，由乐队伴随来到女方家。双方一起商定结婚日期。那天，男方家用些好吃的款待街坊四邻。

（4）复杂的结婚手续

从前，穆斯林中一度流行早婚的风俗，一个男孩或女孩生下来后由父母包办订婚。即使稍大一些的孩子，在婚姻大事上自己也无权做主。一旦一个孩子对婚事发表意见，则被认为是轻浮和耻辱的事情，因此只好听从父母或家中长者的意见，一切由他们做主。今天这方面有所变化，但是他们婚姻手续仍相当复杂，主要有以下一些。

订婚仪式：男女双方两家同意之后，要举行订婚仪式。男方的一些人包括亲戚在内（只是女的）带上糖果点心和礼品前往女家。这工作主要由女子们来承担，另有男的伴随，但那是为女子们提供交通工具或为照顾女子们起见而去的。

带去的礼物中有巴鲁夏黑（一种甜食）和九至十小罐白砂糖以及一些其他甜食。这些东西数量多少不一，根据自己的经济条件而定。带去的甜食和砂糖，姑娘吃一些，其余给男方作为回礼，叫新郎吃。除这些外，还要带些首饰、现金等物。先叫新娘吃甜食，然后请她吃"邦"，随后将首饰、花冠、手镯、耳环、戒指等礼品放在一个银盘或铜盘里，用五颜六色的盖布遮好，送往女家。一些富有人家不送普通花环，而送金属项链、戒指或银制的指环，以及其他一些镶有宝石的首饰。这些订婚的礼品大都包好或用布盖好，由送水者①（女的）或女仆送去。这一天，女子们在门口等候亲家人们的光临。待亲家的女子们一到，先在她们的头上涂吉祥线，戴花环，然后带她们到一个房间或走廊里坐在铺有白布的地上休息。诸位来宾就座以后，女方的亲戚们把新娘拉到怀里，叫她面朝南，席地坐下，然后开始一系列仪式。

迈合尔：穆斯林订婚以后，男家要给女家一些钱财，称作"迈合尔"。数量多少不一，有的上千卢比，有的上万，根据男家的经济情况而定，一般以男方出得起为限。有的一次交清，有的可几次付完，一般在婚前全都付清，但也有结婚后很久才付清的，个别有的到关系破裂离婚时才给完。这部分钱财归妻子所有，属于个人私有财产，他人无权干涉。当然，若是妻子出于自愿，她也可以分给别人一些。总而言之，这笔钱男方非给不可，否则妻子可去法院上告索取，穷苦人家，则要求媳妇减免。若是对方同意，也未尝

---

① 一个种姓。

不可。

坐盲茄仪式：结婚前的五六天，女方要把亲戚请来，并把姑娘的衣服染成黄色。染衣服的工作由姑娘的姐妹承担。她们做这项工作还能从母亲那里拿到一些赏钱。同时，还给姑娘吃一种叫"比德里"的东西。在叫姑娘坐在凳子上之前，先要给她洗澡，梳发。到傍晚时分，再给她换一身黄衣，然后仍叫她坐在一个凳子上。这时由姑娘的姐妹喂她一口甜食，她母亲再往她手里放些钱，并给她一个"邦"和"比迪雅"，还要向她说："孩子，我们尽到了对你的责任。"接着，姑娘的姐妹或嫂嫂把她抱进屋里，叫她坐在床上。姑娘坐在那里简直像个"囚犯"，等待结婚日子的到来。从那天开始，为使她皮肤漂亮柔嫩，每天有人给她身上涂擦油膏。这种仪式也叫"坐盲茄"。从那天起，她不能再见任何男子，甚至包括自己的父亲和兄弟在内，由别人喂她奶喝和甜食吃。所以要吃这些东西，目的有二。一是为使皮肤漂亮，二是为了经饿，以便到了婆家不至于感到饿得难受。因为新媳妇刚到婆家不能多吃，否则会被人笑话，自己也不好意思。再说那边的小伙子，他也和姑娘一样，要坐一两天凳子才成。不过，他的日子比姑娘好过得多。对他不实行"关闭"。有些地方的做法不同，例如南方的马德拉斯，在结婚前三天，小伙子、姑娘同时分别在自己家里坐板凳，往他们身上擦油膏和姜黄。当姑娘、小伙子坐板凳的几天里，姑娘和妇女们要一起唱歌。有些地方是把歌女请来唱歌。然后，分别由各自的亲戚给小伙子或姑娘身上擦油膏。这时，她们相互嬉戏、打闹，气氛非常热烈。而克什米尔有另外做法，给他们身上擦酥油和凡士林。五六天以后，再用热水和肥皂洗澡，然后往他们身上擦姜黄并通宵唱歌。

露面仪式：新娘的衣服格外漂亮，一身红衣，鲜艳夺目，她头上的面纱，将脸全部遮住，低头坐着，一声不响。这时她的大姑子给她佩戴花环和各种首饰，在她的左手的手指上戴个金戒指和银指环。然后由七名已婚的女子取七块甜食分别送到新娘的嘴里。这时新娘并不真的吃掉，而是将这些东西偷偷吐在一块手绢里。接着再叫新娘吃"邦"。新娘也把"邦"偷偷吐出来放好。之后，叫新娘双手合拢，往她手里放些钱。这种仪式也叫"露面"仪式。这时候，男家的人乘机仔细端详新娘的相貌姿色。有些女子借助新娘的手把"邦"送进一些未婚姑娘的嘴里。有种迷信认为：吃了这种"邦"的姑娘能很快结婚。这时，又有人把用手绢包着的钱包送到新娘手里，把一些赏钱绑到新娘的左臂上。人们认为，这样将使新娘吉祥如意，永远平安。

这种仪式一结束，女方的女子们马上围上来把新娘抱住，一时间"恭喜"、"祝贺"之声混成一片。男方来的妇女、新郎的母亲和姐妹，这时也同女方的母亲、姐妹及其他女子之间相互道谢，恭贺一番。订婚那天，送水者（女子）和女仆从女方得到一些报酬或赏钱。这种仪式要进行一天。当仪式结束，男方来的男子们回去时，一些人也要从女方家带走一些甜食、砂糖、"邦"、戒指、指环、首饰等物。在勒克瑙、德里等大城市里，从前大都有这种仪式。喀拉拉、泰米尔纳德等地区订婚时时兴戴戒指，所有亲戚欢聚一堂，吃邦、喝茶，热闹一番。克什米尔地区的做法不同。订婚时，男方的人去女方家不带衣服、首饰和甜食等物。到了女家给新娘的手上画图案、戴首饰，女家用"邦"招待来客，也做各种肉食。把做好的"巴格尔卡尼"（一种脆饼）和肉食带给新郎。几天过后，再把新郎的一些东西，例如手表、戒指等物送去，也给婆婆送个披肩和一些首饰。订婚之后，若大小姑子相看弟媳或嫂嫂，要给首饰才成。两三天后，女方家的人再给大小姑子们一些披肩。克什米尔人一般订婚后就结婚。不过，结婚后新娘仍住娘家，去婆家是以后的事情。

萨杰格仪式：这是男方送女方东西的一种仪式。一天，男方不分男女，全家出动，到女方家举行萨杰格仪式。进行的时间一般从下午两三点开始，到天黑之前结束。男方带去的东西除"薄里"[①]外，还有梳子、香水和女子结婚时所需一些首饰等物。当男方的女子们来到女家时，女方家选出两个女子手持花环和檀香木粉在门口等候。当客人一到，给每个人脖上戴个花环，并在她们头中间的发缝里涂檀香木粉。新郎的妹妹或嫂嫂或母亲把新娘带到一边，揭下她头上的面纱，给她戴上花环。然后，给她一个手指上戴个银环和一个金戒指，给她吃七个甜食，再给她嘴里填个"邦"，新郎的母亲在新娘手里放些钱。所有亲戚家的女子，也同样给新娘钱。钱数多少不一，有的几十个卢比，有的一百卢比。然后各自回到原座位上坐好。这时歌手开始唱歌，歌词内容多是吉祥、赞扬之类的话，例如，"你家幸运，娶了个好媳妇，她的长相简直有'沉鱼落雁之容，闭月羞花之貌'"……逗得在场的人时时发笑；有的是对正在给钱者夸奖一番，说她如何慷慨大方等，边击鼓边唱歌，人们边笑边向歌者纷纷投钱。一阵热闹之后，有人把新娘带到另一个房间去。有些人对新娘若没看够，只好等下个仪式再见。

----

① 一种油炸食物。

迈何迪仪式：萨杰格仪式完后，再举行迈何迪仪式。新娘的姐妹带上礼物去男方家里。这些礼物中主要有新娘用后所剩的迈何迪、油膏和新郎结婚迎亲时的一套衣服，以及角蒂仪式时所穿的衣服等物。当女方的女子们来到男家时，新郎家的人同样用糖水招待，并给每人脖子上戴个花环。然后，大小姨子叫新郎坐在一条凳子上，在他手上放点钱，给他手上画个带色图案，并向他索取赏钱。为开玩笑，新郎故意只给她们一个卢比。大小姨子当然不干。经过一番"斗争"后才能多给一些。有的地方这种仪式是在女方家举行。

迎亲队出发娶亲：迎亲队由男女组成，这些男男女女是分别由新郎的父母请来的。待新郎一切准备完毕，迎亲队则要出发娶亲，这是一个热闹诱人的场面。这些迎亲队的人，一个个身穿新衣，红红绿绿，闪光耀眼。走在队伍最前列的是乐队和吹鼓手，吹奏着优美动听的乐曲，徐徐前进。紧跟在后边的是新郎和男方的迎亲队伍，他们有时慢步行走，有时翩翩起舞。舞者不分男女，三三两两，可以男女分跳，也可男女合跳。有的新郎骑马，马是骒马，马身上备鞍加垫，经过一番精心打扮；有的乘坐轿车（在城市里），轿车上披满了五颜六色的花环。最后边的是其他车辆或人群。在迎亲队中，不时发出阵阵炮声或五彩缤纷的烟火，气氛非常热闹，队伍徐徐前进，不慌不忙。当迎亲队来到新娘家时，那里早已聚集了无数观众，等着新郎的到来。人们分站两行，在家门附近的路上对新郎和迎亲队夹道欢迎。有的地方，这时人们故意用一团团米饭向新郎投去。更有趣的是，新郎和新娘的弟弟早在那里默默站在一旁等候，他们寻找机会，等新郎从马上跳下或从车内走出时，便争先恐后地突然骑到新郎的背上。有种说法：若是新郎的弟弟先骑到新郎背上，据说新郎以后永远管着妻子；若新娘的弟弟先骑在新郎背上了，则认为新娘以后永远管着丈夫。接着新郎和迎亲队的人们以及前来恭喜祝贺的亲戚朋友，一起来到一个五光十色、灯火辉煌的地方休息，这地方也叫"婚棚"。结婚仪式一般在第二天清早六点举行，没有在白天或夜里举行的习惯，仪式完后送新郎与新娘去一个房间。吃过饭后，大都在比较晚的时候才举行一种"尼迦合仪式"。在喀拉拉邦和泰米尔纳德邦等地，还有迎亲队伍在女家住几天的风俗。尼迦合仪式在第二天清晨大约六点左右举行。尼迦合仪式过后，把新郎与新娘安排在一个房间居住，三天以后，新娘再同迎亲队一起到婆家。

尼迦合仪式：穆斯林把尼迦合称结婚，一般到法院办理。先由一名法官和两名证人征求男女双方意见,看他们是否同意。但男女不在一起,由法官分别征求意见。法官先问新郎三次:"你俩要结婚,你同意吗?你同意给姑娘迈合尔①吗?"新郎听后都一一回答。然后再来到女子那边,又征求姑娘的意见。根据习惯,若姑娘不同意对方,这时也可拒绝。倘若姑娘未到成年,她的保护人可以替她回答。尽管如此,待到姑娘成年之后,对此婚事若不满意,还可以提出离婚。有的地方管理这种工作的是个专门种姓,专门职业,世代相传;这个工作伊斯兰学者也可承担,个别时候,新郎、新娘的父亲或旁人也可代替。这个工作并不复杂,关键在于男女双方是否同意。可见穆斯林的婚姻比较自由。但是登记时要念一段《古兰经》,这时要求双方讲真话,说话算数。具体是这样做的:

叫新郎坐在一把椅子上或地毯上,他的兄弟亲戚朋友围坐在他的四周,把法官请来。法官手里提着书包过来,包内装有登记簿等物,人们请他坐下后,登记仪式即可开始。法官先来到新郎面前坐下,律师和为他辩护的两名证人,紧坐在他的身旁。开头先向真主祈祷,接着法官念《古兰经》,然后向律师问道:"某某之女儿接受某某的迈合尔,成了某某之子的妻子,是吗?"律师这时回答说:"是这么回事。"接着法官面向新郎,开口问道:"你给了某某之女迈合尔,同意她做你的妻子?"新郎听了回答说:"是的,我同意了。"这样连问三次,他则连答三次。然后,法官叫在场的人为他们新婚夫妇恭贺祝福,祝他们和睦相处,接着在场的人向新郎及其父亲祝贺道喜。法官再走到里屋的新娘身边,又向新娘提出刚才向新郎提的一些问题。这时,新娘只是摇头②表示同意。这就是所谓登记仪式的具体过程。仪式结束后,有人把一些放在盘内的甜食,双手捧着小心地碰一下新郎的头部,再在新郎头上方绕几圈儿,这也是一种祈祷仪式,接着把这些甜食分给大家吃掉。对这些东西,法官要得双份。接着又叫新郎和观众喝糖水,由新郎及其证人在登记簿上签字,由法官盖章,最后把这份东西由新娘的母亲或父亲保存。这时,法官又要得到一些礼物或赏钱。

西孟加拉邦的穆斯林,在登记仪式之后,还有戴胜利花环的习惯。新郎、新娘二人,手中各持一个美丽的花环,相互对戴。尼迦合的第二天,男方把亲戚朋友请来,在男方家举行盛大宴会,男女宾客都穿上节日服装,主

---

① 一种彩礼。
② 印度人摇头表示同意。

人用美味佳肴款待，这一天来者还送新娘钱，以表祝贺。

斯拉米仪式：登记仪式之后，新郎要去丈人家，接受祝贺，这叫做斯拉米。新郎去丈人家里后还送他一身衣服、一些喜钱和一些礼品。喜钱由亲戚们分别拿出，单独交给新娘的父亲，由他统一收齐，然后一起转给新郎。这时，家里顿时热闹起来，歌女唱动听歌曲，把新郎招进屋内，给他头上戴个花冠，然后他用手绢捂着嘴缓步来到门口，接着由新郎的姐妹将他拉进屋里，此时，歌女又开始唱歌。新郎去岳父家后，要举行许多仪式，有的地方把一些黑芝麻和黑糖放到新娘手上，让新娘给新郎吃，表示吉祥。有的地方人们把一些檀香和其他粉末状的香料给新郎，让他用手涂到新娘头顶上的发缝里；有的地方新郎向在场来宾和观众一连敬礼七次，有的是三次或是五次等。拥抱从左边开始，拥抱的次数多少不一，但一定是奇数，三、五、七、九均可，表示吉祥，而禁止偶数。让新郎和新娘对面坐下，在他们二人中间放个枕头，枕头上放本《古兰经》。这时有人向新郎说道："从这《古兰经》中找几句话读，读后，向新娘的脸上吹一口气。"新郎听后照办。他们二人中间还放有一面镜子，俩人头上蒙一块薄布。这时有人对新郎说："你亲口向新娘说，你睁开眼，我是你的奴隶，我是你父母的奴隶。"若新娘听了这话以后还不睁眼，她母亲这时便对她说："新郎在向你央求，可怜可怜他吧，你在镜子里看看他，你也叫他看看你的面孔吧。"人们所以放本《古兰经》，目的是当在镜子里看到对方的面孔时，也能看到《古兰经》。据说这样做可使他二人婚后团结和睦，一切如意，永远做好事。

嫁妆：嫁妆问题在印度教中很流行，它对穆斯林也有影响。因此有些穆斯林女子出嫁时也给嫁妆，或男方向女方要嫁妆。嫁妆数量多少不一，没有规定，一般根据经济条件而定，尽量多给，只要女方拿得起。给的东西多为生活必需品或装饰品。例如衣服、银器、铜器、皮箱、椅子、银床或首饰、镜子等物。但近些年来，随着时代的变化，嫁妆的内容也有所改变，例如要电视机、收音机、沙发、自行车、摩托车甚至小轿车等。这些东西在男方的迎亲队回去的那天拿出，东西让在场的人看到，并书写两份清单，女方签字，男女两家各持一份，分别保存。

新娘到婆家：新娘随迎亲队离开娘家，前往婆家。当新娘离开娘家时人们载歌载舞，非常热闹。有的地方由新郎把新娘抱进轿里或车上，然后女方出一女子或新郎的姐妹同新娘一起坐在轿里或车内。轿里或车上横七竖八挂满了黄色花环（表示吉祥）。队伍的最前列由乐队奏乐开路，后面是新郎，接着是新娘的轿子或车子，再往后是迎亲队，以及抬嫁妆和唱歌的女子。有的地方，这时候有人故意把钱撒在轿上，叫孩子们去抢。现在印度的乡下坐轿人还不少，城里人一般坐小轿车。

新娘在婆家：当新娘来到婆家，又要进行许多仪式。新郎的妹妹出来故意在门口拦路，几时得不到新娘的赏钱，几时不放新娘进屋。新娘进屋坐下后，亲戚们都围来观看。然后叫新郎、新娘吃牛奶粥。先由新郎亲手喂新娘七口，然后由人握着新娘的手再喂新郎七口。有的地方，人们为开玩笑，在牛奶粥中放有戒指，故意叫新郎、新娘去吃。印度各地做法不尽相同，大都根据自然条件而定。例如，克什米尔地区等，新娘来到后，则杀羊祭祀，叫新婚夫妇吃。

这一天，婆婆要先看儿媳，并给她赏钱或首饰等物。新娘也要回敬婆婆一些钱或首饰，接着，才是众人来看新娘。新娘在婆家居住一周。

角蒂仪式：结婚后在女方还要举行角蒂仪式。新娘的哥哥带上首饰、甜食来到新郎家里。哥哥给新郎一些喜钱，然后把新娘接回家去。新娘回到娘家以后还要好好打扮一番，准备参加角蒂仪式。为此，男方也要准备一些东西，做几样好吃的饭菜，买些水果等，送往女家。男方的客人纷纷来到女方家里，尤其当亲家一到，对他格外隆重欢迎，热情款待。新郎来到时，小姨子们故意和姐夫开玩笑，甚至把他的鞋藏起来，直到她们从姐夫那里拿到赏钱，才肯把鞋交出。在举行仪式之前，新娘、新郎相互喂七口牛奶粥，然后仪式正式开始。首先，新郎用个带花的枝条轻轻抽打新娘七下，然后新娘再回打七下。接着相互往对方身上投扔花团。继而是亲家母用蔬菜和水果之类东西互投。最后请大家吃饭，送新郎和新郎家的人一些喜钱。克什米尔地区，新郎要在女家连住几天，并用好肉款待，然后新郎把新娘带回家去。

贾莱仪式：当新媳妇到了婆家又要举行名叫贾莱的仪式。举办者的先后以母亲、姨母、外祖母、祖母为序，在星期一举行。到活动那天，新娘要第一个来到举办者家里，接着是新郎的亲戚朋友陆续来到。设宴招待，大家欢聚一堂，气氛非常热烈。这一天，还要送新郎、新娘一套衣服和现钱。这种做法德里地区较多，在勒克瑙少见。在喀拉拉邦和泰米尔纳德邦，星期五那天由男女双方亲戚轮流宴请新婚夫妇。不过事先双方的亲戚们要商定妥当，哪个星期五由谁宴请。一般连续五周。

(5) 彩礼

根据有关规定，一个穆斯林女子结婚要从男方得到一笔钱财。这笔钱财名叫"迈合尔"。迈合尔有四种情况：结婚时双方商定的；结婚时双方未定钱数，后经法院判定的，数额以男女双方同意为宜；结婚前或同床前丈夫非给不可的；结婚时虽已商定，但也有待到离婚时或发生矛盾时男方才给的。

上述四种形式的彩礼，数额多少无一定之规，大多根据经济条件好坏双方商定。丈夫生前未能给的，丈夫死后首先将这部分彩礼从家产中扣除，然后再处理其余家产。若财产已被分光，妻子提出彩礼后则由所有分家产者均摊支付。若是丈夫抛弃了妻子，或丈夫主动提出了离婚，那么彩礼非支付不可，否则不准办离婚手续，若夫妻间发生的矛盾主要是由妻子引起的，而两人又未同床，那么妻子无权向丈夫索取彩礼。从实际情况看，大多数人结婚时不付完彩礼，但各地的做法也不尽相同，有的是同床之前支付一些，其余往往在丈夫死后或离婚时支付，但有的因未给完已确定的彩礼，妻子则否认为妻，或拒绝与丈夫同床，或拒绝同丈夫一起外出。

（6）离婚方式

结婚以后，因种种原因若双方不合，可以离婚。伊斯兰教明确指出，在不得已的情况下才能离婚，因为真主最不喜欢离婚，尽管离婚属于合法。因此，在离婚前有关人总是想各种办法为双方调解，以使他们关系正常，家里的长者自然也插手劝说，绝不袖手旁观。经过一切努力，证明全然无效时，则应该离婚。还有一种情况，若男方连说三声"离婚"时，则非离婚不可，一切调解都无济于事。尽管是很不愉快的事情。

要想离婚，夫妻双方要告诉各自的证人，若证人已经不在，独自也可离婚。离婚以后，若双方又后悔了，愿意重新和好，他们也可以复婚，但是复婚次数不能过多，先后不能超过三次。

离婚的几种情况：

第一，若女方主动提出离婚的，先向法院声明，经过法院允许后，方可离婚。属于这种情况的，她要把全部迈合尔退还丈夫，如果经丈夫同意，也可以少还一部分，剩下的部分留作己用。

第二，若是男方先提出的，而离婚以后，丈夫又表示后悔，还愿意同妻子和好，这种情况下还可复婚，也不必再进行登记和办理复婚手续。到第二次离婚之后，再想复婚也可不办理登记手续。一个男子先后提出过二次离婚，两次复婚之后，若男方想第三次同女方复婚，这时要办理登记手续，举行仪式，然后才能合法同居。离婚以后女子要寡居一段时期。在此期间，女子不能出门，也不能再婚，以观察女子是否有孕在身。寡居期一般为三个月零十天至四个月零十天。

（7）小孩出生仪式

一个穆斯林小孩，从小到大，要参加许许多多的仪式。确切地说，当婴儿还没有出世，怀婴儿的母亲就已经开始为婴儿参加各种仪式了。

当孕妇怀孕七个月时，娘家的人们带食品来看望。食品中有七种东西，例如，干果、水果等。下午三点左右开始给孕妇填怀。填怀之前先给孕妇洗澡，穿艳丽的衣服，梳发，插花等，梳妆打扮一番，把她打扮成个新娘样子。接着，小姑子们把从娘家带来的干果、水果、做好的蔬菜，和一些赏钱一齐放到孕妇怀里，意思是使她多生孩子，使她孩子满怀。然后小姑子们再把她怀里的东西拿走，再拿一个椰子，将它打开，分给大家。若核呈现白色，人们则说她命运不错，将生个儿子。有的地方在这期间时兴女儿住娘家的习惯。但当九个月开始时，得把她送往婆家。旧德里至今还有这种风俗。

当孕妇怀孕九个月时，娘家给她寄一身衣服、一个梳子、一种染牙黑粉、香水等。这一天，助产妇还往孕妇肚子上擦油，然后孕妇步行回到娘家。

孕妇生产时，亲戚中的女子全部到场，孕妇的母亲非来不可。有人站在院中，眼望天空，向真主祈祷：化难为易，婴儿平安顺利降生。

婴儿一旦降生，首先用纱线将婴儿的脐带扎起，然后用刀子割断。线是红色，或黄色，认为这两种颜色能驱鬼避邪，表示吉祥。在农村，一些人把割下来的脐带埋在家中，这便是一句成语的由来："难道你的脐带埋在这里吗？"意思是说，这儿是你的家吗？（人们在生气或开玩笑时用。）

一般家庭给助产妇一些卢比，作为赏钱。富有之家则给金银手镯，这些东西由娘家和婆家双方共同负担。脐带放进一个罐里之前，先放些银币和吃的。当小罐被埋在土里时，在小罐里再放一些姜黄和煤炭，以使婴儿避鬼去邪。亲戚中的每个女子在小罐里放几个拜司[①]，这些钱归助产妇所有，然后把空罐埋掉，这种做法在德里尤其盛行。在克什米尔地区时兴孕妇在娘家生产，然后通知婆家，两三天后，婆家来人贺喜，顺便给小孩带来些衣服等物。

3. 穆斯林的丧葬

当一个穆斯林病危时，为使他恢复健康，其亲属要做各种努力。有的妇

---

① 即几分钱。

女杀羊，用羊血在头上涂"朱红"；有的在病人床头放些钱，然后分给孩子们。富有人家把所杀羊的羊皮和羊肉全部卖掉，将钱布施穷人。这样做后，若病人的病情不见好转，其亲属则开始祷告，而且声音洪亮，以使病人听到，病人听到后也随声祷告。祷告的内容主要是，除真主外，别人都不值得崇拜，穆罕默德是真主的天使，等等。与此同时，把少量的蜂蜜水用小勺送入病人口中。此时病人口干舌燥，嘴唇起皮，出汗厉害，因此在病人嘴上滴些水非常必要。此时此刻，病人的亲友都守在病人身旁，当病人神志不清时，会睁大眼睛找寻亲人。病人一死，大家一起动手整理死者的尸体。如果死者的嘴张着，要把他（她）的嘴合上；若死者的眼睁着，要让他（她）闭上眼。这时，还要用毛巾把死者脖子扎紧，以使脖子伸直。枕头从其头下撤除，好让脖子伸直，头不上翘。待把死者的手、脚伸直，足趾并拢以后，妇女才开始哭丧，尽管伊斯兰教不提倡哭丧。

从事死者的沐浴与裹尸工作由男子承担，叫人准备好席子、床、棉花等物，用热水擦洗全身，用玫瑰花、樟脑、檀香、麝香等擦死者周身关节，若死者是女子，则使用带香味的东西，如番红花等擦洗。要把死者的耳、鼻、口用棉花塞紧，以防进水。先擦肥皂后用水洗，连洗三次，再把尸体用白布裹起，然后把死者抬到一张床上，蒙上布单，人们为死者诵经祈祷，"超度亡灵"，接着把尸体抬到墓地。按伊斯兰教规定，穆斯林的尸体不可在家久留，应及时处理。有的地方将尸体抬入墓地之前，将尸体抬起又放下，一连重复三次，然后抬到墓地。尸体被抬入墓地的路上，人们静悄无声，不哭不喊，以示哀痛。墓穴挖好以后，先由刨坑者在坑内接连洒水三次，还为死者诵经，然后将尸体埋掉。埋葬后的第二天、第十天、第四十天和一周年之际，要为死者举行各种仪式。

第八章　印度的土著部落

一　印度土著的社会概况

（一）土著的由来与分布

印度是个多民族国家，仅土著民族就有500个以上。印度国内外学者，对它们有不同称呼，有的称他们为部落族；有的称他们为原始居民；有的称他们为山区部落；有的称他们为森林部落；有的称他们为万物有灵部落；有的称他们为落后部落；有的称他们为落后的印度教徒。所有这些叫法，都是从不同角度而得出的结论。这些民族虽然在其生活的地理环境、生活状况和宗教信仰等方面有某些共同特点，但是也有许多不同点。实际上，他们大多属于印度的古老民族，后来，由于某些原因，才移居到了山区或森林地带。所以用原始民族作为对他们的总称，比较合适。而原始民族的实际含义和我们一向所说的土著的含义相近，因此，我们采用了"土著"这个人们习用的名称。

据印度1971年的人口普查统计，全印表列土著民近4000万人，约占全国总人口的7.2%，它们主要分布在泰米尔纳德邦（占邦总人数的75%）；喀拉拉邦（占邦总人口的1.25%）；卡纳塔克邦（占邦总人口的12.5%），奥里萨邦（占邦总人口的24%）；中央邦（占邦总人口的20%）；古吉拉特邦（占邦总人口的14%）；马哈拉施特拉邦（占邦总人口的6%）；拉贾斯坦邦（占邦总人口的12%）；比哈尔邦（占邦总人口的9%）；西孟加拉邦（占邦总人口的5.6%）；阿萨姆邦（占邦总人口的14%）等地。

（二）不同的生产方式，多彩的社会生活

印度的土著由于居住地区和自然条件不同，以及一些其他原因，他们的生产方式很不一样。有的靠采集或狩猎为生，有的以畜牧为业，有的从事不固定的农业生产，有的专门从事农业，有的则靠做工养家糊口，因此他们的

生活也是丰富多彩的。

靠采集或狩猎为生的土著很多，其中主要有柯钦的迦德尔人，泰米尔纳德邦的马拉本特拉摩人、巴里扬人、巴尼扬人、伊鲁拉人、吉隆巴人、高亚人、贡达雷迪人、安得拉邦的阿纳摩拉伊山区的柬纠人、耶那迪人、马哈拉施特拉邦的克达利人、中央邦的克马尔人、白伽人、阿布其马利亚人；比哈尔邦的霍尔人、克利亚人、安达曼群岛的昂吉人、杰拉瓦人，等等。这些民族至今还处在靠天然资源维持生活的阶段。除个别外，绝大多数民族至今还不懂农业生产，或者对农业不感兴趣。他们分成许多群，住在山林或海滨河畔。居住山林的，除采集野果、野花、块茎、蜂蜜、野菜和鸟蛋等外，还猎获野猪、猴类以及其他一些小动物。另外，还采集一些可以用来供做交换用的蜡、兽角和兽牙等。住在海滨或河流湖畔者，主要靠捕捉鱼、虾、龟、蟹等为生。

这些靠采集和狩猎为生的土著所使用的工具大都简陋，一般使用棍棒、标枪和弓箭等。箭镞有木制和铁制的两种。捕鱼用弓箭、标枪或乘坐独木小舟。当然有的土著也使用渔网、捕鱼笼捕鱼。

近些年来，商人和他们有了较多的联系，使他们的生活情况有了变化。商人们用酒类、大米、布料、衣物等换取他们的蜂蜜、胡椒、藤条、兽皮等山货。因此他们的生活开始有所改善，并且开始穿衣服了。但同时也出现了卖淫现象和各种性病。

靠畜牧业为生的土著主要有多达人和古贾尔人以及婆迪亚人等。多达人居住在南印度尼尔吉利的山上，他们只养水牛。牛分两群，一群叫圣洁牛，属于各家的私有财产；另一种叫最圣洁牛，归全村所有。圣洁牛和最圣洁牛都有专门牛圈，不在一起饲养。圣洁牛由各家男子经管，男孩放牧。最圣洁牛由全村选一个叫巴洛尔的人管理。最圣洁牛的牛圈被当作神圣的庙宇看待。管牛的巴洛尔被看成庙里的祭司。对最圣洁牛牛奶的挤取、保存和使用，都有一定的规矩，而且盛这种牛奶的容器的数目、存放地点和位置，都有严格规定。

他们的私有财产只有圣洁牛、首饰和房屋。财产归男子所有，由合法的儿子继承。但是长子和最小的儿子在分配财产时要额外多得一头牛。女子只有获得陪嫁的权利，无权分得财产。已故兄弟的儿子有权同叔叔或伯伯们平分财产。父亲欠的债由儿子偿还，若没有儿子，则由其兄弟们共同分摊。

每个家庭或家族都有家长或族长，族里还设有名叫纳伊摩的五人会，负责处理民事。

古贾尔人居住在喜马偕尔邦的金巴地区，主要饲养黄牛和水牛，以出卖牛奶为主，他们在固定的区域内过游牧生活。夏季，他们全家出动，带着牲畜和家中的财产，到高山地区或森林地带放牧。冬季，他们再返回山下的平原住区。现在他们的牧区受到限制，只能在森林局允许的范围内放牧。由于他们同商人有了来往，他们的牛奶和奶制品大部分到了商人手里，有的或以此抵债，因此，大多数人的生活并不富裕。

婆迪亚人居住在北方邦那杰茂里山区，大多住在山上，有固定的村落。他们既务农，又经商，同时还从事畜牧业，三者兼而有之。

在印度大约4000多万的土著中，从事农业生产的占绝大多数，几乎占80％以上。尽管他们的耕种方式不同，但大体上可分为两种：刀耕火种的不固定生产方式；固定的耕作方法。

刀耕火种：耕地经常变动，不固定在一个地方。例如阿萨姆地区所说的秋摩和纠摩，奥里萨地区所说的拉马、达哈、达里、包都、迦马纳、高孟、古里亚等都是指这种经常更换的刀耕火种的田地。这种刀耕火种方法，在阿萨姆和曼尼普尔地区的洛哈达人、安加米那加人和古喀人；比哈尔邦的阿苏尔人、奥里萨邦的沙奥拉和纠昂格人；北方邦的高拉瓦人，以及中央邦的白伽人和衮德人中间特别普遍。他们居住在固定的村里，在村子附近选好一片树林，征得祭司或占星家的同意，按照宗教仪式，在雨季到来之前，将树木砍倒，晒干后放火烧掉，然后撒种或点种。有些地方，例如在印度的北部和东北边境地区，一块地种一茬或两茬庄稼后就休耕。而在奥里萨邦和中央邦的一些地区，连种三茬后才休耕。这些种过的土地直到再长出树木，形成森林之后，再去伐木造田，进行耕种。

采用刀耕火种的土著，男子在生产中居于主要地位，随着他们社会组织的不断扩大，男子担任了组织的首领，这是导致母权制崩溃的重要原因。

当然，在伐林造田的同时，也严重危及生态平衡和水土流失，往往暴雨成灾，所以印度各邦政府已开始采取措施，限制这种乱砍滥伐现象。

固定的耕作方法。目前，印度大部分土著已经放弃了刀耕火种的方式，采取了固定的耕作方法。例如阿萨姆的大部分土著，比哈尔邦和孟加拉邦的桑塔尔人、奥朗沃人、霍人；北方邦的塔鲁人、高拉瓦人；中央邦的衮德人、皮尔人、皮拉拉人；拉贾斯坦邦的皮尔人；奥里萨邦和泰米尔纳德邦的沙奥拉人等，今天他们虽然还有刀耕火种的现象，但主要是耕种固定土地。

他们既使用牛、犁、耙、锄等犁田耙地，也利用水渠或水堰浇水灌溉。不过由于他们大多住在崎岖的山林地区，由于土地贫瘠，交通不便，再加上高利贷商人对这些土著重利盘剥，所以他们一般比较贫穷。

近些年来，各邦政府为保护他们的利益，采取了一些措施，如分给无地人土地，禁止高利贷商人逼迫他们用土地或牲畜抵债还钱，高利贷商人手里的借据由邦政府的专门人员检查后才有效。此外，邦政府还帮助他们解决耕牛、种子、农具、住房以及其他同生产、生活有关的困难。政府采取的上述种种措施，对发展土著地区的生产，改善他们的生活条件起了一定作用。

固定的耕作方法的采用和农业生产的确立，保证了父权制稳定的发展，从而形成了村落和比较定居的生活，在一定的地域范围内从事农业生产。他们以农业生产为主，同时还兼搞狩猎和畜牧业，以及一些副业，以增加收入，补充生活上的需要。例如曼尼普尔、蒂里普拉和阿萨姆的利扬人、米佐人、那加人以及奥里萨邦的沙奥拉人等擅长纺织；比哈尔邦的比尔霍尔人和北方邦的克西亚人擅长搓草绳和用草绳编织筐篮；比哈尔邦的阿苏尔人、北方邦和中央邦的阿迪利亚人长于打制铁器；中央邦的衮德人和白伽人是编织筐篮和坐垫的能手；北方邦的塔鲁人擅长木工；比哈尔邦和奥里萨的桑塔尔人、奥朗人以编织捕鱼笼子作为副业；中央邦巴斯特尔县的马里亚衮德人和穆里亚衮德人擅长做泥制和铁制的玩具；中央邦同拉贾斯坦邦和马哈拉施特拉邦交界处的恰布阿县的皮尔人和皮拉拉人会用旧布、破布或棉线编织美观大方的地毯和坐毯；安得拉的格达巴人会用木质纤维织出漂亮的布匹；泰米尔纳德邦的科达人既会打铁、制陶，又会做木器；瓦伊那德达鲁克的乌拉里古隆巴尔人制作的陶罐一向享有盛名。

当然，还有些土著以做木工谋生。所以如此，原因不同，情况各异。有的是因为他们丧失了土地或土地不足，生活贫困；或者因为他们所住的地区有了工业，等等。例如，在阿萨姆邦茶园做工的土著大多是来自孟加拉、比哈尔、中央邦和奥里萨邦等地的桑塔尔人、奥朗人、蒙达人以及克里亚人、衮德人等，他们迫于生计来茶园做工。有些地区是由于工业的出现和发展，住在附近的土著便大量涌进了工人队伍，有的成了钢铁工人，有的成了煤矿工人，有的成了锰矿或云母矿工人，等等。例如孟加拉、比哈尔、中央邦、奥里萨、安得拉等邦的矿工，基本上都是土著。贾姆歇德普尔的塔塔钢铁厂的工人几乎全是桑塔尔人、霍族人或其他土著。比哈尔邦的云母矿工中有几十万甚至上百万的工人是来自土著，中央邦的大部分锰矿工人也是土著。这些工人从不同程度上已经接受了现代文明，他们的思想和生活自然是另一种情况。

随着贫富的分化，再加上资本主义的日益发展和影响，印度不少土著，尤其那些从事农业、副业和做工的土著中，货币流通越来越多，私有财产日益增多，私有观念日益加重，逐步失去了原部族的特点。

（三）多样的社会结构，奇特的社会风俗

土著的社会结构也各不相同。从他们的内部结构来看，大体可分为两类：一是以血缘关系形成的群体；二是以婚姻关系形成的群体。

以血缘关系形成的群体：它们往往有许多家庭，家庭大小不一，组成情况不同，小者由父母及其子女组成，十几人或数十人，大者包括家庭、近亲家族、近亲几代人、氏族、分支以及男女双方族系的人在内，成员可达上万人或更多。例如马拉巴尔地区的那耶尔人的塔拉瓦德家庭就属这类。其家庭成员包括主妇、主妇的子女以及子女的子女，但是主妇的丈夫及其族系的人不算家庭成员。不过，管家任务则由长子负责，这种人叫克纳万。如果他管得好，便可直接管下去。若管得不好，大家有权将其罢免。塔拉瓦德家庭如果发展得太大，便组织一个名叫特瓦奇的家庭内部组织，以管理家务。该组织由家庭主妇、她的子女和她的族系的人组成。无论是家庭、近系家庭、氏族、分支或整个氏族，因为他们同属一个血缘，所以都有一个公认的祖先。这位祖先可以是想象中的人物，也可能是什么生物、植物或矿物等。这类以血缘维系的家庭，显然还处于母权制阶段，主要表现为母系大家庭的主妇为一家之长，主妇享有母系大家庭传统的崇高威望，掌握整个大家庭对内对外的权力，是真正的统治者。当然印度土著中也有许多以父系为中心的父系社会，情况与上述恰恰相反，男子的权力至高无上。

以婚姻关系形成的群体：这种群体有个规矩，如果是母系社会，那么男女结婚以后，男子要加入女方族系，成为女方族系的成员；如果是父系社会，结婚以后，女子放弃本族的成员资格，而加入男方的族系，成为男方族系的成员。这种以婚姻关系组成的群体，反映了它们的家庭形式与亲属制度的关系，以及它们同生产和社会制度的关系。

除此而外，印度土著中还流行多种结婚制度，它同样在某种程度上反映了它们的生产情况和社会形态。至今所流行的婚制有一妻多夫制、一夫多妻制和多夫多妻制等。

一妻多夫制的家庭多见于北方邦的卡萨族和马拉巴的那耶尔族等。卡萨族的家庭时兴长兄娶妻，其妻子归全家兄弟们共有。即使最小的弟弟，长大后也把嫂子当妻子对待。有的小弟弟可以再娶妻，不过，他所娶的妻子也归所有兄弟共有，有的则先要同长子同房。这种情况往往发生在同一家或本姓家，妻子虽归兄弟们共有，但长子享有特权，妻子若拒绝同长子同居，则被视为罪过，可被遗弃。兄弟们当中，长子说话算数。女子婚前生子，归于长子所有。家中的财产，长子有权支配。这种家庭长子是一家之主。

一夫多妻制，大多流行于那伽人、贡德人、白伽人、道达人以及中印度的一些土著人中，一个丈夫同时娶几个妻子。

恩格斯指出："一定历史时代和一定地区内的人们生活于其下的社会制度，受着两种生产的制约：一方面受劳动的发展阶段的制约，另一方面受家庭的发展阶段的制约。劳动愈不发展……社会制度就愈在较大程度上受血统关系的支配。"这就告诉我们，生产与家庭形式的关系和它们的相互作用。当生产力还不发达，必然"制约"着血缘家庭或婚姻家庭。至于上面提到的那些"兄弟共妻"、"姐妹共夫"等现象，是一种不受年龄限制的群婚状态，是恩格斯所指出的那种"更粗野的群婚形式"或多或少的表现而已。

前面谈到，在印度的土著中，有些土著大家庭虽然是以主妇、主妇的子女，以及子女们的子女为家庭成员，尽管主妇的丈夫及其孩子不算家庭成员，但是管理家务的职责一定由长子来担任，说明了男子的重要，母权制家庭开始向父权制转变。至于那些父系家庭，当然已经实现了从母权制向父权制的转变过程。恩格斯指出："随着财富的增加，它便一方面使丈夫在家庭中占居比妻子更重要的地位；另一方面，又产生了利用这个增强了的地位来改变传统的继承制度使之有利于子女的意图。但是，当世系还是按母权制来确定的时候，这是不可能的。因此，必须废除母权制，而它也就被废除了。"[①] 母权制向父权制的过渡是漫长而复杂的过程，是"人类所经历过的最激进的革命之一"，当然这个革命并非使用暴力，而是通过生产力的发展，农业生产成为主要的经济部门和男子在生产上居于主要地位而实现的。这是世界上许多民族共同经历过的普遍发展规律。

---

① 恩格斯：《家庭、私有制和国家的起源》，《马克思恩格斯选集》（第四卷），人民出版社1972年版，第51页。

此外，还有以区域组成群体，它们有不同的社会形态。例如以采集或狩猎为生的土著往往以采集或狩猎的固定地区为界，组成族团；以务农或畜牧为生的土著则以耕地或牧场的范围为界，组成族团，这种族团一般住在同一地区，或同一村庄。它们有大有小，大的族团如霍族、蒙达族、奥朗沃族、衮德族等；小的族团如陀达族、迦德尔族，安达曼群岛的民族等。有的族团联合成一个联盟，这种联盟往往由邻近的村庄或地区组成。

这种族团，实际上是一种村社或公社形式，不少属于原始公有制向私有制过渡的一种社会组织形式。

（四）印度土著的行政体制

印度土著的行政体制各地也不相同，这同他们的社会和经济发展不平衡密切相关。

阿萨姆邦的绝大部分土著居住在森林地区，这个邦的土著主要有卡西、迦洛、卢夏依、贾因提、米佐等，他们的行政体制基本上属于民主政体。除少数外，一般土地公有，私人占地很少。虽然迦洛人的村落的首领劳格马、卡西人的首领多罗伊都有自己的份地，但都有名无实，因为村里或族里的人都有权耕种任何一块土地。他们当中有贫有富，但财富的多寡和职位的高低并非决定于一个人的社会地位。过去卡西人的首领多罗伊曾被周围其他民族的称为国王，但是他们在本族内却和普通人一样，职位也不能给他们提供任何与众不同的特殊利益。卡西人的多罗伊（又称斯耶姆）虽然行政上是首领或称国王，但他无权制定政策，无权自作决定。他做任何事情，必须通过参议会议，全体一致同意才能生效。首领都带有世袭性质，尽管是通过选举产生，但只能选首领家的人继承。北部格恰尔山区的各土著的首领，有的是选举产生，有的则是世袭。例如北格恰尔山区的迪姆沙格恰利人过去一直人多势众，对该地区的其他民族影响很大。他们的首领握有军权，在其他官员的协助下管理全区政务。每个村庄设有村长，村长叫古朗格，有民主选举和世袭（经过委任）两种。大村的村长设助理村长，名叫迪洛，是任命的。古朗格权力较大，一般大小事情由他处理，不过他在处理事情时，要征求有关人的意见。有关妇女的事情，要请村里的老年妇女参加。

古喀人目前有十几万人，分布在西恩山区卢夏依山区、蒂里普拉、格恰尔、曼尼普尔和那加兰地区。这一土著有许多分支。居住在北格恰尔地区的古喀人，每村设有名叫迦布尔的村长和名叫哈比亚迦布尔的助理村长，村长和助理村长由具有突出才干的人担任，带有荣誉性质，并非世袭。村长之外的职务则由固定的家族成员担任。

米佐人居住在格恰尔、曼尼普尔以及沿缅甸和孟加拉国边界一带。1950年以前，米佐人以村为行政单位，设有村长，名叫拉尔，带有世袭性质。一般从卢赛伊族的赛洛家挑选，但须通过任命手续。各村设长老会，协助村长工作，长老会的成员由村长提名。此外，村长还有权任命发布命令的官员、管理日常事务的官员、管理文件的官员、祭司等。每户每年要向村长缴纳60斤粮食。村长有权把犯罪的人驱逐出村。1950年以后，设了县政府，一切事务由县政府管理。

那加人大多居住在那加山区，大小有数十个分支，他们的语言也很不相同。那加人各个分支情况并不完全一样，有些分支目前已经有了政治管理机构。每村设一名村长，他的职务属于世袭性质，但村长的权力并不大，有点形同虚设，既不直接处理事情，也很少发布命令，大量工作由村长的副手和下设的老人会及村委会来做。村长有两名副手，当村长不在时，两名副手代行其职权。村长下设老人会，也开展些工作，但无决定权，例如要进攻别的村庄时，村长和老人一定要找年轻人商量，由年轻人最后决定。村长下边还设有村委会，协助村长工作，村委会决定与本村有关的所有问题，诸如土地、盗窃、财产继承、私通、离婚等问题，均由村委会根据自己部族法予以处理。

中印度地区①的土著人数最多，其行政机构基本上与上述相同。例如桑塔尔人，最基层的行政单位是村庄。村里设有村长，村长称作芒奇。村长由村里的老人中选举产生。村里还设有村议会，名叫茂兰霍尔，由五人组成。有的村庄，各户家长是当然的村议会成员。村议会的职责是协助村长工作，村长的任务是管理全村的生活、解决民事纠纷、组织节日活动、安排宗教仪式和处理红白喜事等。村长在解决纠纷时，原告和被告或者输理的一方都要出钱。这种钱都花在全村的娱乐活动或其他福利方面。

村以上还设有村联会，一般由十几个村子组成，设村联会主任，名叫德西普拉坦，由各村共同选举产生。凡与两个村庄以上有关的事情，要提交村联会主任解决。有关各村的村长和村议会成员要协助村联主任工作。有些重大问题，村长不能解决时，也提交村联主任处理，例如未婚女子生的孩子属

---

① 包括比哈尔邦、中央邦、奥里萨邦。

于什么族系的问题，则要由村联主任出面解决。

按照桑塔人的传统习惯，每年春节以后要举行全族性的狩猎活动，这种活动称作洛·比尔·山德拉。在举行这种活动时，各村联主任召开联席会议，会上解决各村联主任提出的所有问题，还可以解决全族的社会和宗教原则问题。这种解决全族问题的联会，等于桑塔尔人的最高法院，如果有人认为某个村联主任办事不公或对他本人有其他意见，可以向村联主任联席会提出上诉。

中央邦的巴斯特尔地区，也有不少土著，衮德人是其中之一。衮德族分布地区较广，它有许多分支，他们的行政组织形式大体相同，但也有区别。牛角马利亚是其中一个分支，住在莫德拉沃迪河南部。牛角马利亚人的村子有村长和村议会。村长叫自达，是村议会的主席。此外，还设一个助手，叫甘德喀，一个报信人，负责把村里人的生死情况及时向警察所报告，附近几个村庄联合组成一个普拉格纳，即村联会，村联会由四名村长及每村一名祭司组成，设一名村联主席，名叫普拉格纳芒奇，村联会的任务是审理各村议会的裁决。

南印度土著的社会和经济发展情况不完全一样，因此在行政机构上彼此也有差别。

例如居住在安达曼岛上的安达曼人，他们并没有行政机构，公事全由年长老人处理，年轻者必须尊重。在社会生活中，具有优秀品质或某种特长的人要受到尊重，如果一个人善猎善战，慷慨大方，仁慈忠厚、谦虚和蔼等，他的威望就会提高，他的意见也受到尊重。具有这种品德和才干的人大多成为集团的头人，连他的妻子也能指挥集团内其他妇女。安达曼人既没有法律，更没有惩处罪行的法规，若有偷窃、通奸，则被视为对个人的侵犯，受害者有权对罪犯进行报复。若对长者不尊，或对人态度粗暴等，都被视为反社会行为，是对公众的侵犯。他们虽不受惩处，但也会受到舆论的谴责。

居住在南印度尼尔吉利山区的土著巴达迦人、科达人和多达人也有类似情况。巴达迦人以村为单位，也没有什么行政组织。多达人以畜牧为主，以家庭为单位，家长主持一切。整个多达族分为两支，一个叫达塔尔，一个叫代瓦里。达塔尔分12个氏族，代瓦里分6个氏族。各氏族有族长。整个多达族设一个委员会，名叫那伊姆。委员会的任务是处理族内个人，家庭或族之间的问题，安排本族的仪式活动。

从以上看出，印度的确是个民族宝库，不仅民族复杂，人口众多，而且它们有不同的经济情况和社会形态，风土人情迥异。了解印度的广大土著，不仅有助于发掘和研究印度的极其丰富的民族文化，还有助于了解和揭示民族历史和社会的发展规律，以及它们的历史作用。

（五）土著的社会作用

印度的土著和其他民族一样，同是整个印度社会中不可忽视的一支社会力量。过去，它们在创造印度文明，发展民族文化，反对异族入侵，维护民族尊严，反对殖民统治，争取民族独立以及反对宗教压迫和种姓歧视等方面做出过重大贡献，今天，他们在发展和繁荣印度社会，建设现代化国家的过程中，同样起着积极而重要的作用。

如前所述，印度的土著大多居住在多山地区和森林地带，那里蕴藏着丰富的自然资源，例如比哈尔邦、中央邦、安得拉邦、奥里萨邦的土著居住区都是全印有名的矿藏区。英国殖民主义者征服印度以后，"破坏了本地的公社，摧毁了本地的工业，夷平了本地社会中伟大和突出的一切，从而消灭了印度的文明"[①]。同时在印度修建铁路，开发矿山，收集棉花和其他原料，以满足英国工业资产阶级的需要，这就使得山林地区的土著毫无例外地同其他地区的人民一样遭受了苦难。由于铁路、公路的修建，矿山的开发，商人和高利贷者也涌向土著地区，再加上基督教牧师的闯入，使土著人在经济上受到残酷剥削，在精神文化上受到奴役，因而他们的境况最为悲惨，灾难更为深重。哪里有剥削压迫，哪里就有反抗。灾难深重的土著人逐渐觉醒了，愤怒了，起来反抗了。震惊印外的1855年的桑塔尔人反英大起义就是突出一例。

桑塔尔人的起义，以反对外来经济剥削为主要目的。桑塔尔人本来处于生产资料公有制阶段，农业耕地和森林归全村所有。1793年东印度公司在孟加拉地区推行新的土地政策以后，产生了地主阶级，他们成了合法的土地主人，另外桑塔尔人原来每年集体向东印度公司缴纳2000卢比租税，但是，到1851年租额增加到4300卢比，农业可耕地又逐渐被贪心的地主和高利贷者所侵占，这样就引起了他们对地主、商人、政府的官员和法院的不满和仇恨。在和平手段无效的时候，一万名桑塔尔人在岗杜和西吐的领导下，

[①] 马克思：《不列颠在印度统治的未来结果》，《马克思恩格斯选集》（第二卷），人民出版社1972年版，第70页。

于1855年6月30日宣布起义，他们宣誓要砸烂地主、高利贷者的剥削枷锁，推翻英政府的残酷统治，获得经济和政治上的独立，他们用长矛、大刀、弓箭等原始武器，把地主、高利贷者、警察、官员杀得狼狈逃窜，把英国军队打得丢盔卸甲。

这次起义坚持了一年之久，后来，起义领导者岗杜和西吐不幸被捕，起义被镇压下去。这次起义虽然后来被残酷地镇压了，但是它却给殖民者以沉重的打击，迫使殖民当局为桑塔尔人居住的地区颁布了一些特殊的法律；对警察条例做了某些修改；承认桑塔尔人的区长有权解决桑塔尔人和政府之间的矛盾；取消了桑塔尔人和政府之间任何其他形式的调解规定，规定法院审理桑塔尔人案件时要听取桑塔尔人的意见。

桑塔尔人的起义，不仅使土著人民看到了自己的力量，提高了他们对英斗争的信心，为印度人民树立了光辉榜样，而且还对后来的1857年印度民族大起义起到了思想发动和精神武装的作用。

1857年的大起义虽然是全印人民的大起义，但是很多土著人，都直接或间接地参加了，他们发挥了巨大的作用。正如马克思所说："土著联军虽然消极了一个时期，但是，一旦他们想象自己有足够力量时，就起义了。"

起义的土著联军带走了弹药，"把英国人的平房烧成了平地，跟起义的居民联合起来"，起义队伍迅速发展，声势浩大，给英国人以沉重打击。在谈到土著居民的作用时，马克思强调指出："可以肯定地说，如果没有土著居民的秘密参与和支持，是不会有这样庞大的规模的。"有些地方，正是他们在同英国人直接斗争。

土著人不仅在本国的反英斗争中起了重要作用，做出了积极的贡献，而且对亚洲、对中国都有重大影响。

众所周知，19世纪中叶，英国这个当时世界最强大的殖民主义国家，以印度为基地，不断向亚洲一些国家进行疯狂的侵略。印度的民族起义，犹如在它的后院点起了一把大火，不仅消灭了它的部分军政人员，削弱了英国进行扩张的军事力量，而且牵制了它的力量，这就或多或少地削弱了它在亚洲的地位，延缓了它对亚洲进行殖民侵略的进程。这次起义也配合了我国的反英斗争。在第二次鸦片战争期间，中国人民对英国侵略者的反抗斗争，尤其是太平天国军队对英国侵略者的沉重打击，牵制了大量英军，这就削弱英国镇压印度人民起义的军事力量。印度起义爆发后，又使英国不能派出更多的军队到中国，并且还把原来派往中国的一部分侵略军调往印度，这就间接地支持了中国人民的斗争。当时，中国人民听到印度起义的消息，都奔走相告，人心大振。

印度土著——桑塔尔人在1857年起义中所起的作用，印度人民不会忘记，中国人民也铭记在心。

印度的土著在过去为创造印度的历史文化做出了重要贡献，在山区和森林地区的垦殖活动和农田水利建设中，起过积极作用，在反对外国殖民统治和封建剥削方面做出了卓著成绩。在今后的建设和斗争中，他们也必定能发挥更大的作用，做出更大的贡献。

二 土著的婚俗

（一）土著的奇特婚俗①

印度少数民族种类之多、数量之大，世界闻名，他们在印度社会中占有重要地位。各民族都有自己的历史文化，更有奇特的风俗习惯，就连挑选生活伴侣的方式也各有特点，归纳起来主要有以下几种。

试婚：男女婚前可同居，以便相互了解和确定婚姻关系。男的到女的家后，居住时间长短不一，少则几周，多则数月。如果双方满意，则可结婚。若双方性格不合，男的要给女方父母一笔钱，作为赔偿，然后方可回家，婚事就算告吹。但若女方已经怀孕，两人则非结婚不可。今天在古吉拉特邦的皮尔族和阿萨姆邦的古喀族中这种风俗尤为流行。

抢婚：即男方的人把女的抢来成婚。抢婚分为三种，一是强行抢婚，二是默契抢婚，三是礼仪性抢婚。

强行抢婚：在姑娘及其父母不同意的情况下，把姑娘抢来举行结婚仪式。大多少数民族经济较为落后，男多女少，则采取付款娶妻的做法，即付一笔身价费给姑娘。如男方钱少，或姑娘身价费高而无力支付时，便设法强行抢妻。这种风俗，自古就有，相传至今。从前，在印度的那加族、霍族、皮尔族、贡德族以及阿萨姆邦、比哈尔邦和中央邦的一些少数民族中非常盛行。后来，由于政府限制，随着教育的普及和文明宣传的加强，这种风俗在日益减少。但是，有些少数民族为了维护这种旧的风俗传统，改头换面地创造了一些抢婚新花样。例如，在贡德族中，只要父母同意就可抢婚；喜马拉

---

① 此节曾以冀祁名义发表在《东方世界》1985年第6期。

雅山谷地带的波迪亚族也是如此；在柯亚族、蒙达族和比尔豪尔等民族中则采用另一种办法：姑娘如不能轻易抢到手，男子可藏身于庙会或其他公共场所，待机行动，只要遇到机会，就往姑娘头上戴番红花。一旦成功，就意味着姑娘归他所有，与此同时，社会也予以承认。

默契抢婚：即双方家庭商定，某月某日男家前来抢亲。确定了日期，男方便带着亲朋"袭击"女家。女方家的人假装受伤，待在家里不动，男方家的人便把姑娘抬到马上，和男青年一起带走，这时姑娘故作呼喊哭泣之状。用这种方法，显示男青年的勇敢，并表达对姑娘的爱情。

礼仪性抢婚：男女青年双方情投意合，但遭到父母的反对。在这种情况下，利用庙会或赶集的机会，男青年应姑娘的要求公开给她头上涂硃红，这样，父母也只好同意他们成婚。若还不同意，就会有五老会的人出面给他们调解。除皮尔族人外，在一些蒙古种少数民族中这种做法很流行。

考验婚：到了结婚年龄的男子利用庙会、节日等机会，当显示出自己的体力和才干为强者后则有权挑选姑娘为妻，古吉拉特邦的皮尔族就采用这种办法。在洒红节时，人们举行一种名叫"高尔·格泰芳"的舞会。在舞场中央竖立一根竹竿，上面挂有椰子和红糖。未婚姑娘在竹竿四周围成一圈。圈外再围一圈未婚男子。青年们都尽情地跳舞，跳舞过程中，男青年爬上竹竿去取下椰子和红糖，奋力冲破姑娘们的舞圈。这时候，一个个争先恐后，拼命冲挤，姑娘们竭力阻拦，不让他们冲进圈内。这时，他们之间，犹如厮杀格斗一般，有些男子的衣服被撕破，有些男子的头发被揪掉。此时此刻，受伤流血，男青年们也在所不惜。最后，哪位青年冲进圈内，首先拿到竹竿上挂的椰子和红糖，就算他获得了胜利。这样，他就有权挑选在场的任何一位跳舞的姑娘为妻，并且可以不付分文，立即带走。

服役婚：婚后新郎先在岳父家做工服役，到一定时间，相当于付完姑娘身价费后才能把妻子带回家去。这是一种在买卖婚姻基础上发展起来的婚姻风俗。有些经济困难的小伙子，因付不起姑娘身价费而不得不采用这种办法。当然也有些是婚前服役的，即男青年去女家后，凡是能做的活儿，他都得做，服役期间长短不一，最后把劳动所得，作为姑娘身价费支付，付清了身价费，即可完婚。今天，印度的贡德族、白伽族、凌格考尔族、古吉族、阿耶茂尔少数民族中的穷人仍然采用这种方法成婚。比尔豪尔族则时兴一种未来的岳父把姑娘身价费借给未来女婿的办法，实际上也属这一种。即男方借债后，要到女家干活，以抵债务，干活期限不定，直到债务付清为止。今天，在喜马偕尔邦的古杰尔族和北方邦的柯斯族中很盛行。

换亲婚：这是一种两家的姑娘交换成婚的办法，即甲家的姑娘嫁到乙家，而乙家的姑娘再许配给甲家。这样，两家互相交换，免付姑娘的身价费。贫寒之家，往往采用这种办法。在印度，除迦西族禁止采用这种办法外，其他少数民族大都采用。

私奔婚：男女双方相爱，因遭到父母的反对或因付不起姑娘的身价费，一对情人就双双私逃外地，结为夫妻。过些时候，再回到家里，社会便给予承认。这时，父母自然也就无计可施，只好同意。这种结婚方法，不举行任何仪式。今天在蒙达族、霍族、桑塔尔族等少数民族中还颇为盛行。从前，少数民族中由于不盛行童婚，所以，上述结婚办法相当普遍。今天由于童婚盛行，此种结婚办法日益减少。

强求婚：如果一位姑娘爱上一位青年，或已订婚而男方还在拖延婚期，或男青年同意又遭到父母的反对时，那么她要设法同那位青年成婚就得采用这种办法。其做法是：一天，姑娘带上米酒，突然闯入男方家里，对她的突然闯入或赖着不走，当然会遭到男方家里人的反对，男家为千方百计把她赶出门去，会施展种种手段。例如，在火里投放辣椒，使室内气味刺鼻，难以忍受，全家都到室外，只把姑娘一个人留在屋子里，或者往姑娘身上泼热水，甚至遭受一顿毒打，要么不给她饭吃。而和她要好的男青年这时会偷偷给她送饭，并鼓励她努力坚持，不要灰心。姑娘经受住了这些考验，依然泰然自若地坐在那里不动，就算她获胜。男方父母也只好同意。今天，印度的比尔豪尔族、奥郎沃族、格麻尔族、蒙达族、桑塔尔族等少数民族中还流行这种婚俗。

（二）土著婚姻的规定与禁忌

印度土著与其他文明民族一样，结婚有不少规定与禁忌，例如哪些部族或哪些种姓的人可以彼此通婚，都有自己的传统习惯。一般说来，他们流行内婚制，异姓的人很少通婚，如道达人有两个姓，一个姓是达勒特劳勒，另一个姓是迪瓦里耶勒，它们都是内婚群体。又如，皮尔人也有两个姓，一个是吴杰莱皮尔，另一个是迈莱皮尔，他们彼此也不通婚。有些土著强调种姓区别，不同种姓的人互不通婚，这是因为他们受了印度教影响的缘故，甚至有的相当严重。如若违犯，则受到严惩。例如阿萨姆的迦西人就是如此。还有的禁止本村人彼此通婚，例如乔达那格布尔地区的蒙达人等就是实行异村通婚。

（三）几种婚制

人类对自身社会化发展的最基本的形式是婚姻，婚姻在发展过程中，形成了不同的习俗。这些习俗基本上反映了家族、亲族和整个社会的结构以及它们的不同阶段。婚姻的形成，随着生产力的发展和生产关系性质的变化而变化，它是由社会物质生产力的发展引起的。因此，每个民族都有与自己的社会发展阶段相适应的婚姻习俗。印度土著众多，其社会与生产发展很不平衡，因此，婚俗也很复杂，并不统一，主要有以下几种：

1. 一夫多妻制

一个男子同时可娶几个女子为妻，即称为一夫多妻制。这种婚姻是群婚制的残余，它与各民族社会发展的不平衡和经济状况的好坏有关，是一定的社会产物。妻子被当作一种"财产"看待，认为娶妻越多，越光荣体面。这种婚制大多在富有的土著人中流行。从历史上看，这种婚姻形式产生于母系制的初期，主要表现形式是"姐妹共夫"，一个男子同时与妻子的姐妹结为夫妻。在原始社会末期，只有氏族贵族和富裕户的男性家长才有多妻现象。进入阶级社会以后，享有特权的大都是奴隶主、封建主和一些富人等，至于一般平民百姓，由于经济条件的限制，一夫一妻则已满足，终身为鳏夫者大有人在，正如恩格斯指出的那样："多妻制是富人和显贵人物的特权，多妻主要是用购买女奴的方法取得的，人民大众都是过着一夫一妻制的生活。"虽然今天印度土著的社会情况发生了变化，但是以经济条件好坏而决定妻子的多寡的情况至今如此。今天，在印度的迦罗人、登迦人、格拉西亚人、那加人、贡德人、白迦人、道达人、波迪亚人以及皮尔人等土著中这种婚制还很盛行。

印度土著大多以农业为主，由于农业、副业和各种手工业的发展，增加了男子在生产领域中的作用，提高了男子的经济地位和社会地位，从而确立了男子在社会生产中的主导地位，有些男主人感到农活繁重，劳力不足，于是多娶妻子，以作助手，这是土著一夫多妻的原因之一。当地土著宗教思想浓厚，注重男孩，前妻若不生男孩，丈夫可再娶一妻，遂有一夫多妻的情况发生。有些土著受了印度教的影响，结婚时兴姑娘陪嫁男方，娶妻越多，丈夫的收入越多，有些人把结婚当成了发财手段，这也是产生一夫多妻的原因之一。

2. 一妻多夫制

一个女子同时嫁几个丈夫，这里有两种情况，（1）丈夫是同胞兄弟，他们共娶一妻，若其中一人与一女子结婚，则妻子也属于其他弟兄们共有，甚至将来出生的小弟也是那位女子的丈夫。若女子怀孕，长子要举行拉弓仪式，称之为"巴尔苏德比米"，通过这种仪式来确认谁是孩子的父亲。若其中一个兄弟退出了"联合家庭"，分家单过，那么他就丧失做丈夫的资格，对孩子不再有占有权。兄弟们对长子的话奉为圣旨，唯命是听，不得违抗，否则，长子有权把他开除家庭。若妻子婚前生子，唯大哥对孩子有占有权，而那个孩子和婚后所生的其他孩子一样，对家中财产享有同等权益。若是属于兄弟几个共有的孩子，孩子称长子为巴利·巴巴，称次子为登格尔·巴巴，称第三个为派力·巴巴，等等。当然，有的地区还有另外做法，例如在迦斯和道达土著中，他们把第一个孩子认为是长子的，第二个孩子认为是次子的，第三个孩子认为是老三的，依此类推。这种婚制在迪亚纳、道达、高达、柯斯等土著人中尤其盛行。（2）丈夫为非亲兄弟。根据这种风俗，几个丈夫并非是同胞兄弟，一个女子除同亲兄弟几个结婚外，还与旁人同时结婚。如南印度的那耶尔等族中流行这一风俗。几个丈夫不住一起，妻子轮流与丈夫同居。当她与其中一个丈夫同居时，其他丈夫无权干涉。

这种婚姻主要与其经济状况有关，男方贫寒，无力养妻，只好几个人合娶一妻。而又有些女子，愿意同时嫁给几个丈夫，她们认为，"几个丈夫养活她一人，生活上才有保障"。由此可以看出，这种婚俗的存在与生产力发展水平和经济条件密切相关。但这种婚制毕竟落后，是一种群婚的残余形式，弊病较多，如女子性病，不孕者较多，丈夫之间也不免发生矛盾，故离婚率高。因此随着社会的发展和经济状况的变化，这种婚制在日趋减少。

3. 一夫一妻制

在印度广大土著中，由于固定的农业、家畜饲养业和家庭手工业出发展，增加了男子在生产领域中的作用，提高了男子的经济和社会地位，从而确立了父系统治的地位，引起了母权制向父权制的过渡，母系氏族公社转变为父系氏族公社，母系大家庭转变为父系大家庭，由妻方居住过渡到夫方居住。在婚姻方面，一夫一妻制则成为主要的婚姻方式。

一夫一妻制是以男子在社会生产活动中取代妇女的地位而起主导作用为特征的，在家中掌握经济大权，从而形成了家长制，父权制。父权高于一切。女子结婚以后，从自己父系家族中转移到丈夫氏族里。从结婚的那天起，就失去了从父方应得的权利。但是到丈夫家后又同样得不到任何权利上的补偿；在一夫一妻制的婚俗中，形成了向自己子孙转移财产的继承观念，发展了男权世系，确立了严格的血亲家族系统的亲属制度。由于一夫一妻制是私有制度下的产物，它的形成与发展受到社会制度和生产力水平的制约，所以在一夫一妻婚俗中，妻子被视为其他财产一样归丈夫私有，她的职能主要是生育后代，延续父权世系，正如马克思在《古代社会》一书笔记中所说的那样："结婚的主要目的是生育合法的子女。"因此她地位的高低也取决于一个女子是否生育后代，尤其是否生育男孩，这在印度土著中表现得尤为突出。一个不育男孩的妻子则备受歧视，其地位非常低下。相反生儿子的妻子则受到丈夫的尊重，有的甚至受宠若惊。因此，一夫一妻制在私有制条件下出现男尊女卑，甚至妇女受压迫的种种悲剧是很自然的。印度不少土著人还把妻子作为主要劳力看待，妻子不仅同丈夫一起下地干活，还独自放牧牛羊，上山打柴等，从事繁重的体力劳动，有时比丈夫干活都多，像长工一样，处于被奴役的地位。

一夫一妻制是建立在夫权之上的，作为婚姻发展史上的一种形态，它经历了漫长的岁月，至今流行不衰，而且被越来越多的土著人所采用。这说明，它比其他婚制更具有优越性。这种婚制既有利于人类健康繁衍，又有利于社会生产的发展。另外，这种婚制所以日益增多，也同它们长期受到当代文明的影响和支付女方索取的聘礼有关。但是，当一种较先进的婚制形成以后，新旧之间斗争并未因此而停止。母权制与父权制的斗争还会继续存在，它总是以各种形式顽强地表现着，例如结婚时男方向女方支付大量的聘礼，或婚前男子在女方服役，甚至买卖婚的流行等现象就是佐证。男女青年自由结婚的现象并不普遍，因此酿成了许多悲剧。这就证明，仍需不断进行改革。在私有制的条件下，只要存在贫富悬殊，人与人之间有不平等的现象，自由恋爱总会受到一些限制。因此，作为一种婚姻形态，它既然和社会发展相系，就不可能一成不变地以一种方式永存下去。

（四）未婚青年的公房生活

印度土著的社会结构引人注目，未婚青少年的公房是其中内容之一。

未婚男女青少年到了一定年龄要与父母分居，到公房里去住。他们的公房各种各样，有的是男女分开，不在一起；有的是同在一处，分上下楼居住，有的村庄只建一个，有的村庄建有两个以上。总之，不同地区，不同民族的青少年的公房有不同的数量和居住情况。

男女青少年待到一定年龄都要过这种生活。但年龄的大小各族并不一样，有的年龄很小，六七岁开始；有的年龄稍大，13岁开始；有的更大一些，15岁才开始加入。这种组织的办法简单，只要同有关人员说一声即可。退出也不困难，一般无论男女，一旦结婚成亲，则非退出不可。

这种公房在各土著部族中都有，其活动内容也大同小异，基本相同，但对此却有不同的称呼。例如，蒙达族和豪族称它为"根迪奥拉"，吴朗族称它为"纠格尔巴"，在奥族中被称为"阿里炯"，如此等等，不胜枚举。

这种公房有多种用处，它既是男女青少年文化娱乐的场所，也是他们学习各种知识和技能的地方。在这里，利用集体活动的机会，除对青少年进行集体主义精神培养外，还为他们提供彼此接触和了解的机会，对他们进行婚前教育，使青年人在这里挑选中意的配偶。同时这类组织有时还带有军营性质，负责村子的安全保卫工作，等等。不同地区、不同民族青少年公房的活动内容与活动方式不完全一样，公房的规矩也不尽相同。有的日夜都在公房里活动，有的规定白天在家，晚上才来。

这种公房组织一般由威望较高的年老夫妇监管，另外设一名领导者，从村里长者中间选举产生。他通过口授或实例对青年进行各种教育，以使每个成员学会更多东西，尤其让每个成员意识到：一个人必须把集体置于个人利益之上，才能在其一生中取得成就。

每个这种组织，大多还设一名宿监。他住在集体宿舍房后一个专设的地方，这位领导人由村中长者任命。宿监精明能干，善于化解矛盾，而且在各种劳动和文化活动方面都是行家里手。对他的任期无时间限定，他若想辞职不干，可告诉村中长者，然后再任命他人。

巴斯德尔地区有不少土著部落，穆里亚人是其中之一。当地把未婚青少年的公房叫"考堵"，孩子们过这种生活较早，一般小孩年满六岁就被送去。孩子们白天在家生活，只是太阳下山时才去。在那里除教他们学习劳动技术、社会知识和唱歌跳舞外，他们彼此之间进行恋爱活动。因此，他们不仅把"考堵"看作是学习各种知识的场所，也是实践男女关系的地方，可以说他们在这里受到全面的婚前教育和训练。

在"考堵"里，晚上一男一女共用一席，房事有一定限制，每周至多三次，怀孕者少有，万一有一女子怀孕，只要女方说出情人的姓名，此人必须答应同她结婚，但秘密不得外传，否则受到惩罚。

男女一旦结婚，就被取消了"考堵"成员资格，但丈夫仍有去"考堵"的权利，可以参加文娱活动，观看节目的演出，但绝不能在那里过夜，而女孩婚后则不准再去那里。

不是所有的"考堵"都是如此，例如有的"考堵"男女成员之间的关系显得一般，不特别亲热，即使互有好感，也不表露在外。因此，他们在夜里偷偷逃到宿舍外边的一个僻处进行幽会。

有的地方"考堵"有两种类型，一种是"伴侣考堵"，另一种是"关系未定者的考堵"。在伴侣考堵中，男女青年关系已定，他们成双成对地居住那里，当地话叫做"在这里初步结婚"，不少土著中有这种情况。在这过程中，一旦他们之间一方反悔，或双方都不满意时，还可以"分道扬镳"，"各奔前程"，但是多数情况下是最后结合的。

另一种是关系不定者的考堵，男女双方关系未定，若一男一女同床超过三天以上，则要受罚。在这里居住的每个成员，彼此都有占有权，不像"伴侣考堵"成员那样已完成"初步结婚"，但是一个人同另一个人也不会是永久性朋友。

在皮德地区，土著部落的未婚青年是另一种情况。当地人以经商为主，男子外出经商，女子料理家务。因此，有关"考堵"的事情往往由妇女、姑娘或新娘担任。"考堵"也同样建在村边，起保护村庄的作用。不过，外村的女子不能随便闯入，事先必须经过村里有关妇女同意才成。

在这个地区，婚后的夫妇还可来考堵参加活动，这点与其他地方的习惯有所不同。

这一地区，女子一般十五岁后才开始过这种生活。一个村的姑娘若想邀请另一个村的小伙子来村，姑娘们则登上山顶，双手高高地举着衣服，使劲摇晃，以便让远处的人能够看到。由于他们生活在山村，才有这种做法，送别朋友或亲人也采用这种方法。这种信号发出后，附近村庄的男青年见了，便聚集起来，在太阳落山之前赶到那里。男女青年在"考堵"中除学习一些技能和知识外，还谈情说爱。"考堵"尽力为他们提供方便。这对建立村庄之间的联系也是很有利的。

在那加兰邦的那加人也有同样的习惯。男女在13岁以前，为未成年人，可以和父母生活在一起；十三岁以后为成年，必须与父母分居，搬进村里为他们修的公房里去住。这种宿舍叫"茅楞格"。"茅楞格"有圆形大门，门前是一个大屋檐，还有一个院落。"茅楞格"的柱子上和大门两旁的木桩上，都雕有大象、蟒蛇、米囤①和人物。有的"茅楞格"前放有同"茅楞格"形状一样的大木鼓。"茅楞格"的外面墙上，用人头骨、象牙、牛角和野猪牙等物作装饰。在那些至今还没有受到城市文明影响的那加人村庄里，都设有"茅楞格"。而有些村子里只有男青年住的"茅楞格"，有些村子里既有男青年住的"茅楞格"，也有女青年住的"茅楞格"。无论是哪种"茅楞格"，都要选一个负责人。这个负责人对于农活必须内行，懂得打仗，能歌善舞，或者精通其他技艺，并且品质要好。"茅楞格"的每个成员都必须听从他的指挥。男青年的"茅楞格"负责人的职责是组织他们耕地、播种、收割、庆祝节日、参加集会、外出打猎和参加战争等。女青年的"茅楞格"负责人的职责是教她们做饭、织布、使用化妆品、护理病人、插秧割稻以及经管村里的公共事业。她们还可以在"茅楞格"里受到编织苇席和竹筐的训练。

住在"茅楞格"里的男女青年只是吃饭时才回家。在农活不忙其他事不多的时候，他们都待在"茅楞格"里，或坐在门前屋檐下聊天、唱歌、编织。

每天天黑以后，小伙子们在屋正中生起一堆火，或者点上一盏猪油灯，坐在一起天南海北地聊天，直到深夜，累了就唱歌。歌声起初又低又慢，而后逐渐洪亮。姑娘们的活动也是先从聊天开始，当小伙子们的歌声传到她们耳朵并引起她们的共鸣时，她们也开始唱起来。这时，首先由小伙子们唱支情歌给她们听，姑娘们也唱支情歌作回答。他们用这种一问一答的对歌形式互相交流思想。男女青年都在"茅楞格"里为自己寻找生活的伴侣。

清晨，姑娘们列成一排，蹲在"茅楞格"前相互梳妆打扮，将头发辫在一起，用一种树皮绳扎起来。如果头发不长，就梳个短辫，用竹夹子夹着，在夹子的另一头接上羊尾毛。梳妆之后，姑娘们在腰间系上一条绣花布带。许多那加妇女身上的唯一衣服就是这样一条不到五寸宽的布带。她们喜欢在腰间系许多串珠，脖子上戴金黄色的串珠和铜片项链。有的人还戴小铜铃，耳朵上戴铜耳环、象牙耳环和牛角耳环，头上戴一个用新鲜树叶做的圈。手上不带手镯。如果一个姑娘还没有爱上谁，她就把头发剪得很短；如

---

① 即水牛的一种。

果她把头发留得长长的，并且在胳膊上刺青，那就表明她已经选好了对象。同样，一个男青年如果腰间没有系三串小贝壳，那就说明他没有选好女朋友，一旦有了女朋友，他就立即在腰间系上三串小贝壳。

小伙子们也和姑娘们一样注意打扮自己。他们耳系红绿花，头戴树叶圈，圈上插羽毛、猪獠牙、水牛角和嫩香蕉叶。胳膊上、脖子上、腰间和小腿上缠红藤条，戴小贝壳、蜗牛和线串。

如果某个那加青年死了，"茅楞格"的小伙子们和姑娘们（如果他和其中一个有过爱情的话）要为他搭个竹台，台上竖一个木像作为他灵魂的象征。姑娘们用新鲜树枝做两顶帽子，一顶戴在木像头上，另一个戴在死者头上。然后从死者尸体旁开始，在山村的路上铺上新鲜树叶。他们认为这样可以使死者的灵魂踩着柔软的树叶走出村庄。家里人和本族人把槟榔、大米、蔬菜等物放在尸体旁边。他们相信，这样可以使死者在去阴间的路上不致挨饿。放好这些东西以后，要在旁边一个水罐或水桶里净手，然后捶胸顿足，号啕大哭，直到第二天清晨。这时，把尸体放在竹担架上用棕榈树叶盖好，杀一只鸡祭奠，然后抬出去火葬。抬走之前，村长喊着死者的家姓，对死者的灵魂说道："你到阴间去吧，路上不要害怕，有人问你，你就说你是名门贵子。"村长的后边站着四位老人，全是赤身裸体。等尸灰冷却以后，把未烧完的头骨带回村里，装进陶罐，在村边路上连放三年。三年内，每逢全村或全族人在一起吃饭时，都要给死者送饭送酒。他们认为，过了三年，死者的灵魂在阴间可以自食其力了，就不再需要送饭送酒了。

三　印度的土著问题

印度是一个多民族的国家，少数民族也很复杂。少数民族问题一直是印度政府面临的难题，而土著问题便是其中之一。

印度的土著属尼格利陀和原始澳大利亚人种。他们的祖先是印度广大土地上最早的居民。在欧洲的白种人和雅利安人来到以后，他们就逐渐被排挤到边远山区和森林地带。他们的经济十分落后，许多部落还处于采集、渔猎或刀耕火种的阶段。他们的语言复杂，文化水平不高，风土人情迥异。同时，由来已久的宗教歧视和种姓制度对他们也有较大的影响。因此，印度土著问题的复杂性与尖锐性在世界上是罕见的。

（一）印度政府为解决土著问题采取的措施

印度独立以后，为保护土著利益，发展土著地区的经济和文化，宪法中做了有关规定，政府采取了一系列措施，收到一定的效果，使土著的经济、文化等有了一些变化和发展。

1. 发展经济，保障基本权利

中央政府和邦政府对土著地区的发展给予支援。这种经济支援在每个五年计划中都有体现，而且逐年都有增加（见表8－1）。这些经济支援对改变土著地区的面貌，提高土著生活水平都起了一定的积极作用。为了促进土著的经济发展，在第五个和第六个五年计划中，印度政府为土著地区的发展制定了方针和纲领。根据方针，在那些土著人数占所在地区人口一半或一半以上的邦和直辖区还要为土著制定补充计划。其目的主要是缩小土著地区与非土著地区之间在发展上的差距，在土著地区的发展纲领中，为了发展经济以提高土著的生活水平，还注意通过法律和行政措施保护土著在经济上的权利。具体办法有三点。

表8－1　　　　　中央政府和邦政府对土著地区的支援　　　　（千万卢比）

	时间（年）	金　额
第一个五年计划	1951—1956	30.04
第二个五年计划	1956—1961	79.41
第三个五年计划	1961—1966	100.40
第四个五年计划	1969—1974	172.70
第五个五年计划	1974—1978	296.19
第六个五年计划	1980—1985	240.00

（1）重新分配土地，限制土地转让等。独立以后，由于多种原因仍有不少土著居民为生活所迫，或被高利贷者盘剥而丧失土地，失去了生活来源。针对这种情况政府决定重新分配土地，把一些可耕的荒地分配给他们开垦种植。70年代，各邦还修改了土地最高限额，把多余的土地分给无地或少地的土著，并且特别强调，一律不准转让，以确保耕者有其田。拉吉夫·甘地总理于1985年8月间的一次比尔人的大会上还特别强调指出，要"确

保土著的权利","重新制定农村发展纲要,以提高贫困线以下土著人的生活水平"。邦政府还规定,禁止高利贷商人向土著勒索土地(或牲畜)还债。高利贷商人手里的借据必须经过邦政府的专门人员检验后方为有效。与此同时,邦政府还帮助土著解决耕牛、种子、农具、住房以及其他一些同生产和生活有关的问题。通过上述措施,使一些土著人的生活有了保障,对社会安定也起到了一定作用。

（2）帮助建立一些类似合作社的组织。先后成立了诸如农业、畜产等不同类型的合作社。还成立了邦一级的土著合作社,以组织联系邦内的各种合作社。这些对促进农业资金的流通、林产品的交换、销售以及促进贷款等起了一定作用。中央政府和邦政府对这些合作社还不时给予适当经济补助,以利于发放贷款和其他工作的开展。这些措施对高利贷商人和债主的剥削起了一定的限制作用。

（3）帮助土著进行开发和建设。政府在土著地区兴修水利,建设公路,推广新的农业技术和耕作方法,帮助土著发展小规模的工业生产等。此外还拨款为他们提供医疗设备,开办医院,改善卫生条件,并帮他们盖房子、打井、解决居住、饮水等困难。

2. 发展教育,增加就业人员

印度基本政策的目的之一是消除种姓、种族等各种歧视,以期国民间平衡发展,力图通过教育和就业等办法消除土著与其他社会集团的差别。

印度各级政府注意提高土著的教育水平。据有关方面统计,在各五年计划中,土著教育都是一项重要内容,为此投资较大,有关教育的经费几乎占每个五年计划经费的一半。中央政府还特地指示,在高等教育中对土著学生入学给予优待,保留其入学名额不少于5%,这就为土著入学提供了方便。在录取学生时,对土著学生也比较照顾,如考分与其他学生相同,可优先录取,有时虽略低一点,也能录取。邦政府对在校的土著学生实行免费,发放奖学金,开办寄宿学校,提供食宿和讲义等优待办法。据统计,在高等学校注册的土著学生人数近些年来不断增加。相对说来,中央直辖区和某些邦的土著学生人数增加的幅度较大,例如,德里、比哈尔、哈里亚纳、古吉拉特、喜马偕尔、曼尼普尔、旁遮普、拉贾斯坦、卡纳塔克等地。今天,无论在普通大学,还是在名牌高等学校中都能看到不少土著学生在学习。这些现象,在印度独立之前是难以想象的。对印度这样一个国家来说,算是一个较大的变化了。

政府为解决土著的就业问题曾做过不少规定，采取了一些措施。例如在中央、邦政府各部门工作的人员名额中给土著保留一定比例，并且还为土著和其他低级种姓的人设立高等职位考核训练机构等。通过训练，为土著创造就业条件。在保留就业绝对数字的同时，还力求提高就业质量，以消除土著与其他社会集团间的差距。在中央政府部门的工作人员中，由中央政府直接雇用的部分要为土著保留7.5%的名额。为保证这些名额的落实，土著就业考试大多一次成功，对他们的要求一般也较宽。在晋级时，也规定为他们保留7.5%的名额。中央政府的三等、四等职员一般由地方录用，在录用时，按照土著在各邦中所占人口的比例来确定其名额。通过这些措施，土著的就业情况的确有所变化。

（二）存在问题

虽然印度政府采取的措施取得了一些成效，但目前仍然存在一些较严重的问题。

1. 教育方面

土著的教育虽有了发展和提高，但正如有的学者指出的那样，和其他社会集团的差距并未缩小，初等教育尤为落后。各邦、中央直辖区在教育水平及普及程度方面也存在很大差距。同时，土著内部的差距也有日益扩大的倾向。关于土著的教育，在宪法中做了些规定，政府采取了一些措施，但是均有不落实的情况。例如有些土著学生由于英语和其他功课基础较差，或因种姓、种族歧视等原因而未能录取，或入学后中途退学。因此，实际在校人数小于注册人数。据有关方面报道，北方邦和中央邦对当地65所小学进行专门调查，"发现有12所小学有名无实，18所学校处于半瘫痪状态，仅有几个学生。教室里既无黑板，又无供学生坐的东西。校舍破烂不堪，教师不去上班，只拿部分工资，其余大部分工资上交有关检查官员"，而且"像这种情况并非个别现象"。因此土著的文盲很多，文化落后情况相当严重。据1971年统计，土著的文盲率占88.7%，有些土著的村庄，村民全是文盲。由于缺乏文化，很容易上当受骗，丧失土地[①]。

2. 经济方面

宪法规定，"保护土著不受一切社会剥削与歧视"，"为确保土著土地占

[①] 勒里波拉萨德·维叠柯尔：《印度的土著》。

有权和免受代理商等的经济剥削而采取必要的法律措施"。① 这些规定是好的，但有些地方未能很好落实。据北方邦和中央邦的有关调查，发现有些部门的工作人员并不认真照章办事。随着工业化的发展，商人、承包商和一些官员乘机相互勾结，胡作非为，凭着自己有钱有势，任意把土著人赶走，然后把他们的土地据为己有，进行买卖。林业部门的一些工作人员违法乱纪，不同土著商量，不给土地赔偿，每当他们宣布农民的哪块土地归国家保护，税务部门就马上向那些农民征税，或将土地归村社使用，因此，往往出现一地二主的情况。这样一来，失去了耕地的土著，生活无着，只好借债度日，或沦为债务奴隶。比哈尔邦的一位议员揭露说："今天比哈尔邦的土著生活还相当困难，一个人因借了125卢比（约合人民币25元）无法偿还，而给债主当了35年奴隶，结果连当初的本钱都未能还清。"1980年政府宣布解放12万债务奴隶以后，今天，全印度还有230万以上的债务奴隶。不仅如此，还存在买卖人口的现象。据有关调查："今天在中央邦的巴斯德尔地区的土著市场上，高利贷者十分活跃，他们买卖人口，靠剥削土著而大发横财，不少人成了百万富翁。关于这个问题，目前虽没有系统调查，没有一个总的数字，但可以肯定地说，这个问题在全国范围内仍普遍存在。显然，为真正落实确立的目标，还需要做大量的工作。"② 很显然，这些事情是下级人员干的，或者是他们与高利贷商人互相勾结，狼狈为奸造成的，一经政府发现，是要追究的。但是漏网者也不在少数。

　　土著的土地问题十分严重。东北的特里普拉地区，土著因为丧失土地等原因而发动过政治运动。印度北部和南部的一些土著，由于失去土地也出现过土地斗争事件。中央邦的安比卡普尔地区的土著也因为失去生活条件而发生过以森林问题为起因的暴乱。今天，随着人口的增长，土地的要求日益增长，要求收回失去土地的呼声也越来越高。这方面，比尔族的斗争比较典型。1967年他们奋起反抗，反对剥削与压迫，要求收回被非法转让的土地。仅在1972年2月至4月两个月内，就使31个村庄中的1872英亩土地"物归原主"。值得注意的是，虽然法律规定，土著的土地不准买卖，但是，"一些土著为了谋求职业或抵债，把土地卖给了高利贷者，这种情况还相当

---

① 格里巴欣格尔·马杜尔：《印度的土著》，第251页。
② 同上书，第253页。

普遍"。① 这种情况的产生也与一些林业部门的工作人员和个别警察有关，他们没有起到应有的作用，而是与不法商人、高利贷者狼狈为奸。

近些年来，土著的土地斗争并没有完全停止，时起时伏，形式多种多样。有的人抢劫农作物，有的人袭击林业官员、焚烧仓库。土著反抗压迫与剥削，要求收回失去的耕地以获得生活权利的呼声至今还很高。

（三）问题的症结所在

为什么存在上述种种问题，而且有的地区问题还相当严重？原因是多方面的。

1. **历史原因**

主要与英国的殖民统治和经济掠夺有关。印度过去受英国统治长达二百年。英国殖民主义者利用印度民族、宗教、种姓制度等错综复杂的社会矛盾，采取"分而治之"的政策，对土著百般歧视，不断制造民族间的矛盾与对立，甚至残酷屠杀，以维护其在印度的统治。英国殖民者一方面"破坏了本地的公社，摧毁了本地的工业，夷平了本地社会中伟大和突出的一切"②，另一方面在印度修建铁路，开发矿山，收集棉花和其他原料，以满足英国资本主义工业发展的需要，这就使得山林地区的土著毫无例外地同其他地区的人民一样遭到了苦难。由于铁路的修建，矿山的开发，大批商人和高利贷者也涌向土著地区，再加上基督教牧师的闯入，使土著在经济上受到多重残酷剥削，精神文化上受到奴役。后来，土著忍无可忍，终于爆发了震惊世界的1855年桑塔尔人反抗英国殖民当局的大起义。当然，印度独立已有39年之久，赶走英国殖民统治的时间已不算短，不能再说原先的英国殖民统治是问题产生的主要原因，但事实证明，在短时期内肃清流毒并非易事。

2. **政府工作人员或机构对土著的歧视和危害**

在英国统治时期，各行政机构都表现了对土著的歧视。土著遭到毒打，甚至被活活打死、烧死，受害者也无处申冤。土著的财产被抢，土地被占，也无人过问。正如印度民族学家吴马欣格尔·米希拉等人所指出的那样，

---

① 《星期日》杂志，第18页（1985年8月）。
② 马克思：《不列颠在印度统治的未来结果》，《马克思恩格斯选集》（第二卷），人民出版社1972年版，第70页。

"行政的管理部门,诸如警察、法院等有关的官员,对土著刁难、歧视,甚至对他们进行了种种剥削"。殖民当局出于经济掠夺的目的,规定了新的森林法,禁止土著进入森林,或把他们赶出森林。原来的刀耕火种的耕作方法,这时不仅受到限制,并且成了犯罪的原因。再加上强制推行英国的殖民行政制度,对土著进行摧残扼杀,使他们原有的社会管理、生活习俗等都受到严重冲击和削弱。他们为反抗这种压迫,所以在一些地区曾不时出现反对"行政残酷"的斗争。历史上爆发的著名的蒙达人和桑塔尔人的斗争也是与此有关的。印度独立初期,政府基本上沿袭了英国对土著的做法。后来,作过一些保护土著利益的法律规定,诸如土著有土地占有权和受保护权利的规定,等等,情况有所好转,但是歧视土著的问题并未因此而得到解决。直到今天,一些行政机构仍有无视土著利益,不顾土著要求,不认真执行法律规定的现象。从前,政府以实现"发展农村纲要"名义在土著地区搞过福利投资。实践证明,有些地方效果不大,因为这些钱到了一些地方官员的手里。例如在有的地区政府分配了320份救济款,但是,理应给予救济者仅14人,占4%,其余得到该款的,要么是些受贿者,要么是官员自己的儿子,或者是警察自己。有关官员往往暗示地方银行,同意某某领取政府救济款,而该地区真正贫穷挨饿的比尔人却没有份。这样,政府发放的款项土著人受益很小。

印度大部分邦,例如中央邦、拉贾斯坦邦、古吉拉特邦、马哈拉施特拉邦、比哈尔邦、孟加拉邦、奥里萨邦和北方邦等都有不少土著居住。据报道,"在这些邦内,那些被认为文明的民族都有强占土著的土地和财产的情况,并且对他们进行各种剥削,使一些土著要么变成了债务奴隶,要么被迫流离失所。地主利用土著经济、文化落后等弱点,对他们大加剥削,而土著又不能及时受到政府的保护,警察和一些行政机构由于受贿而对地主等人给予包庇,向土著进行威胁"。虽然上级政府对土著有计划和规定,但下级有些部门对计划落实不力,或者"在执行过程中由于受到贿赂而中途停止"。上述种种事例说明,社会上歧视土著之风还非常厉害。去年,中央政府作了法律修改补充,对贪污受贿给予严厉打击,取得了一定效果。今后效果如何,将有待于实践证明。

3. 行政部门中一些工作人员贯彻上级指示不力

早在独立初期,尼赫鲁总理曾就印度土著的经济发展和政治权利问题提出过一些较好的解决办法,例如他说:"尊重土著对土地和森林的占有权",

"不要把任何东西强加于他们","培养土著自己管理自己事物的能力",等等,有一次他还强调指出:"用他们(即土著)自己的方式发展他们自己,不要把我们的想法强加给他们。他们对土地和森林享有一如既往的民族所有权,我们要训练他们如何管理行政制度。"但是,这些意见未能得到贯彻,后来因为政府中有些人持反对态度,而被否定了。到了60年代,一些人企图用快速的社会和经济开发来完成对土著的全部同化。后来,又提出用提高土著福利的办法使土著逐渐与其他民族结合在一起,甚至主张用印度教取代土著的原始信仰,以达到文化上的一体化。在这种思想指导下,一些法律条款难以真正落实。土著权利受到侵犯,经济利益受到损害,丧失土地现象不断发生,甚至一些人的生活没有保障。后来,基督教传教士也闯入土著地区,宣传自己的文明和宗教,修教堂,办学校,迫使土著放弃和改变自己的生活方式。印度教徒更是这样做的。"这种强迫政策,冲击了土著的风俗习惯和传统的民间文化,致使土著印度教化。不少人皈依印度教,以便提高自己的社会地位。例如有些比尔人和桑塔尔人就加入了印度教。但是,实际上他们在印度教的种姓制度中,仍然处于很低的地位,犹如不可接触的种姓一样。甚至连在印度教中地位最低的清道夫都认为土著的地位比他们还低。这样一来,土著的社会地位和经济状况比以前更差了。"[①] 印度教影响的结果,童婚大量出现,索取嫁妆陋习也随之蔓延,婆罗门祭司也对土著进行种种敲诈勒索。

　　从以上事实说明,印度独立以来,政府在各方面做了一些工作,这些方面也有所变化。前不久,政府又补充了法律条文,进一步完善和加强了法制,在打击贪污受贿、反对官僚主义等方面取得了一定成绩。所有这些,都直接或间接地对维护土著利益、贯彻有关土著法律规定起到一定作用。同时,土著的合理要求和对不法分子的斗争也产生了积极影响。但是,必须看到,存在的问题依然严重。印度历史上的流毒很深,社会矛盾复杂,宗教思想很浓,教育还不发达。因此,尽管印度中央和地方政府为改善土著状况做了某些努力,但是要想使土著的所有问题能够得到应有的解决却不是短期内能做到的。

---

① 斯叠巴尔·鲁海拉:《印度社会》,(印度)北方邦印地图书出版社,第126—127页,勒克瑙。

第九章　不同地区的居民及其生活特色

一　安得拉人

安得拉人有5000多万，占全国人口的8.5%，主要分布在安得拉邦等地。

关于安得拉人的来历有着种种不同说法，有些学者认为，他们属于雅利安人，另一些学者则持不同意见。在《摩诃婆罗多》和《罗摩衍那》两大史诗中，称他们为达罗毗荼人。在阿育王石柱铭文里，凡提到安得拉人的地方，也提到了"普林达人"，但没有肯定他们是哪个王国的人。在《梨俱吠陀》的《爱达罗梵书》里说，安得拉人是众友仙人的后代。据说他受到父亲的谴责后，迁居到温蒂亚山（文底耶）南部，在那里，同当地的达西安族妇女结了婚，他们的子孙后代便是安得拉人，这就是说，安得拉人是雅利安人和达罗毗荼人的混血种。看来，最早的安得拉人要么是一些脱离了雅利安族或者不得不放弃雅利安族而加入达罗毗荼族的原雅利安人，要么就是一些跟雅利安人混合后脱离了其他达罗毗荼族的达罗毗荼人。泰米尔语《往世书》中称他们是达罗毗荼地区以外的人。

今天的安得拉人中，除土著民仍保留着原来的纯血统外，其余都是混血种。他们的另一个特点是，外貌既不明显的像北方人，也不明显的像南方人，似乎既有雅利安人、达罗毗荼人的特点，也有蒙古人种的特征。一般身材高大魁梧、臂膀粗壮结实，肤色多种多样，深黑色、棕色或浅灰色等都有。

有些土著民居住在森林或高原上，他们是这里的原始居民。在森林里居住的民族主要有高雅族、金纠族、僧瓦尔族；住在高原上的民族主要有楞巴迪族。安得拉人有种姓差别，也分为婆罗门、刹帝利、吠舍和首陀罗四大种姓。同一个种姓又分为数以百计的副种姓。虽然种姓之间彼此不能通婚

（从前就连饮食也不统一），然而安得拉邦的婆罗门和非婆罗门，在社会地位上差别不大，知识界尤其如此。

安得拉人大都信仰印度教，其次是伊斯兰教和基督教。从前，安得拉是佛教和耆那教的中心，现在这里信仰这两种宗教的人已大为减少。这一地区的印度教是湿婆和毗湿奴教的结合体，所以凡有婆罗门庙的地方也都有毗湿奴祭棚。

这里的印度教徒也很注重婚事，一般限于同种姓内进行。种姓外通婚的也有，但寥寥无几。从前盛行童婚，这种陋习现已改变，被视为非法。在安得拉邦的历史上，曾多次掀起过争取寡妇改嫁权利的运动，但运动过后，寡妇的处境却依然如故。

在安得拉人中间，至今时兴与表姐妹通婚的风俗。这种风俗从表面上看，违背了印度教的古代法典，而且对北印度的印度教徒来说，简直是不可思议的。可是，它却为大多数安得拉婆罗门称之为老祖宗的阿波斯登布仙人所允许，结果就形成了一种风俗。

安得拉盛产辣椒，吃辣椒是人们的一种嗜好。在当地人看来，若无辣椒，食物则索然无味。很多人也喜欢吃咸菜。但咸菜里放有大量辣椒和油。同时还喜欢在菜里放大量罗望子等调料。有时为了减少调料的刺激性，要吃很多酥油。奶酪也是安得拉人必不可少的食品。当一顿饭结束时，一定要吃奶酪和乳浆。主食和副食要按一定顺序分道上席。先上豆饭之类的主食，再上调料，最后上菜。吃的时候，将菜、调料同米饭等主食拌在一起，用手抓取。

安得拉人不喜欢吃糖和甜食之类的食物，却很喜欢喝茶。安得拉邦的烟草著名，很多人吸烟，是他们生活中必不可少的，因此在那里，烟草的消费量大得惊人。

二 奥里萨人

奥里萨人系原始达罗毗荼人与雅利安人的混血种，肤色黑，身材矮，有3250万，占全国人口的5.1%，主要分布在奥里萨邦。公元前5世纪左右，雅利安人开始从印度北部大批涌入并定居奥里萨地区，这就是奥里萨邦历史上所说的雅利安族和达罗毗荼族在民族和文化上的大融合时代。

在雅利安人进入奥里萨以前，奥里萨的奥特拉人是本地的居民，古代梵语文献中对奥特拉人中的夏瓦尔、孔德、甘特、盖瓦尔德等族都有记载，不过往往把他们说成是令人憎恶的半人半兽，对他们使用了魔、妖、怪、精、夜叉、食人者等贬词。《毗湿奴往世书》里说"夏瓦尔人是个子矮小、塌鼻子、墨黑皮肤、红眼妖怪"。《爱达罗梵》里说他们"大肚皮，两耳下垂，面如魔鬼"。有的梵语古籍中说他们是"住在国境边的民族"。这说明奥里萨的原始居民曾坚决抗击过雅利安人的入侵，同雅利安人进行过长期的战争，所以雅利安人憎恨他们，使用了难听字眼。

奥里萨人大多是印度教徒，奥里萨一向被誉为印度教之乡，素有印度教圣地之称，虽有种姓制度，但不太严格，各种姓都可进庙敬神，共同分享神前的供物，这点与其他邻邦有所区别。

另外，从职业上也难以区分种姓的高低，因为低种姓可以升为高种姓，高种姓也可以降为低种姓，这主要取决于其经济条件。

奥里萨的婆罗门有外来的，也有土生土长的。外来的婆罗门是距今一千多年前一个国王为了复兴婆罗门教专门从曲女城请来的，这部分婆罗门中被称为夏斯尼的婆罗门，地位最高。姓高善必和瓦林德尔的婆罗门是从北孟加拉来的。最先到奥里萨地区来拓荒安家的婆罗门姓阿拉腊耶格（拓荒者）。当地的婆罗门有姓罗库耶蒂亚的，有姓拉摩金德利玛的，有姓乌特伽尔的，等等。其中以姓乌特伽尔的婆罗门地位最高。这里的婆罗门中，既有受人尊敬的潘迪特、祭司、学者，也有家庭佣人和厨师。

另外，奥里萨的婆罗门去到孟加拉邦、阿萨姆邦、比哈尔邦等地当厨师的也不少，甚至奥里萨克塔克地区的穷婆罗门也有不少去孟加拉邦当工人或当家庭仆人的。

奥里萨的第二个大种姓是坎代德，属印度教徒，"坎代德"的意思是拿宝剑的人，据说这部分人原来属于不杀牲的吠舍种姓，也不姓坎代德，后来因为国家和宗教有难，他们和刹帝利人一起拿起武器，参加了战斗，从此便改姓坎代德，而且做了国王御林军。今天他们中的大多数人从事农业生产。

奥里萨的格拉腊种姓自古以来掌握笔杆子，他们相当于北方邦和孟加拉邦的迦耶斯特人。在奥里萨，机关工作人员叫盖拉尼。盖拉尼可能就是格拉腊的变音。格拉腊人说他们的祖先是奥里萨的国王请来的。据考查他们可能同中印度的迦耶斯特的十二个姓中的格拉腊有关。

还有一个种姓叫拉柬尼耶，可能属于奥里萨原先的皇族或贵族，拉柬尼耶、拉吉布特和刹帝利是同义词。实际上更多的拉柬尼耶人（皇族后裔）

是封建贵族的后裔，而不是皇族的后裔，但是现在他们都姓拉柬尼耶，成了拉吉普特族。

这里也有首陀罗种姓，属于这个种姓的有 17 个姓，如贾夏、高拉、冈德拉、巴胡、高卡、巴武里、科拉、吉利亚、盖瓦尔德、邦、萨哈尔、阿塔利亚、普利亚等，其中冈德拉和邦两个种姓的地位最低，贾夏、邦、高拉、萨哈尔等姓，既算土著，又算印度教低级种姓。

奥里萨人一般性格直率、勤劳，待人接物彬彬有礼，素有天真无邪之称。

他们的主食以米饭为主，副食以龟虾、豆制品和各种蔬菜为主。

奥里萨人的衣着简单朴素，通常只穿一件圆领长衫，缠一条围裤，或者仅仅缠一条围裤，然后在头上或肩上披一块布单，贫穷之家的一些人几乎处于半裸体状态。妇女多戴耳环。

奥里萨人信奉属于毗湿奴教派的贾甘那特神，节日和斋日也很多，一年十二个月里有十三个节日和斋日。除了带有全国性的灯节、洒红节、克里希纳降生节外，还有本邦的一些特殊节日，例如雨季节、游神车节、八月十五节等。

三　孟加拉人

远古时代，孟加拉地区的居民属于亚澳人种，操亚澳语。这种语言今天在土著人中还可以找到痕迹。

据有关考证，在《往世书》里就有对高尔人、布林德人、崩德拉人、尼夏德人等土著的记载，可见其历史悠久。

后来，蒙古人由东北进入这个地区，他们操缅藏语，据说北孟加拉的包隆人和东孟加拉的姜塔尔人就是蒙古人的后裔。

当蒙古人不断进入孟加拉并在这里定居时，雅利安人也开始由印度西部进入比哈尔地区，并且在北印度建立了许多小王国，摩羯陀便是其中之一。孟加拉的雅利安人就是从摩羯陀进来的，因此，历史上习惯称他们为"温格摩羯提人"。

由于经过漫长的岁月，他们又同比哈尔和北印度的达罗毗荼人通婚，所以就不再是纯雅利安人了。

孟加拉也流行种姓制度，但没有其他地方那么明显和严格。由于民族复杂，很难从宗教文化和风俗习惯上把他们区分开来，只能大体上把他们分为婆罗门、维迪耶、迦耶斯特和首陀罗四个种姓。

婆罗门主要有五个姓，根据住地不同，又分为拉蒂婆罗门（住在拉特地区）和瓦兰德拉婆罗门（住在瓦兰德拉地区）两种。拉蒂婆罗门中主要的是被称为坎尼古巴吉（曲女城婆罗门）的五个大家族。据说他们的祖先是巴拉尔森那国王从曲女城请来的，并锡给他们"邬巴蒂亚耶"和"阿贾尔那"（大师）的称号。这支婆罗门的后裔现在都喜欢按英语习惯把自己的姓写成穆克吉、查特吉等。

关于维迪耶种姓的来历，众说纷纭，意见不一。有的学者认为，雅利安人进入孟加拉时，维迪耶是一个专管祭祀的种姓，婆罗门后来和他们通了婚；有的人则认为，他们实际上是行医的；有的人说他们是婆罗门与首陀罗妇女结合后所生的后代。也有人认为，他们原属于吠舍种姓。不管怎样，今天他们的社会地位较高，仅次于婆罗门，居第二位。

孟加拉的迦耶斯特属于首陀罗种姓，但他们有权有势也有钱，就连婆罗门对他们也惧怕三分，因为在一定程度上得依靠他们生活。这个种姓较开明进步，出了不少社会活动家、宗教领袖和文化机构的负责人。孟加拉还有一些属于迦耶斯特的副种姓，他们的姓已经和正统的迦耶斯特人的姓有所不同了。由此看来，他们有可能形成一支新的种姓。

首陀罗的社会地位最低。他们大多是农民、工人、手艺人和仆役，等等。其中以盖沃尔德人最多，他们在古代是孟加拉的主要居民，占有土地。今天，他们是孟加拉农村人口大多数。随着现代教育的开展和工商业的发展，他们的情况在日益变化，有些人成了学者和富翁。

这里也有吠舍和刹帝利种姓，但为数不多，影响不大，有些地方甚至把他们看作首陀罗。他们中有些人不做生意，喜欢把自己说成是维迪耶种姓。

原来孟加拉并没有刹帝利种姓。现在那些自称是刹帝利种姓的人，据他们说实际上是在莫卧儿帝国统治时期随着曼·辛哈一起来到这里的拉吉普特封建王公的后代，他们一般在自己名字后边加"辛哈"一词。在莫卧儿王朝和英国统治时期，他们是贵族阶层，即使在今天，他们也属"上流人物"。

孟加拉邦东临孟加拉湾，气候较好，盛产大米和鱼类。因此大米是他们的主食。此外，还可以用大米做各种甜食。孟加拉人非常喜欢甜食，一种名叫拉斯古拉的甜食不仅驰名全印度，而且畅销世界。鱼的种类很多，达数百种以上。人们一般都喜欢吃鱼，包括婆罗门种姓的人在内。孟加拉人特别讲究饮食的味道和花样，由于过分讲究，所以一般开支较大，妇女烹饪的任务也很繁重。但是他们的穿着简单，在农村，男的只缠一条围裤，肩上搭一条擦汗毛巾。在城里，人们一般下身缠一围裤，上身穿衬衣。有的也穿西服上衣，思想保守者上身穿件紧领上衣。由于天气不冷，再披一块布单即可过冬，不需要棉衣。但是雨伞必不可少，几乎人手一把。

孟加拉人的特殊服装是宽袖无领长衫，一般是用丝绸做的。穿它时，还要披一件丝绸布单或绒线薄毯，这是一种体面打扮。在正式场合，印度教徒和穆斯林都喜欢穿这种衣服。在家里，他们通常只缠一条名叫龙喀的短围裤。

从前，孟加拉妇女不穿鞋，甚至连拖鞋也不穿，头上戴面纱。直到现在，思想保守的妇女喜欢只把纱丽围在身上，并不缠紧，以免显出她苗条身材，但是受过教育的妇女并非如此，则讲究时髦，故意把纱丽缠得很紧，以显得她身材优美。

孟加拉的节日很多，一年十二个月中有十四个节日。例如杜尔迦节、罗其密节、期尔斯瓦蒂节、湿婆节、克里希纳节、贾拉格节、耿乃希节、特拉摩、塔古尔节、扎格纳特节、迦利节、多尔亚德拉节、秋楞亚德拉节、拉斯亚德拉节、新年节等。

四 拉贾斯坦人

拉贾斯坦人有1400余万，占全国人口的2.2%。主要分布在拉贾斯坦邦，其中以拉吉普特人为主。（在若干世纪当中，拉贾斯坦的统治者都是拉吉普特人，特别在穆斯林入侵的年代里，他们充当了印度教信仰、文化和传统的保卫者。）另外还有迈沃人和米那人。迈沃人和米那人从前是一个民族。在穆斯林统治时期，迈沃人越来越多地改信了伊斯兰教，便渐渐与米那人断绝了关系。有些人认为，迈瓦尔是迈沃人的故乡。现在除了拉贾斯坦的边远地区外，在北方邦和旁遮普的东南部都有迈沃人居住。他们虽是穆斯林，但在风俗习惯、节日活动和名字的叫法上都与印度教徒相同。在1857年的大起义中，这个民族与其他民族并肩作战，曾给英殖民者以沉重打击。

这里的土著人中以皮尔人为主，而且它是印度最古老的民族之一，现在仍比较落后，不少人住在一些小山上的草房里，以弓箭打猎为生，或在零星的土地上从事原始农耕。他们的宗教信仰与风俗习惯和中印度的一些土著人相似。

拉贾斯坦妇女很爱装饰品。脖子上戴项圈或项链，耳上戴耳环，鼻子上镶鼻饰，腕上套手镯，足上系脚镯、脚铃等。当她们参加节日庆祝活动时，一个个都打扮得花枝招展，美丽动人。男的也戴耳环、手镯、戒指、项圈或项链等。男子留胡须非常重要，否则被人歧视。他们认为胡须是光荣的象征。

在拉贾斯坦，不准寡妇改嫁，一些落后民族则允许寡妇再嫁。有的民族的妇女在丈夫死后可以嫁给小叔子。过去，拉吉普特人、皮尔人、米那人和穆斯林还实行一夫多妻制，现在已趋消亡。童婚现象也日益减少。

在饮食方面，婆罗门、吠舍和耆那教徒大都吃素，拉吉普特和穆斯林则喜欢吃肉。富人多吃大米、酥油等富有营养的食物；农民大都以粗粮为主食。

五　旁遮普人

旁遮普人主要分布在旁遮普邦等地，人口有1970余万人，占全国人口的3.1%，根据历史学家的意见，大约在公元前两千多年，雅利安人从开伯尔等西北部山口进到印度，他们首先征服了旁遮普地区，并在那里定居下来，然后又从西北沿着恒河向东南移，到了北方的波罗奈城（现在的贝拿勒斯）等地。当时的雅利安人分许多部落，每一个部落都有酋长或罗阇（即国王）。各个部落之间经常发生战争，同时各部落也联合起来反对当地的非雅利安人。这些当地民族可能就是达罗毗荼人。雅利安人称他们为奴、匪、鬼和恶魔等。后来雅利安人完全征服了他们，成了主人。以后又有不少外族入侵、定居、通婚，例如希腊人、伊朗人、塞种人、匈奴人、蒙古人、阿拉伯人等。因此今天的旁遮普人，除了雅利安人的后代外，还有很多人是雅利安和其他不同民族的混血种。它们是各个民族长期融合的结果。典型的旁遮普人一般身材魁梧、胸部宽阔，肤色比印度其他地方的人稍白，略带褐色。

古代雅利安人分许多社会群体，一个群体称一个杰恩，即氏族，每一个杰恩有一个头人或罗阇（即王），他们是氏族的行政管理人。罗阇由百姓选举产生，而且需要全体百姓一致通过才成。选出后，在罗阇前额点吉祥点，让他宣誓就职，由祭司、军事首领、艺人、车夫、铁匠等给他送国徽、玛尼或拉特纳（即宝玉），因此这些人被称为拉特尼（即赠送宝玉者）。罗阇在就职前要拜见拉特尼。

罗阇和十一名拉特尼共同掌管行政。十一名拉特尼是军事首领、祭司、王后、记事人、总会计、村长、王宫大管家、司库、总税务官、森林保护人、通讯联络人。

罗阇必须履行誓言，完成工作，否则，百姓把他废黜或驱逐出境。

氏族里还有名叫萨米迪的组织，相当于委员会，是百姓行使权利的机构。萨米迪设有一位巴蒂和伊香，即主席，罗阇也参加萨米迪。萨米迪的成员有村长、艺人、车夫和铁匠。此外还有一种叫萨帕（即大会）的组织，它比萨米迪小，但各村都有，起法院作用。

有些氏族没有罗阇，由萨米迪执政。这样的民主制称为"无政府氏族社会"。

古代雅利安人一生分四个阶段。前二十五年必须独居，称独居期；25岁到50岁为家居阶段，称家居期；50岁以后，须离家入山，修身养性，称林居期；满75岁以后，要舍俗出家，在城镇或村落漫游，度过残年，称出家期。

雅利安人认为，一个人生下来就欠了四种债务，即人债、神债、仙债和祖宗债。每个人都要款待邻居和客人，以还人债；举行祭祀，以还神债；学习和授业，以还仙债；繁衍子孙，以还祖宗债。社会上每个人都有义务偿还这四种债务。这就是他们为什么要把人一生分为四个阶段的原因。

雅利安人的宗教十分简单。他们祈祷神灵为他们降雨、出太阳等。伐楼拿是雅利安人所信奉的地位最高的神，是一位造福和行善的神。后来因陀罗代替了伐楼拿的地位。

因陀罗是战神，他的任务是消灭敌人，雅利安人为了在战争中赢得胜利，敬奉因陀罗。

火神对雅利安人来说，地位仅次于因陀罗。《梨俱吠陀》的第一句咒文就是敬火神的。太阳神也是雅利安人所喜爱的。后来，梵天、毗湿奴、摩海希（即湿婆神）逐渐成了他们信奉的主要神。雅利安人不祈祷神在来世给他们什么，而是祈求他在今世给他们粮食、牲畜和智慧等。他们最大的要求是："神主啊，请您把我的敌人消灭光！"

吠陀时期，雅利安人社会是以家庭为单位。当时妇女的社会地位较高。

妇女不亚于男子，任何祭祀必须有妇女参加。

雅利安人喜欢赛马、赛车、赌博和跳舞唱歌，他们的乐器有鼓、海螺，等等。

雅利安人主要饲养牲畜，其中以养牛为主。耕田拉车用牛，打仗，赛车用马。

他们的主要生活来源是畜牧，其次靠种田、打猎、做木匠、铁匠和皮匠。木匠主要制作犁和战车。铁匠做家用器皿。编织坐垫、席箔，纺织等一般是妇女的事情。在雅利安时期，木匠、铁匠、皮匠等手工业者，在社会上受人尊重，不像现在被人歧视。

雅利安人的财产是土地和牲畜。当时没有土地买卖，谁都可以伐林垦荒。几乎没有货币交易，用以物易物的办法互通有无。那时，借贷已经流行，赌博输了，往往借债，还不了债，就当奴隶。

从人种角度看，旁遮普人分为四类。第一类是由古代的雅利安人，其中，部分是由后来进入旁遮普的希腊人和塞种人等繁衍而来的，这些人组成了今天旁遮普的印度教社会。他们中根据印度教的经典也分为四个种姓，即婆罗门、刹帝利、吠舍和首陀罗。在这四个种姓中又有许多副种姓。不过，旁遮普的种姓制度不像有些邦那样严格。旁遮普古代的刹帝利现在叫柯帝利，这种叫法不仅是刹帝利一词的变音，而且还标志着他们职业性质的变化，因为刹帝利种姓中有相当数量的人是经商的，他们在做生意和放高利贷方面比吠舍种姓的商人还高出一等。他们在职业上已经和吠舍种姓没有多大区别，所以他们基本上已算吠舍种姓了。

旁遮普的刹帝利种姓中，绝大多数姓阿罗拉或阿罗莱。据说，他们的祖先原来是从印度河流域的一个叫罗利的地区来的，所以姓"阿罗拉"，意即"从罗利来的人"。在旁遮普农村，几乎所有的刹帝利种姓都姓阿罗莱。

旁遮普原来的吠舍种姓都姓"阿格拉瓦尔"，据说他们可能从操印地语的地区迁徙而来，后来慢慢变成了旁遮普人。

第二类人中以查特族人数最多，属于雅利安人的吠舍种姓。印巴分治以前，他们在旁遮普的3500万人中占600万之多。他们中绝大部分信伊斯兰教，而且留发。目前在东旁遮普讲旁遮普语的查特人，几乎全是锡克教徒。

第三类是拉吉普特人，他们是从前移居到旁遮普来的拉贾斯坦人的后裔。印巴分治以前，他们有300万，其中绝大部分人信仰伊斯兰教。现在旁遮普邦的拉吉普特人中大约三分之二是印度教徒，三分之一是锡克教徒。但是旁遮普和其他地方一样，许多信仰印度教的首陀罗种姓都称自己是拉吉普特族。

第四类是古贾尔人，他们分布在克什米尔到古吉拉特的广大地区。古吉拉特邦的名字同这个族名有关。现属巴基斯坦的西旁遮普的古贾拉特、古贾尔汗、古贾朗瓦拉等城市的名字也是用这个族名命名的。古贾尔人一般以畜牧为业，但同时也像查特族和拉古普特族一样善于务农。印度教徒喜欢把古贾尔人中的上层算做刹帝利之列。

除上述四类人外，还有各种不同的山地民族，他们是拉吉普特人、古贾人和西藏人等人种的混合民族，他们有自己的语言和文化。

旁遮普还有哈里真人，他们大多信基督教，是古代雅利安人的奴隶的后裔，有的是后来从东部地区胁迫来的人的子孙。

此外，旁遮普还有一些被称为"阿辟优格得"的游牧民族，例如桑赛族、摩哈得姆族、波拉拉族、派拉古特族等，他们由外邦游牧而来。

旁遮普的农民生活比较富裕。住房一般较宽敞，农民家里一般干净，设备齐全，每家都有较好的家具，收音机、电视机、沙发等应有尽有，许多人家还有摩托车、汽车和步枪等。旁遮普人的生活水平在印度最高。

旁遮普农民的穿着朴实，通常穿围裤和无领长袖上衣，脚上穿一双普通皮鞋。但每逢过年过节或喜庆日子，他们就穿丝绸衣服。

旁遮普城市人在二十年前喜欢穿一种叫赛尔瓦的衣服，上面再套一种西服，头上缠一条头巾。这种穿着被当地人认为是时髦的文明打扮。赛尔瓦服据说是古代雅利安人通常穿的一种衣服，这种穿着只限于锡克人。至今在一些守旧的人中间还很流行。锡克人很喜欢缠头布，而且缠法讲究，一些体面人物为缠头布要用很多时间。不过，裹好的头巾往往一戴就是一个星期，当然晚上睡觉时要摘下。一般穿宽上衣、宽腿裤、披披肩，西部农村妇女也像男子一样缠条腰布。

旁遮普盛产小麦、大米，也产五谷杂粮。农村的人夏季吃白面饼和豆面饼，冬季吃高粱和玉米面饼。平原地区的人以面食为主，很少吃大米，但山区人则以大米为主，很少吃面食。旁遮普人不太习惯吃辣椒和其他调料，这点与其他地方的习惯不同。但大量吃黄油、牛奶和酸牛奶。以前，旁遮普人不知道喝茶，只知道喝用酸牛奶做的饮料，现在喝茶已成习惯。

在旁遮普，除了师尊家族的雅利安人以及外来的一些吠舍人和耆那教徒以外，其他的绝大多数人，包括婆罗门在内大都吃肉。但并非天天都吃，锡克人除外。锡克人最喜欢吃羊肉、鸡肉和猪肉,他们称这种肉为"大祭品"。有些低种姓的人对吃肉从不忌讳,甚至有些高级种姓的印度教徒也爱吃猪肉。

按锡克教的教规,锡克人不能吸烟喝酒,但现在很多人已不论这些,尤其喝酒,目前已很普遍。

旁遮普人活泼乐观能歌善舞,那里的民歌和民间舞蹈在印度享有盛名。在印度,人们见到旁遮普人,总喜欢请他们唱支歌或跳个舞。

六 印度斯坦人

印度斯坦人有 1.8 亿之多,占全国人口的 28.2% 以上,主要分布于恒河中上游的印地语和印度斯坦语地区,例如北方邦、哈里亚纳邦、拉贾斯坦和中央邦等地。绝大多数人信奉印度教,部分人信奉伊斯兰教、佛教、基督教和耆那教等。他们大体可分为雅利安人和达罗毗荼人两大类。雅利安人主要包括阿黑尔人、查特人、洛蒂人、马利人、卡迪贡比人、拉吉普特人、查米达尔人等。达罗毗荼人的后裔也有许多分支,主要有邦多人、科尔巴人、白伽人、莫特拉人、恰布阿人、沙哈利埃人和高尔人等。高尔人又有不少支派,主要有帕特拉人、摩利亚人、牟里亚人、高亚人、波尔伽人、波里坦人、波尔海亚人、拉吉衮德人、拉吉牟里亚人,等等。

无论是雅利安人的后裔,还是达罗毗荼人的后裔,世代以来,他们各方面发生了很大变化,其风俗习惯亦各不相同。下面略举几例。

阿黑尔人:"阿黑尔"一词,来自梵文阿辟尔,意思是"有奶者"。但有的人认为摩赫的意思是酸牛奶,由摩赫先变成摩赫尔,后来又由摩赫尔变成阿黑尔。印度大史诗《罗摩衍那》和《摩诃婆罗多》中都提到阿黑尔。阿黑尔人最先的居住地是马土腊,后来才遍布到印度各地。阿黑尔族中也有三个分支,即兰德族、叶督族和戈瓦尔族。阿黑尔人笑容可掬,勤劳勇敢,然而又非常自负。他们很少相信命运,更多地相信实干。他们非常直率、单纯、很注意品行,他们认为,没有好的品德就不会有善良的行为。按照他们的看法,对一个人来说,为了从身心上保持健康,应该吃干净的和有营养的食物。

姑娘出嫁的场面十分动人。村中左邻右舍的妇女们在欢送新娘时要边唱边哭,直哭得全村人都为之眼泪汪汪。新娘的父亲不时地用头巾擦泪,新娘的母亲则靠墙站着不住地抽泣。就在这样令人心碎的气氛下，新郎高兴地把新娘领回自己家去。

寡妇再嫁，在印度不少地方要受到非议，但在哈里亚纳等地的阿黑尔人看来却不成问题。丈夫死后，寡嫂可以嫁给小叔子，不过先要守寡一年。不必举行结婚仪式，也不需要办理任何手续；只要全家人坐在一起，寡妇接过新丈夫送的手镯，戴在自己手腕上就算礼成。

由于"雅利安社"的改良主义运动影响，他们不崇拜偶像，也不讲种姓的高低贵贱。

节日在印度人民生活中占有特殊地位。而阿黑尔人的节日更多，例如胜利节、洒红节等。逢到节日，全村人不分高低贵贱都一起唱歌跳舞，纵情欢乐。

查特人：他们主要分布于哈里亚纳邦，虽然属于雅利安人的后裔，但其中有些是血统纯正的，有的是拉吉普特人的混血。查特人一般高大粗壮，勤劳勇敢，能耕善战，素有"哪里有查特人，哪里就有威风"之说。他们的风俗习惯和阿黑尔人大体相同，这里不作重述。

高尔人是这些达罗毗荼人的后裔，其社会形态大多落后，不少还处于夫权社会，一男可娶几妻，但男女都有选择配偶和离婚的自由与权利。

兄妹的孩子之间可以结婚，这种结婚叫杜特劳达那（意即"回奶"）。有些高尔族人的分支中，时兴试婚。婚前把小伙子招来，让他住上三年五载。其间，他被称为"勒穆赛恩"（上门女婿），他得拼命干活。待姑娘的父亲对他的劳动感到满意时，才让女儿和他成婚。在他们的社会里，寡妇允许改嫁。小叔子可娶嫂子为妻。

葬礼仪式很有特点。一般让死者的脚朝南头朝北埋葬。现在有些人也开始实行火葬了。那里流行人死后第九天招魂的习惯。人死后九天，死者家里的妇女把骨灰拿到河边去抛撒。到了河边，她们大声呼唤死者的名字。然后抛进河里，随便抓一条鱼或一个虫子带回家，作为死者的象征物存放起来。他们认为，这样死者的灵魂就回到家里，而且死者将由那个最先在河里捉到鱼和虫子的妇女再生出来。

根据他们的习惯，人死以后还要举丧、敬祖、念咒、喝酒、跳舞和唱歌。

他们自称不信宗教，但实际上，印度教徒所敬的神他们一般都信。例如湿婆神、罗其密女神等。他们还相信地神、雷神、雨神、霍乱女神、发烧女神、咳嗽女神、麻疹女神以及把死者带到祖先那里去的引路神布塔德瓦，等等。

总之，在他们看来，村里的每一个胡同，甚至每一簇树丛下都有神存在。那里巫医也很盛行。

他们善歌善舞。主要的歌曲有结婚歌、摇篮曲以及有关历史传说方面的歌等，五花八门，名目繁多。

七　那加人

那加人大多分布在那加兰邦，其次分布在阿萨姆邦和梅加拉雅邦的卡斯山区和柬迪雅山区等地，人口在100万以上。

印度神话故事有这样的记载：湿婆神和他的妻子吴玛去找阿周那的时候，他把自己打扮成喀拉特人。喀拉特人就是现在的那加人。这件事发生在摩诃婆罗多时期。这说明在婆罗多时期那加人就已经存在了。在《往世书》里也提到那加人，书中称那加人为摩莱棋人、喀拉特人或基恩人。

那加人属于蒙古人种，古时候从中国的西藏和缅甸的一些地区来到印度北部。来这里后，根据不同的地点或山名而有不同的名称，例如住在梅加拉雅邦的卡斯山区的，则叫卡斯人；住在柬迪雅山区的则叫柬迪雅人；住在那加山脉的格恰尔山区的则叫格恰尔人，如此等等。后来他们又产生了许多分支，各个分支又有自己不同名称。例如拉帕人、迈吉人、米利人、库洛人等。此外，也有不少混血种。

那加人淳朴、憨厚、勤劳、勇敢，他们在反对英国统治和日本的侵略中，起过重大作用。独立以后，他们的文化有一定的普及和提高，在经济发展、工业建设、管理能力等方面也不断提高。

那加人居住的地区大都是山区，交道不便，尽是小路。村庄稀落，而且大部分村庄是在一些高山顶上，在村里就能看到周围情况，对进村来的每一个朋友或敌人能及时做出反应。他们之所以喜欢住在高处，重要原因之一是为躲避猛兽的伤害。

他们对外来的生人，不管是本族的或外邦的，起初总是尽量保持一定的距离。但是，一旦他们确认，来的人不会伤害他们的时候，他们就欢迎他，相信他，亲近他，只有这时，那加人的真正热情才会迸发出来。他们请客人喝他们喜欢的"苏摩酒"或"米酒"。按照客人身份高低贵贱，屠杀牛、猪、羊或鸡等来款待，并且举行歌舞会。那加人说话诙谐，能歌善舞，他们那健壮的身体，使你感到他们充满着生活活力。当你看到他们砍伐森林，焚木作肥，用镐头和弯刀劈山造梯田的辛勤劳动的场面，会为他们的忘我劳动精神而感动。

那加人住的房屋，里面很宽大，可是当你乍一进屋，会感到漆黑一片，什么也看不见，除了一个入口外，没有一个窗户。当你的眼睛习惯了这黑暗的环境，就会发现墙上挂着或靠着用竹子和草秸编制的各种小篓和小筐。那加人把自己所有的东西，全部装在这些口大底小的竹篓、草筐里。你还会发现一条木凳似的东西，上面有许多小圆孔，那是用来碾稻谷用的木臼。此外还有火炉，炉内一直有火。有些人家里，还有供晚上睡觉或者让上年纪的老人休息用的竹吊床。

有些村里，山坡上有一排排房子，每排房后有一道十至二十英尺的高坎。从远处看去，好像房子建筑在阶梯上。这种房子的好处是各家自成一体，一旦村庄遭到袭击，或者敌人放火，不致全村受害，便于互相照应。有些人家的围墙大门类似瞭望台。这是在危急时供站岗放哨用的。站在上面能看到远处。

那加人采用"火耕"的耕作方法。现在政府正引导他们采用固定的耕作方法，在国家农业站和农场里，推广新的耕作技术，给各地请来的农民介绍固定耕作的好处。

在远离城镇的那加人村庄，人们过着自给自足的生活，靠农业和狩猎为生，以大米、高粱、玉米为主，还大量吃肉。除狮子和狼肉以外，所有的飞禽走兽，像水牛、猪、羊和鸡等一般都吃。

前面已经讲过，那加青年有这样一种风俗：如果一个姑娘还没有爱上谁，她总是把头发梳得很短，如果她把头发留起来，并且让人在胳膊上刺青，那就表明她已选好了对象。同样，一个男青年如果腰间没有系三串小贝壳，那就说明他还没有选好女朋友，一旦有了女朋友，他就立即在腰间系上三串小贝壳。

那加人很注重刺青。刺青也很讲究，有各种图案和花纹，在胸部、胳膊和腿上刺均可。从刺青上可以反映出一个人的身份和地位。从前，谁要是在战场上杀死一个敌人，则把敌人的首级带回来，那么他就有权让人在他的胸膛上刺一个特殊的铜青，然后再把那颗人头挂在自己的房前，以耀门庭，赢得别人的敬佩。现在情况虽已不同，但是对刺青仍然重视。有的地方把刺青看成是宗教和装饰的需要，甚至一个姑娘若没有刺青，到了结婚年龄就找不到对象。

八　马拉雅兰人

古时候，在喀拉拉只居住着达罗毗荼人，雅利安人是后来从北边进来的。雅利安人想使达罗毗荼人成为自己的奴隶，达罗毗荼人被迫逃到森林里去居住。雅利安人到底是什么时候进来的，难以确说，多数人认为是公元前2世纪至公元2世纪的事情。据历史学家研究，古代有一种名叫那加（蛇族）的达罗毗荼人居住在喀拉拉，雅利安人的领袖持斧罗摩神来到这里时，同这里的蛇族打过仗，并在这里定居下来，他们就是现在的喀拉拉婆罗门的祖先。喀拉拉现在的非婆罗门人主要是纳耶尔族人，他们是当时蛇族人的后裔。

关于纳耶尔人的起源有种说法。据说这里的雅利安人、婆罗门和达罗毗荼人彼此通婚所生的后代被称为"纳格尔"，而"纳格尔"一词马拉雅兰语是"蛇"的意思，后来被读成是"纳耶尔"了，这表明他们是拜蛇的。至今很多纳耶尔还有拜蛇的习惯，不少人家的院内或门口供有一个或几个蛇像。

今天，喀拉拉有将近1000个不同的婆罗门和非婆罗门种姓以及由他们衍生出来的次种姓。但是没有吠舍种姓。刹帝利种姓人数很少，他们是古代帝王的后裔。婆罗门人数也不多，只是在庙宇附近才有几家。他们的固定职业是管理庙宇。

婆罗门种姓分两部分。一部分人说马拉雅兰语，叫马拉雅兰婆罗门；另一部分人讲泰米尔语，叫泰米尔婆罗门。姓南布德里的，属于马拉雅兰婆罗门；姓阿耶尔的，属于泰米尔婆罗门。

还有一部分人介乎两者之间。他们也与寺庙有关。他们的工作是筹办祭品、结扎花环、清扫殿堂等，但他们没有进庙烧香、磕头的权利。武里人、瓦里也尔人、南比人等都属于这类种姓。

其他种姓中，主要是那耶尔族。这个族相当于北印度的迦耶斯特种姓。那耶尔人在社会上一向从事高级职业。他们虽然被称为首陀罗，但是他们可以进入寺庙。他们有受教育和办教育的权利，农村的学校主要由他们开办。梅农、古鲁布、潘尼迦、比莱、南比雅尔、武林达、格依英勒等都是那耶尔族的副种姓。据调查，那耶尔族共有二百个副种姓。

在所谓低级种姓中，依希瓦种姓地位最高。北喀拉拉邦的蒂雅种姓也属于依希瓦的一支。据说，他们是从锡兰迁徙过来的，是佛教徒。因为他们拒绝与婆罗门通婚，所以被归入低级种姓。其实他们很有才干，特别在梵语和医学方面，他们的造诣很深。

其他一些种姓的处境至今未变，其中主要是哈里真人。哈里真人中有三个主要种姓：即波尔雅、布尔雅和古尔瓦。从前，他们地位很低。他们实际上是一种变相的奴隶，无权住砖瓦房，穿好衣服和使用讲究的餐具。他们唯一的权利和义务就是给地主干活，听地主使唤，甚至连他们的名字所用的词都是变音体的。他们中还有副种姓。这些副种姓的人，大多数都吃牛肉。现在他们的地位稍微发生了一点变化，可以在别人面前抬起头来做人了。

直到今天，以上种族中的大部分人还是从事农业劳动。他们除了干农活外，还在农忙之余用藤条、椰子树叶等编制各种家具，卖钱糊口。

以前喀拉拉邦的高级种姓的人常常虐待低级种姓的人，高级种姓的人认为低级种姓的人是"不可接触的贱民"。低级种姓的人走路时，如果见到了婆罗门人，就得赶快退到一定距离以外的地方，甚至连距离的远近，对每一个种姓都有不同的规定。低种姓的人无权进庙敬神。他们的妇女必须袒露上身。有些地方连那耶尔族妇女的处境也是如此。他们看到高级种姓的人必须称"登布朗"即"老爷"，称自己为奴仆。

现在发生了变化，"不可接触者"也有在教育机关和行政部门做官的，婆罗门也有当听差的了。喀拉拉邦现在鼓励各种姓之间通婚，在一起吃饭。有人已经取掉了自己名字上表示种姓的"那耶尔"、"南布德里"等词。但是由于种姓歧视在喀拉拉邦由来已久，绝非一朝一夕就能铲除的。

在《摩诃婆罗多》里有关于杜洛巴蒂的记载，说她是五个般度的妻子。今天在喀拉拉邦还可以看到类似的现象。一个女子虽然只同一个男子结婚，但结婚后，她丈夫的兄弟都可以和她同居，所生的孩子归兄弟共有。在那耶尔种姓中，这样的情况是屡见不鲜的。

一个人快要断气的时候，亲友们都来送终，给临终者烧香、念经、灌恒河水。断气之前要把他抬下床，放在地上。一断气就用白布把尸体遮盖起来。在房子南边，堆一堆芒果树枝，由子女和亲人一起把尸体抬去放在柴堆上。侄子们给死者祭奠后，由长子举火点柴。目前也有很多人采用土葬，特别在基督教徒和伊斯兰教徒中颇为盛行。印度教的葬礼是第五天从烧过的尸体灰烬中取出骨灰，埋在院内菠罗蜜树底下。每天傍晚要在墓边点灯，连续十五天要宰牲祭奠亡灵。到第十五天，要大宴四邻。以后每年六至七月份，每逢朔日，要给死者的亡灵上供一次。这种活动只限于沿海地区。这一天，在瓦尔格拉、辛库穆克等沿海地区可以看到数十万人，云集一起祭灵的场面。

喀拉拉邦人的衣着朴素、清洁、大方，经常穿洁白的衣服。白色似乎成了这儿的民族颜色。很可能由于喀拉拉邦的大自然本身就是五颜六色的缘故。据说，在百花盛开、绿草如茵、花果遍地的地区，人们更喜欢白色。

宗教信仰在喀拉拉邦也很盛行。基督教很早以前就传播开了。据传，公元1世纪时，耶稣的12个门徒之一——圣托马斯就曾来到这里传播基督教。他的遗体至今保存在蒙格拉布拉摩的教堂里。

公元4世纪时，基督教徒从巴格达、耶路撒冷等地来到这里，传播了基督教。15世纪以来，基督教会一直得到当地政府的大力支持。基督教的传播也受到葡萄牙、荷兰、英国的商人和士兵以及各国政府的影响。印度教徒中森严的种姓制度，迫使不少的印度教徒皈依了基督教。今天，喀拉拉邦的基督教徒比印度任何一个邦都多。

在喀拉拉邦，除基督徒外，穆斯林也为数不少。13世纪时，伊斯兰教就在这里传播开了。据说，有一个名叫杰尔曼·白鲁马尔的国王皈依了伊斯兰教以后，把穆斯林的阿訇派到各个邻国去传播伊斯兰教。

喀拉拉的穆斯林主要从事商业活动。在教育方面，他们一直落后。他们反对女子上学。过去穆斯林妇女必须戴面纱，现在只要把头发挽起来就行了。从前男子必须剃光头、留胡须，戴帽子，现在这种习俗日渐消失。

九　泰米尔人

达罗毗荼人分布在文蒂亚山以南，科达瓦里河与坎尼亚库马里之间的一些地区，即整个南印度。

有史以来，他们就一直住在这里，是这里最早的居民，有自己的文明，对世界文化产生了重大影响。达罗毗荼人在印度的西北部发展了摩亨殊达罗和哈拉巴文化。有的西方学者认为，从前，在赤道以南，曾经有个大国，它东到爪哇，西连非洲，这个国家称之为"莱茂里亚"，是达罗毗荼人最早居住的地方，但是由于地壳的变化，它的大部分被水淹没。这种说法在泰米尔语的文献中也有记载。泰米尔语中的五大史诗之一《希尔薄提迦尔摩》和《马杜拉斯特尔——布拉朗》中有南马杜赖被洪水淹没的记载。在《摩诃婆罗多》中有关安得拉、邦迪耶（潘地亚国）、角尔（朱罗国）和杰尔（其罗国）

国王的记载。由此表明公元前在南方就已建立了几个达罗毗荼王国了。

关于"达罗毗荼"一词的形成，学术界持有不同看法。有些人认为，现在的泰米尔纳德、安得拉、卡纳塔克和喀拉拉的居民是达罗毗荼人的后裔，他们的语言属于达罗毗荼族语系。达罗毗荼族语系，除泰米尔、泰鲁古、坚那勒、马雅亚兰语之外，还包括杜鲁、古尔根、高德古、高尔、道达、高哈、布拉回等语言。古代，整个南印度称为达罗毗荼族地区。但到后来，安得拉、卡纳塔克邦独立出来，结果达罗毗荼一词就变成了泰米尔一词。当时，该地区包括现在的泰米尔纳德和喀拉拉邦在内。几个世纪以后，当喀拉拉邦一独立，只剩下泰米尔纳德称之为达罗毗荼人地区，这一地区的语言就叫泰米尔语。

古代的泰米尔纳德分为邦迪耶（潘迪亚）、角尔（朱罗国）和杰尔（其罗国）三个王国。杰尔王国后来形成喀拉拉邦。这三个王国的历史悠久，文化灿烂。根据文献记载，早在公元前就已文明发达。从古代泰米尔文献得知，坎尼亚库马里或者库马里是在最南部，它有几千公里长的边界，有四十九条河流，还有不少高山和森林。在泰米尔文献中有关于它的记载。

古代的达罗毗荼人敬奉树木和蛇，祭牲。开始，迷信鬼神，后来，敬奉天神，再后，则信奉湿婆神。在泰米尔语最古老的诗歌中曾提到马约、夏约等神的名字。马约是平原地区保护牧人和牛羊的神，皮肤黑色，善吹箫，爱喝牛奶。夏约是山区狩猎之神，皮肤白，手执长矛、乘孔雀、有二妻。妻名瓦里和代瓦娅妮。沿河地区的神是因陀罗。海滨之神是伐楼拿。沙漠之神是迦利女神。

现在的泰米尔人一般个子瘦小，皮肤呈黑色，头发卷曲，前额宽阔而扁平，浓眉毛，鬓角下陷，眼灰褐色，单眼皮，鼻梁直而圆，鼻翼宽厚。

种姓制度很早就有。不同的种姓有不同的住区。在古代，一个住宅区的中心往往是神庙，婆罗门和祭司住在靠近庙宇的地方，附近住比莱伊、穆迪利耶尔等从事买卖的种姓，外层住一般商人，摊贩和工人，村外或城外住的是"不可接触者"贱民。

至今在马杜赖城还可以看到泰米尔人因种姓和职业的不同而住在不同街道。例如金匠住在阿沃尼·木尔街；经营玻璃和石灰的种姓分别住在甘那迪加尔·台鲁和炯南布加尔·台鲁两条街；专门挖井的种姓住在多迪衍·耿杜鲁·生突区。

从前种姓及职业的划分非常严格，例如：婆罗门只能从事占卜、教育和宗教活动；称作外拉尔的种姓（有的地方叫高文德尔，有的地方叫木德利耶尔，有的地方叫比莱）一般都为地主干农活儿；名叫科莫蒂或杰底雅尔的吠舍种姓总是从事商业贸易；一种叫香那尔的种姓则专门从事酿酒业。

现在泰米尔纳德的情况发生了一些变化，各种姓的居住区不像以前那样严格，彼此可以接触，甚至各种姓的人可以一起欢度节日。所从事的职业及一些人的生活状况也有一定改善，例如那德尔人已经在商业贸易领域里全面取代了吠舍的地位，农村的洗衣工、理发师、园丁等，过去干活拿不到现钱，现在可以拿到现钱了。但是绝大多数哈里真人仍是无地的农民，不得不靠给别人扛活谋生。

泰米尔人中流行舅表兄妹、姑表兄妹结婚的习俗。有的族里还有舅舅娶外甥女的习惯。但同宗不能通婚。

离婚和再婚屡见不鲜，也较容易，犹如家常便饭。男女双方，无论是谁，任何时候都可提出离婚要求。若夫妻不和，可向本族的五老会提出离婚。五老便会马上召集会议，听取双方的申诉，做出判决。但判决正式生效还要等一段时间，目的是让双方有个冷静考虑和协商的余地。最后若双方仍坚持离婚，五老会便正式宣布决定，即可离婚。

宣布这个决定的方式也很有特点。先由男方的家人从房顶取下几块瓦，连同槟榔放在一起送给女方的娘家人，这表示夫妻矛盾已经到了不能继续生活下去的地步，非离婚不可。这时，根据五老会的决定，男方要给女方一定的离婚费，结婚时女方出的那部分现金，这时男方必须如数退还。女的把手镯从手上取下，放在男方的门上，到此算彻底离婚。离婚以后，孩子归父亲抚养。

泰米尔人相信生死轮回，至于对死者的安葬活动，程序也很复杂，而且各族各地区也不尽相同，这里只就其共同之处略述一二：

一个人死后，家里人要为他守丧，一般上层社会，或比较守旧的阶层与农村，守丧期较长，为期十六天。但靠出卖劳动力为生的下层，守丧期要短，通常是一至三天，市民一般为一周，或更短一点。

按照他们的习惯，出殡前，所有的亲戚朋友必须到场，否则被认为是犯罪行为，死后被打入十八层地狱。亲朋到齐以后，他们先是向遗体告别，然后给尸体洗澡，涂上檀香，换上新服。死者的妻子坐守遗体旁边，别人再给她穿上娘家送来的白色丧服。亲戚们这时围绕尸体连转三圈，然后把遗体放到担架上，抬到附近的湖边或河边的火葬场进行火化。去火化路上，要奏哀乐。过十字路口时，抬丧人也转三圈，经过庙宇时，停止哀乐。第二天，死者的家属再回火葬场，取回骨灰，撒进湖河。

死者若是年轻人，妻子要打碎自己的全部手镯，抹掉头顶上所涂的吉祥线和前额上的吉祥志，散披着头发，号啕大哭一场。

十　迦洛人

迦洛人又叫阿吉格·芒呆人（山民之意），他们主要分布在迦洛山区，该区面积约三千多平方公里，拥有人口三十余万。此外，在山区周围的平原以及瓜尔巴拉兰地区也散居着不少迦洛人。

迦洛人主要有三大支派，或叫三大家族：即马拉格、毛米恩和桑格麻。各家族又有许多分支，例如阿外、阿梭和西拉，等等。他们是不同家族通婚后出现的新家族。

迦洛人至今还处于母系社会，以"马交"为单位。马交是以母亲为首的单位，这些马交的名称，通常以动物、河流、洞窟等的名称命名，例如郎格索（熊崽）马交、瓦斯拉（瓦斯拉河）马交等。每一个马交有个共同祖先，即同一母亲，家谱由女子即由母亲相传。

迦洛人最早住在何处，至今尚无定论，但他们自认为来自中国的西藏。有学者曾指出了西藏人和迦洛人之间的共同特征，即他们都崇拜鳄鱼，注重拜牦牛尾。可是，有的学者又认为这类动物在迦洛山区从来没有，故两者无关。即使如此，也不能完全证明迦洛人属于西藏人。更有一些学者认为，迦洛人同其他少数民族一样，是由中国经过印度东北和上阿萨姆地区来到这里的。远在上古时期，就有大量蒙古人种由此道源源而来。

迦洛族的语言属于汉藏语系，它与居住在阿萨姆平原、北格恰尔山脉和蒂利普拉地区的少数民族的语言接近。迦洛族人和格恰尔人，无论在语言上还是在身体结构上，都有许多相同之处。基于此种理由，一些学者认为，这两个民族同属一源，后来才分成两支。其中恰格尔人分布在布拉马普德拉河以北地区，迦洛人则分布在此河以南。

迦洛人皮肤略黑，有蒙古人的脸型特征。他们一般有波浪形的卷发，虽然有时也把它弄直。

迦洛人身材矮小，虽然壮实，但没有卡西人那种四肢发达的明显特征。有些人留有胡须，但比较稀少。男女的发型大多一样，在后面打结，或者包个头巾。青年妇女看上去丰满娇媚，而且身体健康，但随着年龄的增大，很快就失去了风姿。

迦洛族男女，穿很少的衣服。有文化的迦洛人和基督教徒，穿英国式的服装。绝大多数迦洛男子只穿一条三角裤，遮住下身。他们把这种三角裤叫做岗多那卡尔。妇女在腰部围一块齐膝长的黑布，名叫伊坑·多卡。上身穿一件护胸衣。山区的妇女要裸露上身。非基督教男女，头上缠一条自家织的布带子。带子缠在前额以上。在特殊场合，戴一条镶边的红绸子。头巾裹成一圈又一圈，露着头顶。

迦洛族无论男女都喜欢佩戴首饰，脖子上挂一条用白银、虫胶、珍珠或竹签做的项链，两耳挂有耳环，妇女戴的耳坠更多，有的甚至多达五十余个，结果耳朵因承担不了而被撕裂出血。尽管如此，还坚持要戴，只好把耳环用一根绳子串起来拴在头上。

如果男人去世，寡妇必须把耳环摘下。取下耳环是对成年妇女的一种惩罚，直到妇女解除了不吉祥的罪名之后才能重新戴上。

迦洛人的娱乐有个特点，总是一边跳舞一边喝酒，有时男女合跳，有时女子单跳，由牛角、竹笛和鼓伴奏。男人手持剑、盾，边跳边喊"嗨"，"嗨"。有一种仪式性的舞蹈，头人戴上臂环，由祭司带队，后面跟着头人和他的妻子，再往后才是宾客。从头人的家里跳到村里的广场然后再跳回。

迦洛人有特殊的婚姻风俗，盛行姑表兄妹结婚。这种独特的婚姻制度是迦洛人社会结构的核心，每个家庭，家产归幼女继承，是这一婚制的本质。有继承权的妇女的丈夫叫尼戈拉姆，意思是"成家者"。一个男子可以和姊妹俩结婚，但必须先同姐姐结婚。尽管是母系社会，但还是一夫多妻制。不管男的愿意与否，都得娶几个妻子，通常以三个为限。岳父死后，女婿和岳母结婚。这样，就形成母亲和女儿同一丈夫。这位年轻的丈夫之所以必须同年迈的岳母结婚，其目的是，可使女儿有权继承母亲的财产。尽管岳母为第二妻子，但她是主妻，只有母亲死后，财产才传给女儿佬戈纳。其他无继承权的女儿，结婚时也可以分得一部分财产，但是主要部分要归佬戈纳。佬戈纳结婚后，仍住在母亲家里。她对母亲的财产拥有绝对权利。丈夫只能提出建议，丈夫的意见须经妻子允许才能有效。姐妹、侄儿、侄女之间发生财产纠纷，由舅舅出面调停；在结婚问题上，也要听舅舅的意见；佬戈纳的丈夫必须到妻子家生活，如果拒绝，则要受到制裁，当然周围的人对他努力劝说，若不听劝说，最后长老会判决他们离婚，佬戈纳可另找配偶。

当然，现在也有丈母娘采取自焚或其他办法拒绝同女婿结婚的。在迦洛人知识界，这种风俗日趋减少。

迦洛人禁止族内通婚，新郎新娘必须是不同家族的。例如桑格马族、毛米恩族等都不能族内通婚，他们之间可以通婚。孩子的姓氏随母亲，例如，母亲是毛米恩族人，父亲是桑格马族人，那么孩子则被看成是毛米恩人。求婚往往由女方提出。通常做法是由姑娘亲自择婿。婚后，新婿作为父亲家族的代表。

婚后女子一旦失去丈夫，不经死去丈夫家的同意，则不能再婚。这种风俗称为阿喀姆。这对妇女来说，是很苛刻的事情，所以政府并不承认。尽管如此，上述现象至今仍然存在。

迦洛人不时兴婚价，但偶尔也有送一把剑一个盾牌或一头牛的情况。因行为不轨而离婚的较为普遍。离婚也很自由。但是，主动要求离婚者要支付六十个卢比赔偿费。

迦洛人虽没有妓女，但私通情况常见。早时候，对婚前初犯者的惩罚是撕掉女人的耳朵，把她的衣服撕烂。这样，邻居们就会嘲笑她。如果她重犯错误，就把她处死。情夫被卖为奴隶，或者处死。

婚后私通的很少。如果发生这类事情，就要提交村民大会。犯罪的男女受到公开的审判后，要挨邻居们的嘲弄，直到这个男的付出了罚款。罚款分给大会的诸位长老，丈夫方可把妻子领回。但如果她不能生育，丈夫则可能拒绝把她领回。

由于迦洛族现还处于母系社会，所以妇女与男子比较，权力大，地位高。婚前，她们有权挑选丈夫；婚后，女子不住婆家，丈夫同她居住娘家；结婚时，女方不出嫁妆，而由丈夫的父母负担；平时，丈夫干活得听从妻子的支配。至今迦洛人的社会中还流行两种婚姻制度：

第一，由女方主动提出求婚。姑娘若看中某一青年就告诉父母或亲友。然后这些人待机将那青年抓来。这样，青年被带到家中，人们把他俩关进同一房间，对男的进行监视，防止他跑掉。姑娘同那位青年像夫妻一样一块生活。如果在这期间，男的表示愿意与她结婚，就给他俩办理结婚手续，若他拒绝，并且已同姑娘同房，那么，他要交付罚金，以示赔偿。

第二，把姑娘带至舅家，同时带上吃用的东西。舅父为她举行宴会，宴请村民，同时把姑娘看中的青年设法带去。宴会结束后村民各自回家，但要把那位被看中的青年扣留下，派人监视看守，以防溜走。如果他连逃三次

（每一次相隔时间不一，少则几星期，多则几个月），就表明他不愿与之成婚。如若同意，两人可同居舅家，但不能同房，而是分床单住。婚后过些时日，两人改住妻子娘家，这时，再宴请村民。但对青年仍要继续看护一段时期，防备他逃跑。

迦洛人相信万物有灵，而且精灵有善、恶之分。善神能给人带来吉祥和幸福；恶神则给人带来疾病和灾难。他们用供奉祭品的方法来改善同这些神灵的关系，根据不同情况，判断该向哪位神灵和用何种方式祭献，有时使用食物，有时献活物杀生祭奠。

迦洛人也为生育和死亡举行仪式。当一个妇女临产时，她丈夫根据她的情况，不是宰一头牛或一只羊，就是杀只鸡。参加仪式的妇女们在房间的地上撒稻谷，同时嘴里不住地喊叫让魔鬼走开。如果分娩困难，就牵一只羊进来，挨近妇女们，这时，祭司用嘴向产妇喷一口清水，并祝她"好运气"。

迦洛人时兴火葬，但麻风病人的尸体则被埋掉。头人死了，遗体用酒洗过，一般人死后用水冲洗。在死者手掌里放一枚铜钱，让他在去阴间的路上花。还用牲畜上供，让他在路上吃。在火化之前，尸体停放两天一夜，由妇女们和祭司看守。妇女们大声痛哭，并念叨死者生前做过的好事与坏事，用一块木头不停地敲地，用来掌握时间。

死者若是一位要人，村里的男青年就化装成虎、熊和猴子等野兽，模仿这些动物的声音，边舞边叫。这样，吊唁的人可以保持清醒，小心地守护遗体。在火化地附近拴一头牛，当遗体快烧完时，把牛宰掉。这样，牛的灵魂可同人的灵魂一起去到另一世界。还宰只狗，以便给他带路。在火化后的早晨，遗孀或鳏夫或近亲到火葬堆的余烬上做些米饭和鸡蛋食品，供死者的灵魂来吃。未烧完的遗骨收集起来，埋在死者的房外，在那里盖上天篷，再建一个神龛。

迦洛地区并非世外桃源，不是生活在真空里，它同周围的社会乃至世界有着联系，受其影响。他们在向灌溉性农业过渡的过程中，政府对他们给以鼓励和帮助，所以使当地的某些制度和传统习惯发生了明显的变化，生产关系有了改变，农业生产有了发展，精神文明有了提高。因此，可以说，迦洛人的母系社会结构已经发生了许多变化，在向父系社会过渡，朝着现代文明的方向发展。

第十章 印度的节日

一 五彩缤纷的节日

印度是一个具有悠久历史文化传统的国家,印度人民自古以来,在长期的生活中形成了许多格调各异,绚丽多彩的民族节日。这些节日是民族文化财富的一个重要组成部分,是印度古代文化史上不可缺少的篇章,也是民族特点的主要内容与表现形式。它全面、集中、典型、形象地反映出了一个民族的共同心理素质、性格特征和理想愿望。

每个民族的节日的出现不是偶然的,都是该民族在一定历史时期内的产物,有它产生的历史根源和社会条件。早在人类社会的原始时期它就产生了,以后随着社会的发展,历史的前进,生产力的提高,以及人们能力、智力等的发展,这种传统文化越来越显得丰富多彩。它不仅满足了人们的一定生活要求,也推进和巩固了社会秩序,它独特地起着一种文化功能。

民族节日作为民族风俗习惯的主要组成部分,属于文化范畴,它在一定程度上反映着各族人民的经济、政治、宗教、思想和生活状况,并影响着社会人民的思想和生活,因此对节日的作用不可低估。但是,随着时代的变迁和社会的发展,民族节日这种传统文化不免显出它的局限性,甚至落后性。所以有些节日也会被淘汰,有些节日则从庆祝方式到节日内容有所改变或增减而被保存了下来,同时也有些新的节日不断出现。

印度的节日,数目之多令人吃惊。有人说:"一年有365天,而印度节日就有366个"。换句话说,节日的数目比一年的天数还多。当然,这种说法虽是个笑话,并不科学,但也说明了一个问题,即印度的节日繁多。在印度,较大节日就有百个以上。再加上各邦小的节日,共有多少,谁也说不清楚。无怪总是感到节日放假。我们中国人对此有点不大习惯,但印度人却习以为常,尤其孩子们更是高兴,因为节日期间他们不仅有更多玩的时间,还有好吃好穿的。

印度的节日大致可以分为以下几类：（1）政治性节日；（2）季节性节日；（3）历史性节日；（4）宗教性节日。但绝大多数节日是宗教性的，这同印度笃信宗教有关。属于政治性的节日，如国庆节等，这类节日可以激励人们的斗志，对人们进行教育；季节性节日，如秋收节等，在收成前后举行，表达对收获的喜悦，或祝愿来年有个好收成，鼓励人们努力生产，争取丰产丰收；历史性节日，如烈士节以及英雄人物诞生节等。节日活动中，再一次提醒人们不要忘记过去，联系当前实际提出新的任务，向新的目标前进。前三种节日，总的说来都是有积极意义的。而宗教性节日是另一回事。宗教节日，无非是宣传宗教，灌输宗教思想。而印度这类节日却是很多的，几乎占了印度节日的绝大部分。节日的庆祝时间长短不一，少则几天、十几天，多则长达一月之久。庆祝规模有大有小，大的多达几十万人参加。节日期间，费钱耗时不说，甚至有的节日里还要死人。如摩格尔·僧格郎迪节就是一例。冬天，人们需泡在水里向神祈祷。虽说印度冬天不冷，但毕竟是冬天，在北方，气温也在零度以下。因此，每年不免有人为庆祝此节而丧生。像这类节日对社会发展没有什么好处，因此，今天已有不少人对这类节日的必要性提出了怀疑，甚至有些人，尤其是一些受过教育的或青年人对此已没有多大兴趣。相反，有些原来没有的节日，随着历史的前进而产生了。例如，锡克教的纳那格诞辰节并非自古就有，而是到16世纪纳那格去世后为了纪念他才有的。又如甘地诞辰节、印度独立节等之类的节日都属这类。

由此表明，随着社会的发展，科学的进步，人们文化水平的普及与提高，一些不健康或意义不大的节日会被逐渐淘汰，而一些健康的，有意义的节日也会不断产生，历史发展就是如此。

二 几个主要节日

（一）霍利节

霍利节，又名洒红节，是印度教的四大节日之一，3月间，每逢佳节，举国上下都热烈庆祝，如同中国的春节一样热闹，但在庆祝的方式上有很大不同。人们不穿新衣，不放鞭炮，而是相互祝贺，彼此洒水、洒红取乐。这天上午，你会看到，人们的手里大都有个纸袋和小塑料口袋，里面装有五颜六色的粉末，走街串巷，有说有笑。见了面先是贺喜，然后拥抱，接着相互往对方脸上、头上、身上洒各种颜色的粉末。因此，每个人的脸，比中国京剧花脸的面谱还花得多，花得简直有点吓人，上至七旬老翁，下至五六岁的幼童，包括妇女在内，无一例外。有些人不仅相互嬉戏、对骂，甚至还说难听的下流话，但无人介意。男女老幼一起跳舞，有的跳民间舞蹈，有的跳迪斯科舞。跳起来格外起劲，个个脸上，都呈现出欢乐的笑容，还不时发出"嚎"，"嚎"的欢呼声。有些人敲打着手鼓奏出动听的乐曲，有些人有节奏地击掌，有些人干脆敲打着废油桶，等等。尽管不大悦耳，但他们毫不在乎。在节日期间，不仅无种姓之分、男女之别，就连平日有些敌意、彼此不和的人，今天也要互相祝贺，拥抱一番。

像这样热闹场面，不仅新德里如此，其他城市也是这样。一般城市庆祝两天，第一天焚烧霍利，第二天洒红。但大都市里一般庆祝一天。上午八九点钟开始，下午五六点钟结束，有的城市庆祝到夜里十一点。街上人群熙熙攘攘，川流不息，穿着五颜六色的服装，个个花着脸跳舞。当然，并非所有的城市都是这一种庆祝活动方式，有些地区做法不同。例如离德里不太远的马土腊城，过节时，除洒红外，妇女们还手持木棒，追打男子。这时，即使无畏的勇士，也要惧怕三分。因为男子不能还手，而且打了白打。同时也从未规定，只准打男子身上的某个部位。尽管出于取乐好玩，有时也难免有不幸事故发生。拉贾斯街邦的一些城市，妇女们则是把衣服浸过水后拧成一股绳，用来打人。这样，如同一根粗木棒，若是落在谁的身上也是够受的。在北方邦的贝拿勒斯城则是另一种做法。上午十点之前，人们相互洒水。洒的水，配成各种颜色，泼水者不打招呼，不管对方穿什么衣服，也不管泼到对方的头上，还是身上，被泼者只能容忍。因此，这时女子一般不大出门。上午十点以后，人们成群结队，上街游行。大至四五十岁的壮年男子，小至七八岁的男孩，手里都持着一根木制林伽（即男性生殖器），林伽的长短大小不一，用各种颜色的油漆漆过。游行队伍中，有人打扮成湿婆的模样骑着毛驴，人们边走边呼口号，口号也多是骂人的。女子们这时只好躲在家中。有些女子，出于好奇，开窗抬头偷看，一旦被游行的男子看见，对她就是一阵辱骂，其言语之难听，真不堪入耳。女子听了，顿时面红耳赤，但不能还口，只能忍气吞声。到下午两点左右，人们开始洒红。此时只准使用五颜六色的粉末，不准再用带各种颜色的脏水。这时，若有人故意用上述脏水泼人一身，别人就会动手打他一顿。因此，一般下午两点以后，女子才敢出门洒红取乐，欢度这一节日。

对霍利节的庆祝，在农村更加热闹。节日之前，人们粉刷房屋，清理垃圾，制作洒红用的颜料，等等，忙得不亦乐乎，而且在乡下庆祝时间较长，有的长达一个月左右。有些农村，不仅洒红，还选一些木棍，涂上颜色，手持木棍集体跳舞，古吉拉特邦的棍棒舞是很有名的。但是，北方邦、比哈尔邦、中央邦等地的一些农村，过节时，除跳舞外还要唱歌。歌词的内容大多同庆祝霍利节有关。

除了跳舞、唱歌外，也有洒红之类的做法。不过，不是洒水，也不洒各种颜色的粉末，而是人们彼此掷泥巴、掷牛粪，相互在对方的脸上、头上、身上又投又抹。有些人还故意往对方嘴里抹点牛粪。他们之所以不用各种颜色的粉末，而用牛粪和泥巴，这自然同乡下条件有关，泥巴、牛粪到处都有，用起来比较方便，这也算做"就地取材"吧。

每年一到节日，虽然有不少人躲在家里，但多数人都积极参加，热烈庆祝。即使躲在家里的人们也支持这一节日。在他们看来，这一节日有许多好处，其中之一是减少社会犯罪。因为一年到头，男女之间只有这时才能讲话，尤其是无所顾忌地大胆地说些情话，情欲也得以充分宣泄。在农村，这种机会更是难得，所以减少了一些犯罪行为。

关于这个节日的来历，有几种不同说法，一般认为是这样：

从前，有位国王，名叫赫尔那耶伽西布，暴虐无道，骄傲自满，后来因某种原因，连天神也不放在他眼里了。一天，他公开宣布，不准人们再提天神的名字，叫全国的臣民只崇拜他自己，否则严加惩处。

他有个儿子，名叫普拉赫拉德，是天神的忠实信徒。他不同意父亲的意见和做法，依然对天神虔诚不疑。因此父亲对儿子怀恨在心，并对他进行了种种残酷折磨。先是叫人把儿子从万丈悬崖上推下去，但儿子没有被摔死。后来又叫人用大象去踩他，结果也无济于事。最后，赫尔那耶伽西布恼羞成怒，便把自己的妹妹霍利叫来，对她说道："你把普拉赫拉德抱在怀里，坐在火中，你不会被烧死，而这个坏蛋儿子定会化为灰烬，然后你再从火里出来。"妹妹霍利听了哥哥的话，便抱着普拉赫拉德跳入火中，出乎国王意料，儿子毫毛未损，而抱着他的霍利却被化为灰烬。由于她存心不良，到头来自食其果。为纪念此事，每年人们用柴草做堆象征霍利，将其焚烧，以示正义战胜邪恶，善良战胜凶残。在这期间，人们可以说脏话，甚至骂人，认为对坏人理应如此。这样一来，每年过霍利节时，骂人，说下流话，也就成了霍利节的一大特点。

（二）德喜合拉（胜利节）

随着连绵的雨季结束，阳光明媚的秋季到来，德喜合拉的庆祝活动也就开始了。

德喜合拉节从九月底开始，到十月初结束，时间一般为10天，但个别地方时间更长，长达一月之久。

据史诗《罗摩衍那》记载，故事是这样的。锡兰的国王十首王罗婆那抢走了罗摩的妻子悉达，罗摩和他弟弟罗奇曼前去追赶解救，神猴哈奴曼也带上自己的猴子军和狗熊军前去支援。战争激烈地进行了十天，最后十首王罗婆那和他的儿子迈可纳特以及十首王的兄弟恭婆迦罗那全部被杀，罗摩获胜，悉达得救，罗摩和悉达重新团圆。由于他们被放逐森林的期满，所以全都返回了阿逾陀。德喜合拉节是印度教徒庆祝罗摩大战十天最后获胜的节日，所以又叫作胜利节。整个节日期间，在舞台上表演罗摩的生平故事，故事以十首王罗婆那及其全军覆灭而结束。这样，把每年表演罗摩衍那的故事称做《罗摩里拉》，所以有些人又叫它《罗摩里拉》。

一般的印度教徒对这一节日比较重视，从乡村到城市都是如此，尤其是北印度和中印度一带，对这一节日的庆祝更是热烈而隆重。

在乡村，节日到来之前，"五老会"为筹备表演《罗摩里拉》的经费而串街走巷，进行募捐活动，让演员排练，准备各种服装，以及舞台上所用的物资和角色，诸如猴子军、狗熊军、十首王的队伍，还有弓箭，等等，都得准备。在村庄上的一个大广场搭起了舞台，每天傍晚时分，舞台上表演罗摩的主要故事。到最后一天，焚烧三个巨型纸人，这三个假人是十首王、迈可纳特和恭婆迦罗那，用以象征罗摩的胜利。

在城市，庆祝活动另有一番景象。事先，同样募捐款项，挑选演员，有条件的还叫职业演员充当罗摩、十首王和哈奴曼等角色，但是有一忌禁，任何女子不能参加这一表演，剧中女子的角色，均由男子充当。另外的一些人，在一个广场周围用红绿帆布围起，前边搭起个舞台，用作《罗摩里拉》的表演；还有一些人忙着制作假人。假人大小不一，大者五六十米高，小者也有三十米以上……真是一片繁忙景象。

节日的第一天，便开始了《罗摩里拉》的表演，每天傍晚，很多人赶来观看，听罗摩的故事，直到深夜，不怕疲倦。渴了，卖汽水的人把汽水送到你面前，他们不时地巡回叫卖；饿了，场地周围有卖各种食品的小贩。但是，进场的观众必须买票，有警察看门把守。

节日的最后一天，焚烧三个纸人，如前所述，这三个纸人竖在广场上，一般在傍晚七点左右焚烧。这时尤其热闹，从小孩到大人都愿赶去观看。广场周围的最外一层，是卖各种东西的商贩，密密麻麻，成群成堆。在他们看来，这是个发财的机会，有吃的，有用的，尤其不少是孩子们的玩具，如表示罗摩用过的弓、箭等。里边一层是拥挤的观众，这时还播放着音乐，音乐声、喧哗声和各种东西的叫卖声汇成一片，震耳欲聋。在首都德里的庆祝，带有浓厚的政治色彩，总统、总理都要出席，联系当前形势做个讲话，然后才焚烧假人。"马上要烧假人了！"有些人叫嚷。这时不少行人、车辆也自动在路上停留下来，兴致勃勃地观看一番。当火光一闪，鞭炮齐鸣，炮声、欢呼声混成一片，气氛格外热烈，几十米高的纸人顿时化为灰烬。焚烧纸人是节日的庆祝高潮，也是最后的一个节目。

（三）灯节

灯节是印度教的重大节日之一，10月至11月间每逢这一节日，人们都热烈庆祝。节日的前几天，人们开始紧张地忙碌起来。有的在往墙上张贴神像，有的在摆各种供品。神像前的供品堆得满满的，既有椰子、橘子等水果，也有薄达夏等甜食，还有糖做的糖马、糖象等玩具……摆了满满的一片，供品可谓丰盛。地板擦得很干净，净中透亮。从走廊的门口直到家中内屋的罗其密像前放祭品的地方，用粉笔画了一条二尺来宽的羊肠小道。这条小道上还画有一些脚印，如同有人走过一样。使人一看便明白，它是告诉罗其密女神来到走廊后，沿着这条粉笔小道便可以到达供她的地方。屋顶上挂有五彩缤纷的彩带，有红的、黄的，也有绿的……还有闪光的银纸。简直如同婚礼一样，这种气氛给人增加了不少快感。

有些人家的灯节活动，请婆罗门祭司主持，他们走街串巷，非常忙碌。我应邀来到一家。刚坐下不久，走进一个人来，他身穿黄色陶迪，手提一只口袋。原来他是一位婆罗门祭司，从某庙而来，年龄五十上下，脸上神色严肃，没有一丝笑容。他进屋以后，直奔有供品的地方，席地而坐。他坐下后亲自动手布置供品，并指挥我的朋友夫妇又增添和布置了供品。接着灯节仪式开始。他在两膝中间，放有一书。祈祷时，他一边不时地翻阅，一边向我的朋友夫妇提些问题，如姓名和出生年月日等，嘴里还不时地在念叨些什么，在祭司的示范和带领下，在场的人时而双手合十，两手贴在脑门前，时而头触地板，鼻子着地，屁股撅起。仪式进行到后来，由祭司拿一点供品，分别一一递到在场的每个人手里。据说，这些东西就成了神给的，因为经过了祭司之手。接着祭司又向每人分发名叫崩加莫里得的供品（用牛奶等五种东西混合而成，基本上呈牛奶状态），倒在每个人手中有半酒杯的样子。接受这东西的人伸出双手，一上一下手心朝上叠成十字形（这是一种仪式）把东西接过来，这点东西必须喝光，不能把它扔掉。若有剩余，按规矩，要把剩下的部分全部涂到自己的头上。由头顶前边涂起，逐渐往后。接着祭司又往每人的前额上点朱红，由下而上抹起。在场人一一向祭司致谢，仪式到此结束。这时，祭司拿过早已准备好了的大口袋。口中念念有词，把那些供品装进他的口袋，全部带走，说是给罗其密女神吃。不知道罗其密在哪儿，反正那位祭司把东西带走了。当天晚上祭司要主持不少这样的灯节仪式。

仪式结束后，按着印度风俗，主人请在场的客人吃点心和水果，并同他们的邻居交换甜食、水果，相互祝贺，希望能招财进宝。

这天夜里，你若环顾四周，家家户户，墙上、门口，都点着一排排油灯，密密麻麻，如同天上的繁星。市场区域则是另一番景象。商店门口，点缀着五颜六色的电灯泡，耀眼辉煌，犹如白昼一样。有些人在虔诚地祈祷，有些人在愉快地谈笑风生，有些人在热情而又耐心地接待顾客。

这个节日虽然是印度教的四大节日之一，人们每年都热烈庆祝。但是，对它格外欢迎和重视的倒是商人，过节时他们进行结账，改换新的账本，故有人说它是商人的节日。罗其密女神喜欢住在商人家里，因为他们有钱，可是谁不想叫这位女神来自己家呢？因此，所有印度教徒都热烈而又隆重地庆祝这个象征财富的节日。

罗其密还喜欢住整洁、美观的地方。因此，在灯节之前几周，人们便打扫房舍，粉刷墙壁，室内墙上张贴神像，在各门口及院落的四角都清扫干净并装饰一新。到了灯节的那一天傍晚，人们洗过澡，穿上整洁的衣服，戴上漂亮的首饰，开始虔诚地向罗其密祈祷。墙头、院落都点上一排排小油灯，不留黑暗的死角。为此，富有人家，装有五颜六色的灯泡。这都是为了给罗其密女财神照明引路，请她到自己家来。有意思的是，这一天，有不少人家祈祷时，家中门窗全都大开，就连箱子、柜子的门也全打开，好让罗其密财神进去，畅行无阻。这一天，尽管也敬耿乃希神，以便保卫，但是也有不少偷窃案件发生。那天晚上，由于一些人家不关门窗睡觉，而且又灯火通明，这给小偷作案提供了方便条件，有的小偷倒是真正发了大财。

灯节这天晚上，不仅张灯结彩，辉煌耀眼，而且还鞭炮齐鸣，轰声隆隆，大小鞭炮和各种礼花的声音混成一片，简直震耳欲聋，的确为节日增添了不少气氛。可是，就在这天晚上，据有关报道，又有另外事故发生。据统计，每年的这一天，由于放鞭炮和礼花，致使全国1000人的眼睛变坏，15万人受伤。就以1985年的首都新德里为例，一天当中，有129处起火，1000余人受伤，250人被送进医院抢救，死者数人。一年如此，年年如此，的确令人担心。

据记载，这个节日由来已久。首先庆祝这个节日的是阿逾陀人。当罗摩、罗奇曼、悉达和哈奴曼战胜锡兰十首王罗婆那之后回到阔别14年的首都阿逾陀城时，阿逾陀人全都点上油灯，昼夜热烈欢迎庆祝。从此，印度教人把这一天看成是罗摩战胜罗婆那、正义战胜邪恶的节日；凭着人们的智慧和劳动，用一排排油灯把漆黑的夜晚变成了一个明亮的夜晚，所以又把它看成一个光明战胜黑暗的节日。

（四）杜尔迦节

在印度，当酷暑过去，阴雨连绵的雨季结束，就有一个风和日丽、不冷不热的季节来临，那就是秋季。阳历的十月，百花争艳，芬芳扑鼻，夜间在三楼的凉台上就能闻到地面上各种花卉的芳香。杜尔迦节正是在这个时候进行的。

过杜尔迦节，是拜杜尔迦女神的意思，它是印度的主要节日之一，在孟加拉邦则是最大的节日。从十月二日开始，连续欢庆五天。节日期间，学校停课，机关放假，在政府部门工作的人员，还可以领到节日补助，钱数多少不一，少则二百卢比，多则上千卢比。在过节的前几周，人们就开始忙碌了，家家户户都充满了欢乐的气氛。添置衣服，修理房屋，打扫卫生，采购过节吃的蔬菜、粮食和送朋友的礼品以及去医院探望病人的慰问品，等等。更值得一提的是，半年之前，有些人就开始塑造杜尔迦等几位神像了。杜尔迦是位勇敢而美丽的女神，她骑在一只雄狮背上，身上长着十只臂膀，手持各种兵器。她用一个三叉戟戳进一只水牛（阿修罗的化身）的肋下，阿修罗从水牛体内钻出，现出原形，杜尔迦立即将他杀死。所有这些形象，都一一塑造了出来，栩栩如生。在杜尔迦的左右两侧，分别站有耿乃希、斯尔斯瓦蒂、罗其密以及迦尔迪盖耶的神像。

据《往世书》记载，从前有个可怕的凶神阿修罗，他变成水牛，折磨众神。一百年以后，阿修罗把众神从天堂赶出，登上了因陀罗的宝座。这时众神向梵天祈祷，找湿婆和毗湿奴求援。湿婆和毗湿奴得知阿修罗暴虐无道，怒发冲冠，于是喷出一种特别的火焰，这火焰先是照射到大地与整个宇宙间，然后变成一位漂亮的女神，这就是杜尔迦女神。这时，众神纷纷向她赠送各种礼物，有的送丝绸服装，有的送各种首饰，有的送盔甲和各种武器，喜马拉雅山神也送她一只不可战胜的雄狮，作为坐骑。

于是，杜尔迦女神向四周伸开十臂，向阿修罗挑战，带有各种武器的阿修罗立即率领军队前来应战。这样，一场激烈的战争就开始了。转眼间，地动山摇，海水翻滚，杜尔迦投出名叫"巴希"的武器（一种圆圈），把阿修罗套住，使他处于困境，顿时，整个宇宙突然摇晃起来，接着，阿修罗又变成各种形状，千方百计想砍断"巴希"，虽然努力再三，但由于他罪大恶极，所有努力都无济于事，终未能挣脱，最后，杜尔迦抽出宝剑，将他杀死。这时，众神和百姓，高兴万分，欢声雷动，向杜尔迦祝贺致敬。善良而正义的杜尔迦女神开口向众神问道："你们有何要求，尽管提出。"于是，众神和百姓向她请求。"杜尔迦母亲，我们若遇灾遭难，请解救我们。"杜尔迦女神斩钉截铁地回答："完全可以。"印度教徒为了感谢杜尔迦驱邪扶正的功绩，送她回家与亲人团圆，所以才过杜尔迦节，这便是杜尔迦节的由来。

过节的几天，热闹非凡，神像林立，人海如潮。你若进城，神棚到处可见。巨大的神棚周围，停满了小轿车、三轮汽车、摩托车以及远道而来的大轿车。神棚用红、绿色厚帆布搭成，讲究的神棚分里外两层，里层全用白布。刚走进神棚，靠近门口的两侧，是卖东西的小商店，出售各种糖果、玩具和与敬神有关的各种书刊杂志；另一边，是争先恐后排队吃祭品的人群。队伍弯弯曲曲，很长很长，得花不少时间才能轮到，届时可以领到一份祭品。祭品放在一个用树叶做成的半圆形杯子里，看上去有拳头大小。里面放有煮熟的黄豆、几片黄瓜和一些甜食。据说吃了这些东西，吉祥如意，驱灾避难。几岁的儿童，二十几岁的青年学生，中年的教师和职工，甚至白发苍苍的老人都来排队。有些老人，尽管牙齿脱落，两腮下陷，看上去吃这些东西有很大困难，但他们无论如何也要慢慢地咀嚼，想尽办法把好不容易排队领到的一份祭品吃下去，他们坚信，吃了死后可以升天。

进门后的正前方，搭有一个高高的台子，如同中国古代的戏台。台上并排竖着杜尔迦等神的巨幅塑像，其中以杜尔迦像最高，有的高达五米至七米，最小的也在三米以上。台上的一角，有位祭司大声朗诵梵文咒语，内容多是对杜尔迦女神的歌颂和对当前生活的祈祷。台下拥挤的人群，双手合十，低头静听。连续拜神三次，前两次拜完之后，男女信徒们把手中的鲜花投向神像前。由于人多拥挤，后边人手中的鲜花投不到台上，于是不少都投到前面人的头上。第三次拜完之后，台上一人手托一个大盘子，朝台下人群的方向走来，但那个人并不走下台来。这时，那人把信徒们手中的鲜花或扔在台上的鲜花收集在盘内。但是，有些人故意不把手中的鲜花全都放在盘内，而是留下一二枝鲜花准备带回家去，据说是为了永保吉祥。更有些人拜神之后，向台上的神像投钱，犹如"抢购"东西一样拥挤，有的投五个卢比，有的投十个卢比，雪片似的纷纷向台上扔去。然后，才心满意足地离去。一次祈祷到此算是结束，有兴趣的回头再来。

神棚的另一边，又有一座高台，在那里表演各种节目。有动人的话剧，优美的舞蹈，悦耳的歌曲和音乐等。有些是传统节目，每年上演。尽管如此，演员屡演不烦，观众百看不厌；有些新的节目，要对演员经过严格挑选，节目经过长时间认真排练。台上的演员认真地表演，台下的观众聚精会神地观看。到了深更半夜，还有电影放映，人们简直废寝忘食，不知疲劳。台下的座位，不分主次上下，一律平等。当然，对于长者和名人，还是比较尊重的，尽量让他们坐在前边的椅子上，其余则席地而坐。

节日的前几周，募捐活动就已开始。若是同一地区举办几个同一类型的活动，彼此间在募捐上也会发生冲突，出现相互竞争现象。在这时候，户主更是为难，不知到底该给谁钱。有些地方的准备工作长达数月之久。尤其塑制杜尔迦等巨型神像，半年之前就着手塑制。大型塑像更得提前动手。一般塑像大小，根据不同需要来做。大型神像，价值二万至二万五千卢比（折合人民币四五千元），小者也得上千卢比。从前，除用泥土塑造外，还用其他材料，例如香蕉叶、黄麻、玻璃，等等，现在多用泥土、有机玻璃、木料等制作。

凡参加祈祷者，要穿最新最好的衣服。特别是妇女，身上那五颜六色的新纱丽，鲜艳夺目。不少男子，穿白色围裤或巴加马，浑身上下，全是白色。整个节日期间，就连神棚的场地和树木，也都披上了节日盛装，用各种颜色的灯泡点缀起来，尤其在晚上，更是耀眼辉煌。路上行人，成群结队，熙熙攘攘，谈笑风生。

杜尔迦节的活动，在印度各地并不完全一样，重视的程度也不相同。从前，在西孟加拉邦，印度教国王让人在王宫里搭棚祈祷，庶民百姓若能去参加，则感到十分荣幸。以后，才开始通过各种组织和各区委员会来举办群众性祈祷活动。在孟加拉邦，每村至少有一个祈祷神棚，城市里更多，在加尔各答每年至少有三万个以上。著名地方的神棚，参加者可多达数十万人，因此，连维持治安的警察和有关组织者，都不得不做出特别安排。

现在，各种崇拜杜尔迦女神的活动，不仅限于孟加拉邦，在北印度、南印度都有。如北印度的比哈尔邦、阿萨姆邦、哈里亚纳邦等；南印度的奥里萨邦、安得拉邦和泰米尔纳德邦等，都有不同程度的庆祝活动，而且还在不断变化。但泰米尔纳德的庆祝活动有所不同，叫法也不一样。那里把拜杜尔迦神叫"高鲁"，在庆祝时，家家修有九层的台阶，在台阶上除放有男女神像外，有时还放各种玩具等物。

节日活动结束时，将神像从台上抬下，用汽车、拖拉机或手推车等把塑像运往圣河或圣湖边，投入水中。在运送神像的途中，一路上敲鼓奏乐，载歌载舞。因为要把杜尔迦女神送回娘家，去会见分别的亲人，同亲人团聚，所以这时人们也欢喜若狂。但是，当把塑像从台上取下和运到河边或湖边将其投下水时，人们心情格外沉重，犹如同一去不复返的亲人告别一样难受。把神像投入水中后，人们在回家的路上，同样锣鼓喧天，歌声阵阵。

（五）保护节

每年印历的五月（相当于阳历7—8月）的圆月那天，要过保护节（又名手镯节）。它是印度的四大节日之一，印度从北到南，从东到西，各地都热烈庆祝这一节日。其中以北方邦、中央邦、比哈尔邦、古吉拉特邦、拉贾斯坦邦、旁遮普邦等尤为重视。

一般在节日前夕，大小商店便开始出售过节时手上戴的各种拉凯。拉凯的颜色不同，有红的、黄的、蓝的、绿的，也有浅红的；其形状不一，有圆的，也有方的，以及各种形状的；有小孩戴的，也有大人戴的。小至几岁、十几岁的姑娘，大至几十岁的妇女都兴致勃勃地穿着漂亮衣服去商店购买拉凯。拉凯的价钱有高有低，质量有好有坏，便宜的五个拜司，贵的五个卢比。

节日的前一天，商店出售各种糖果、点心，喜欢吃这些东西的人们，见了非垂涎三尺不可。这些东西有勒杜、杰莱比、博尔菲、巴鲁夏依（一种甜食）依莫尔迪、古拉薄佳姆（一种甜食）勒斯古拉、杰姆杰姆，等等。

姐妹们更是兴奋，平时睡懒觉的，到节日这天她们比谁都起得早。起床后先是洗澡、梳妆打扮，接着供神祭祖，直到给兄妹戴上了拉凯，自己才肯吃饭。通常做法是，姐妹端个盘子，里面放有用纸包着的拉凯。接着往盘里放些糖果，准备请兄弟们吃。姐妹用纱丽的一角把头发完全盖住，只留面孔，（这是出于礼貌）来到兄弟面前坐下。这时，姐妹先给他的前额上点吉祥志，然后兄弟微笑着向她伸出右手。姐妹再给他手腕上绑上个"拉凯"，绑拉凯时，姐妹对兄弟进行良好祝愿：愿你幸福、平安、发财；兄弟也向姐妹发誓：为了保护你的荣誉和尊严，即使赴汤蹈火，流尽最后一滴血，也在所不惜。

这一天，婆罗门和祭司也给自己的信徒佩戴拉凯。有些地方，在墙上画有巨幅神像，进行祈祷，还用牛奶粥和塞沃依（一种食物）给神上供。在家门口两侧的墙壁上画有黄色巨型的手印，以表示吉祥。

印度地域辽阔，情况复杂，不同地区对节日有不同叫法，有的叫拉凯，有的叫斯鲁尼，有的叫它拉可里。关于这一节日的来历，还有不少有趣的故事呢。

从前，神仙和恶魔之间进行了激烈的战争。战争中，恶魔连连取胜，而众神节节败退。最后，众神情绪一落千丈，萎靡不振。因陀罗[①]也被打得丢盔解甲，败阵而归，准备放弃首府而逃亡他地。这时，他把自己的大臣和导师祭主（木星）请来商谈此事。他强调指出，现在千钧一发，进退维谷，我们既不能在此久留，又不能放弃此地而逃往他乡，只有孤注一掷，与恶魔决一死战。导师祭主听了，刚要回话，这时，因陀罗的妻子在旁抢先答道："夫君，莫怕，我自有办法，能克敌制胜。"第二天早晨，她在丈夫手腕上套了个"保护圈"。再战时，果然魔王被因陀罗手上的保护圈吓得抱头鼠窜，不敢交战。

所以每年过此节时，姐妹们要给兄弟们手腕上绑个"拉凯"，表示保护兄弟平安无事。兄弟也要给姐妹们赠送鲜花，或现金，以表示兄弟姐妹之间的情谊。

耆那教对这一节日则另有说法。

从前，乌杰恩有位国王，名叫稀里沃尔玛，他有四个大臣，他们分别是巴里、纳姆吉、簿利哈斯巴迪和布拉合拉德，他们都反对佛教。国王虽笃信

---

① 天神王。

佛教，但对其他宗教也很尊重。一次，国王决心看望住在公园的耆那师尊阿耿本及其他七百名耆那信徒。当时，陪同国王前往的还有上述四位大臣。在那里，四位大臣与耆那教徒进行了激烈的辩论。有位名叫希鲁德撒格尔的耆那信徒，把大臣们说得哑口无言，无以对答。因此几位大臣便恼羞成怒。当天夜里决定杀害那位信徒。但到了夜里，当大臣们去行凶杀害那位信徒时，希鲁德撒格尔早已被师尊提醒，已提高了警惕，故大臣们的阴谋未能得逞。第二天，此事被国王发现，怒不可遏，随即将四位大臣解职，并驱逐国外。

这四位大臣倒也有些本事，善于外交，能拐善骗。有一天，他们来到哈斯迪纳布尔（今天的德里城）的国王希里薄叠那里避难。没几天，他们凭着自己的本事，博得了国王的深信。一天，师尊阿耿本率其信徒也来到哈斯迪纳布尔，那四位大臣一见他们便火冒三丈，更何况他们这时已窃取了国家大权。于是他们便向国王建议，在七天之内由他们四位统管全国。这样一来，凭仗自己的职权，将阿耿本及其信徒团团包围，然后四周放火焚烧，扬言举行男人血祭。一时间，哭喊声，惨叫声混成一片。这时国王虽已醒悟，但为时已晚，束手无策，无能为力。四位大臣七天之内为所欲为，搞得乌烟瘴气。当时幸亏此事被一位在米提拉普里进行瑜伽修行的另一位耆那信徒得知。他看了天上的星宿，知道阿耿本等人在哈斯迪纳布尔正在遭难。于是他马上派一个聪明能干的弟子约根·维湿奴古马尔前往那里设法营救。

约根·维湿奴古马尔得知消息，决定抢救。他有一种特殊本领，即能缩能长。他是哈斯迪纳布尔王国希里薄叠国王的哥哥。他到了哈斯迪纳布尔以后，对弟弟训斥一阵。当得知弟弟已无能为力时，他自己便亲临祭场。大臣巴里对他热烈欢迎，并请他在这次大血祭中要一些施舍。约根·维湿奴古马尔仅向巴里提出自己走三步的要求。巴里听后，希望他再提更多的要求，但约根·维湿奴古马尔对答应这点要求则已满足。当巴里一答应，维湿奴古马尔立即变成了巨形，他一步从苏迈鲁山跨到了地球上，第二步又跨到了无人居住的大山上。现在还剩一步，这时，地球剧烈摇晃起来，破碎的星辰不断从天空掉下，到处骚乱不堪。巴里则被吓得惊恐万状，魂不附体，马上跪在维湿奴古马尔脚前，恳求宽恕。

在维湿奴古马尔的指使下，祭祀活动立即停止，对耆那信徒进行了膜拜祈祷。诸位信徒这时已被大火烧得遍体鳞伤，嗓子也被烟呛坏。对他们进行了抢救。师尊也指示在场的人们抢救自己的同伴和亲戚朋友，并且叫大家安全保护。从那天起，就是这个安全保护节日的开始。人们认为，举行一次这种活动，能确保全年吉祥平安。

关于保护节，还有一些其他有趣的历史故事。例如关于格里纳沃迪的故事在印度几乎家喻户晓，人人皆知。一次，古吉拉特的统治者巴哈杜尔夏合大举入侵格尔纳沃迪的王国，格尔纳沃迪见巴哈杜尔夏合陈兵百万，慌了手脚，不知所措，甚感情况危急，无力抵挡。此时此刻，她想起了威震四方，强大的护马拥国王，她随即向护马拥寄去了"拉凯"，与他结为兄妹关系，请求支援。一般来说，护马拥不应反对巴哈杜尔夏合国王（因同属一教）而去支援一位印度教妇女。但是，由于"拉凯"的作用，护马拥马上率领大批军队前来支援，赶到了迈瓦尔一城。待护马拥赶到那里，为时已晚，格尔纳沃迪女王已英勇就义。这时护马拥悲痛万分，决心为格尔纳沃迪报仇雪恨。对巴哈杜尔夏合立即追击，直至最后将其彻底歼灭。莫卧儿王朝的历史上多次出现过类似事例。在拉贾斯坦的历史上，这种例子也屡见不鲜。

历史上如此，今天的印度也是同样，有些女子，因为自己没有亲生兄弟，若她们想找一个或几个兄弟的话，也采用这种方法。从此以后，他们彼此结为兄妹，成了亲戚关系。不过，她们大多找富有男子，有钱之人，一般不愿找个穷哥哥或穷弟弟，大、中学生中都有这种情况。同时，也受到种姓的影响。

至于几岁、十几岁的女孩也给别人争着戴"拉凯"，那是另回事，一是出于好玩、凑热闹，二是为了要钱。对她们也不必给钱太多，二三个卢比即可，三四个卢比也行。

第十一章　文化艺术与教育

一　最古的文献吠陀

《吠陀》是印度最古的文献，在印度被视为圣典。《吠陀》是知识、学问的意思。吠陀有四部"本集"。继四部吠陀之后，还有《梵书》、《森林书》、《奥义书》以及一些"经"书，一般把它们看作"吠陀本集"的续编，是传授"吠陀本集"的各个派别编订的，都与"吠陀本集"有关。

《吠陀》的四部"本集"是《梨俱吠陀本集》、《娑摩吠陀本集》、《夜柔吠陀本集》和《阿达婆吠陀本集》。《梨俱吠陀本集》又名《赞诵明论本集》，包括1000多首诗。被视为天书而加以尊敬。它的编订年代大约在公元前1500年左右，比其他三部吠陀都早。其内容非常复杂，多半是赞颂火神阿耆尼、战神因陀罗、苏摩酒、太阳神苏尔耶、晓天神邬霞、水神伐楼拿和死神阎摩的。此外，也有反映自然界和现实生活以及祭祀、巫术的内容。《娑摩吠陀本集》又名《歌咏明论本集》，包括1875多节歌词。这些歌词，在祭祀时可配曲演唱，除99节外，其余大部分是从《梨俱吠陀》中摘抄而来，或内容大体相同。《夜柔吠陀本集》又名《祭祀明论本集》，有两种本子，即：《白祭祀明论》（白论）和《黑祭祀明论》（黑论）。《白论》包括1975节经文，用诗体或散文体写成，系各种祭祀用文。《黑论》与《白论》内容大同小异，只是《黑论》比《白论》的经文少些。《阿达婆本集》又名《禳灾明论本集》，也是一部诗集，据说为古仙阿达婆所传，因此得名。全书共有诗731首，多系咒语，现存的传本分为20卷，前7卷是短诗，其余各卷有的是长诗，有的大部分是散文。从内容上看，有的内容狭隘，思想腐朽，但有不少诗与生活、生产有关，反映了人民同自然界斗争和战胜敌人的信心与决心以及对生活的乐观精神，等等。这四部本集各有用途，《梨俱吠陀本集》是诵者咏诵的，《娑摩吠陀本集》是歌者唱的，《夜柔吠陀本集》是行祭者口中念的，而《阿达婆吠陀本集》是祭祀的监督者们所必须精通的。因为这些吠陀是三千几百年以前一直到两千几百年以前的古书，所以人们通常称这些书中所表现的时代为"吠陀时代"。

这四种"本集"虽然都是为社会实践和一定阶级利益而编订的，有其社会意义和社会目的，但随着社会的发展，祭祀的作用日益减少，专为祭祀用的《婆摩吠陀》和《夜柔吠陀》也就成了过时的东西，而《梨俱吠陀》和《阿达婆吠陀》仍然放射着它们不朽的光彩，但这四部吠陀都是很重要的社会史料。

为传授《吠陀》，各派婆罗门还编订了一些文献，称为《梵书》。《梵书》主要记载举行祭祀的规定、仪式及风俗习惯等，是对《本集》的解释和说明，另外还有许多烦琐的讨论。虽然梵书中有许多神秘主义的枯燥说教，但也有不少神话传说，而且散文体也从此发展了起来。所以在文学发展中有它一定的地位。最著名的"梵书"有《百道梵书》、《爱达罗氏梵书》等。

继各派《梵书》之后是各派的《森林书》，或译《阿兰若书》，是梵书的续编。据说只在森林中秘密传授。书中虽不讲如何进行祭祀了，但却发展了神秘主义的理论。现存的森林书有《广森林书》《鹧鸪氏森林书》《他氏森林书》等。

《奥义书》又发展了祭祀理论中的神秘主义。《奥义书》系梵文词，音译为《乌婆尼沙昙》，是吠陀圣典的最后一部分，所以又称《吠檀多》，即"吠陀的终结"。《奥义书》的主要内容是些神秘主义的说教和一些哲学著作，不少地方解译了生、死、灵魂、天地等宇宙论和人生观。《奥义书》中较古部分开始提出的"梵"和"我"的哲学问题和理论后来大有发展。这些唯心主义派别总称"吠檀多派"，在近现代的印度和西方均有广泛传播。各派《奥义书》很多，大概有100多部，其中较古的大约有13部。最著名的奥义书有《歌者奥义书》和《广林奥义书》等。

与"吠陀"有关的还有"经"书。大约是公元前5世纪至公元2世纪间的产物，相当于印度的"孝经"与"礼记"。经书又分三类，一是《所闻经》，是一般祭祀仪式的提要，记述祭祀的规定及祭祀的做法；二是《家宅经》，讲的是一般节日庆祝和日常礼仪规定，说明家庭里举行的生死婚丧等礼仪；三是《法经》，它讲的是社会上各种人应该遵守的风俗习惯和法律，后来它发展成各派的法典。

除上述外，还有与吠陀有关的其他书，和"经"书统称为"吠陀支"，是研究吠陀的辅助著作，通常把它们分为六支，上述的经书为一支，讲的是祭祀、礼仪、风俗习惯及法律规定，称为礼法学。另外五支分别有语音学，是讲吠陀诗歌的读法，里面有一些关于语音和语调的规定；语法学，是讲解语法的；词源学，是讲词的产生和派生的；诗律学，是讲诗的韵律和结构知识的；天文学，是讲太阳、月亮、火星、木星、金星、土星等如何运行的，速度如何，这都是天文学的内容，因为要准确地理解吠陀咒语中提到的星座必须有一定的天文知识。

吠陀是口头创作，最早的"本集"约在公元前15世纪，最晚的在公元前5世纪左右就形成了。直到婆罗门祭司末把这些长期积累的文献编订成集以前，一直把它们当作圣典世世代代师徒口耳相传的。到后来，虽然有了棕榈叶或树皮上刻下来的写本，但主要仍靠口耳传授。这一传统直到19世纪开始印刷这些古书时仍未断绝，现存的传本基本上保留了古代原来的面貌。尽管《吠陀》不一定全是当时的实录，是僧侣口传下来的，其间当然会有不少是僧侣捏造的，但是它反映了公元前印度社会与文化情况，仍不愧为重要的文化遗产，它不仅对了解印度上古时期的社会文化和民族风情等都具有很重要的史料价值，而且一直被后人视为圣典，影响着人们生活。同时，为后来的语言学、历史学、人类学、社会学、宗教、哲学、文学及天文学等的发展历史提供了重要的资料，大大丰富了世界文化的宝库。

二 著名的两大史诗

（一）《罗摩衍那》

《罗摩衍那》即《罗摩的生平》或《罗摩传》，它与《摩诃婆罗多》并称印度古代两大史诗，也是印度人民对世界文学的重大贡献，它在印度文学史上和世界文学史上都占有崇高的地位。

史诗的传说作者是蚁垤。关于这个人印度有很多传说，不少传说充满了神话色彩。但是现存形式的《罗摩衍那》并非出自蚁垤一人之手，有些学者认为，也许开始时蚁垤以诗体形式写了《罗摩衍那》的雏形，后来，在它的基础上经过后人的不断流传和修改，使之逐步丰富完善；季羡林先生经过多年研究后指出，也许蚁垤对于以前口耳相传的《罗摩衍那》做了比较突出的加工、整理工作，使得这一部巨著在内容和风格上都得到了较大的统一，因此他就成了"作者"。① 当然，在他以后，《罗摩衍那》仍然有一个长期的流传和发展过程。所以《罗摩衍那》是印度人民集体智慧的结晶。其成书时代也说法不一，几十种意见。有的认为，它可能形成于公元前5世纪以前，有的说它形成于公元前4世纪至公元2世纪之间，等等。②

《罗摩衍那》这部史诗比《摩诃婆罗多》的篇幅要少，全诗共分七篇，约有24000多颂，但它故事集中，结构严整，在主题以及艺术手法甚至修辞譬喻的技巧上都树立了典范，是古典诗人的先驱。因此，《罗摩衍那》被印度称为《最初的诗》，给后来的长篇叙述诗树立了光辉的榜样，奠定了格式的基础。《罗摩衍那》的主要内容是描写英雄罗摩和他妻子悉达一生的故事，可以说是一篇对战胜艰苦和强暴的英雄的颂歌。但是由于婆罗门权贵对这部民间叙述诗的传统进行了篡改，所以《罗摩衍那》中通篇充满着下层对上层唯命是听，听天由命的思想。今天，正统的印度教徒认为《罗摩衍那》和《摩诃婆罗多》都是不可侵犯的圣典，并把它们看作是解决宗教、哲学和道德等问题争论的指南。因此，在印度，《罗摩衍那》是家喻户晓，妇孺皆知的。两千多年来，妇女们崇拜悉达，认为她是贤妻良母的典型。亿万人顶礼膜拜罗摩，把他尊为圣哲和楷模，表示问候、祝福时，人们口中就连呼"罗摩，罗摩"，两熟人相见时也说"罗摩，罗摩"即你好；发生了不应发生的事情时，表示惊讶也说"罗摩，罗摩"。至于"史诗"中那位神猴哈奴曼，更是受到狂热的崇拜，不少地方猴庙林立，里面还有许多猴子，特别是北方，更为普遍。所有这些，都与《罗摩衍那》密切相关。直到今天，人类离开神话时代已非常遥远，但《罗摩衍那》的故事还仍旧影响着人们的生活、思想和文化，在许多地方的节日集会上，不是观看《罗摩衍那》的有关戏剧演出，就是欣赏与此有关的歌舞表演，通宵达旦，一连几天，十几天，甚至时间更长，他们流连忘返，不知道疲倦。

《罗摩衍那》不仅受到印度人民的喜爱，深入人心，广为流传，对印度人民的宗教信仰有巨大影响，而且对世界也影响很大。长期以来，它辗转被译成德文、法文、英文、俄文，等等，尤其对南亚和东南亚各国的文学以及人们的思想影响更大。可喜的是，现在已有汉译本出版，季羡林先生早在"四人帮"横行的年代，不顾身受迫害，不顾年迈花甲，从1973年着手翻

---

① 季羡林：《罗摩衍那初探》，外国文学出版社1979年版，第10页。
② 季羡林主编：《简明东方文学史》，北京大学出版社1987年版，第67页。

译《罗摩衍那》，经过 5 年的辛勤奋斗，已全部译出这一不朽的光辉巨著，实为大事，它必将大大有利于对印度的了解，也会更加推动中印文化关系研究的开展。

（二）《摩诃婆罗多》

《摩诃婆罗多》被称为印度的两大史诗之一，全书共有 18 篇，号称 10 万颂，也是世界文学宝库中的一部辉煌巨著，它在印度和世界文学史上占有崇高的地位，是印度人民对世界文学的重大贡献。

《摩诃婆罗多》是奴隶制王国纷争时代的产物。它的中心故事是以印度北方的婆罗多族王国的内部政治斗争为线索，描写了牵连整个印度的一场大战。它内容丰富，包罗万象，涉及当时社会上的各方面的斗争，生动地概括了上古印度社会的各个方面，表现了当时的复杂斗争。史诗中既有大量神话传说和民间故事，又有大量的政治、宗教、文化的传统理论，享有"大百科全书"之称，对古代和现代印度人民的思想行为、道德观念、风俗习惯、文学艺术等一直有着极大的影响。

关于史诗的成书年代说法不一，多数人认为，现存的形式大约形成于公元前 4 世纪至公元 4 世纪。传说作者是广博仙人（毗耶娑），实际上，这部史诗是经过很多代人的创作和修改而成，绝非出自一人之手，它是古代印度人民集体智慧的结晶。古代文人可能把当时的大战事件和英雄人物通过诗歌形式记录了下来，长期在人民群众中流传。随着时代的前进，对它进行不断增补，吸收各种成分，从而内容不断丰富，最后大概又经过一些文人专门整理加工，成为一部庞大的著作。因此，当初的"摩诃婆罗多"自然不及现存版本的规模，现存版本是后人在漫长的岁月里对它不断增补的结果。

《摩诃婆罗多》这部史诗对后代影响极大，当作神圣的经典，而且认为是他们的民族史诗。诗中的许多人物和故事，几乎家喻户晓，两千年来盛传不衰。今天，连普通平民百姓虽未读过梵语原书，但通过参加经常举办的节日庆祝、史诗演唱和戏剧、舞蹈演出等活动，以及用现代语言翻译或改写的各种通俗易懂的版本等，仍可知道其内容梗概和主要情节。史诗的许多教训深入人心，影响和教育着人们，构成了印度人民精神面貌的一部分，对人们的思想形成和社会的发展起了重大作用。甚至有些农民对国家的法律不见得清楚，但对史诗的故事和人物却了如指掌，并且深受其影响。这部史诗在世界上也有较大影响，它传到了亚洲的尼泊尔、斯里兰卡、泰国、柬埔寨、印度尼西亚等国以及欧洲一些国家。史诗传入各国后，结合当地的文学传统，生长出了新的花枝，丰富和促进了当地文学的发展。

三 丰富的民间故事

印度人民不仅善歌善舞，而且善于讲故事。印度的民间故事素以优美、睿智寓意深刻闻名于世。这些民间故事在流传的过程中，虽然有许多湮没了，有许多被收进宗教经典中，用于宣传宗教了，但仍有大量的民间故事汇编成集，保存了下来。其中，著名的故事集有：《五卷书》《伟大的故事》《嘉言集》《鹦鹉故事七十则》《大故事花簇》和《故事海》等。这些故事集在印度古代文学史上占有重要地位，是可以同印度古代的两大史诗、诗剧《沙恭达罗》、长诗《云使》等媲美的一株光彩夺目的奇葩。

印度民间故事不但是印度文学中的重要组成部分，而且对亚洲、非洲和欧洲文学产生过较大影响。正如鲁迅所说："尝闻天竺寓言之富，如大林深泉，他国艺文，往往蒙其影响。"拿《五卷书》来说，公元6世纪，《五卷书》被译成帕荷里维语，传到了欧洲和阿拉伯各国，在一千多年的时间内，它辗转被译成了阿拉伯文、古代叙利亚文、德文、希腊文、意大利文、拉丁文、古代希伯来文、法文、丹麦文、冰岛文、荷兰文、西班牙文以及多种斯拉夫语言。曾经有人计算过：《五卷书》共译成了15种印度语言、15种其他亚洲语言、两种非洲语言、22种欧洲语言。而且很多语言还并不是只有一种译本，英文、法文、德文都有十种以上的本子。[①] 1964年，我国也有了季羡林先生从梵文直译过来的《五卷书》全文。

印度民间故事在世界各国流传的过程中，有许多已被吸收进欧洲、亚洲和非洲各国的民间文学中，还有一些进入了各国作家的作品中。像薄伽丘的《十日谈》、乔叟《坎特伯雷故事》、拉·封丹的《寓言》等，格林兄弟的《格林童话》中也可以找到印度童话的踪迹。我国的汉译佛典中包含大量的印度民间故事。在文学创作中也屡见不鲜，如：《太平广记》、江盈科的《雪涛小说》、明刘元卿的《应谐录》等书中，都可以看到印度民间故事的影响。

印度民间故事所以深受印度国内人民的喜爱，影响非常广泛，这与它的

[①] 季羡林译著：《五卷书》，人民文学出版社1959年，译本序。

独特新颖的形式和生动丰富的内容密切相关。

印度古代民间故事的形式，往往是诗文并用，有故事，有教训。同我国古典小说在故事中插入"有诗为证"一类的格式相仿。故事的编排常常是全书有一个基干故事，然后在故事中又派生出新的故事，如此环环相套，从而编织成一个庞大的故事集。故事集的规模之宏大，令人惊叹不已。以《故事海》为例：全书十八卷，124个"波浪"（章），以优填王和他的儿子的故事为主干。在他们父子两人的故事里编排了178个小故事，有些小故事里面又套着小故事，甚至所套的小故事又附属有小故事，这样合计共有200多个故事，实在是一个故事的汪洋大海。这在其他国家是不可多得的。

看了印度民间故事，给人印象很深的是，它反映了对劳动的歌颂和对不劳而食的谴责。如《啄木鸟》故事里，那个幻想不劳而获的樵夫，一旦树神满足了他的要求，把他变成了一只鸟儿之后，他才深深地体会到"鸟儿整天飞来飞去多没意思"，"只有劳动可以换来幸福"。但他后悔已晚，只好变成一只啄木鸟天天用嘴啄树，发泄他对树神的怨气。《渔民和大海》里的青年渔民，当父亲不幸被大海吞没之后，第二天他就勇敢地继承父业下海捕鱼去了。一个富家子弟对他的行动十分惊讶。青年渔民回答他说："与其像你父亲寿终正寝不如葬身大海。"这回答充满着对劳动的自豪和对生活的坚定信念，实在是一篇寓意深刻的好故事。

印度民间故事既有浓厚的幻想成分和浪漫主义精神，又有可靠的现实生活基础。如：魔鬼变成美女害人，最终受到惩罚；懒惰的樵夫变成了啄木鸟；蛇可以变成少年与美丽的姑娘成亲等。这些故事情节虽然在人类社会中不可能出现，但它却表现了古代印度劳动人民从现实生活中产生的合理要求和想象，是人民理想的迸发，曲折地反映了现实生活。

至于那些动物故事的幻想性就更强了。印度民间故事中有大量的动物故事，它里面根本没有人出现，主人公就是动物，如：兔子、狐狸、狮子、老虎、鳄鱼、乌龟、猫、狗、老鼠、天鹅、乌鸦、鱼，等等，凡是大自然中有的动物，都可以在故事中出现。但是作者并不是真的在表现动物的生活，而是把动物人格化，赋予它们以人的特点。这些故事中，常常是一方面保留着动物原有的性格特征，如：猴子的机灵、骆驼的憨厚、驴的愚蠢、狮子的残暴、狐狸的狡猾；另一方面又把人类社会中的复杂社会关系反映到故事中去，使动物具有人的思想和性格。这些故事想象丰富，生动活泼，妙趣横生，通过动物之间的纠葛写出人情世态，有着深刻的寓意。

印度民间故事是古代印度人民与统治者进行思想斗争的武器。印度民间故事映现出古代印度社会的真实面貌。在这幅光怪陆离，色彩纷呈的画面里，可以看到形色各异的人物：有国王、王后、王子、公主、大臣、婆罗门、刹帝利、法官、商人等社会的上层人物；也有农民、手工业者、小贩、苦行者、猎人、吠舍、首陀罗等被压迫与被剥削者。值得注意的是，在这些民间故事里，与现实生活恰恰相反，总是正直、善良、被侮辱被损害的人得到好的结果，而那些坏人、压迫者、剥削者、贪财者、忘恩负义之徒都没有好下场。神奇的法宝，也只有落在好人手里才会显灵，一旦被坏人掌握，不是失去作用，就是受到惩罚。好人得好报，恶人得恶报；惩恶扬善，泾渭分明。在那个时代，人民在现实生活中不是主人而是奴隶，为了反抗残暴的专制制度，人民进行了前仆后继的斗争；为了反抗统治阶级的思想禁锢，人民就创作了民间故事与之分庭抗礼。所以，民间故事实际上成了古代印度人民与统治者进行思想斗争的重要武器。人民把在现实生活中不可能实现的理想、愿望都寄托在民间故事之中。在这个领域里，他们热情歌颂自己的英雄，无情鞭挞剥削者；宣传自己的道德观念，戳穿敌人道德的伪装。这就是印度民间故事的内容与现实生活往往相反的原因。

印度民间故事有其明显的特点，凡是读过印度民间故事的人无不留下以下几个深刻印象：

（1）惩恶扬善是印度民间故事的一个重要内容。善良、正直、谦逊、忠于友谊、忠于爱情等高尚的道德品质受到赞扬，而且得到好报。这类故事很多，如：《勒克希米和洋娃娃》《谁更愉快》《阿耶本》《斑鸠》《印度鸳鸯》和《善有善报》等。与此相反，贪婪、诡诈、虚伪、忘恩负义、口蜜腹剑等行为则受到谴责，得到恶报。如：《狮子和啄木鸟》《月亮母亲》《聪明的猴子和愚蠢的鳄鱼》《口蜜腹剑的印度鹤》《不自量力的豺》等。这些故事反映了古代印度人民在长期生活和斗争中形成的道德观念。他们把这种道德观念用民间故事的形式表现出来，用来惩治恶人，表彰好人。还可以把这些故事看做人民自己编写的教科书。在劳动者被剥夺了受教育权利的当时，用这些生动形象的故事作为教育后代，培养高尚品德的课本，实在是再好不过了。即使在今天看来，上述的道德标准也还是值得称道的。这类故事中，《善有善报》是颇有代表性的故事。这个故事说：兄弟二人，一富一贫。有钱的哥哥认为，在世界上"善不会有善报"，人只能顾自己才是正理。穷弟弟则认为，即使自己受苦也应想到帮助别人，"善总会有善报的"。

两人争执不下，便以各自的财产打赌。后来，弟弟穷得被迫把自己的两只眼睛都出卖给了哥哥。一个偶然的机会，弟弟偷听了魔鬼的谈话，找到了治愈眼睛的神药，并且救活了濒于死亡的一城百姓，治好了哑公主，受到了国王的奖赏。哥哥打听到弟弟发财的原因后，也连忙去偷听魔鬼谈话，却被魔鬼掐死了。这个故事不仅表现了弟弟的勤劳、善良，而且突出了他舍己为人的优秀品质。坏心肠的哥哥却受到了惩罚。显然，在人妖颠倒的封建社会里勤劳、善良的穷弟弟往往是不会交好运的，相反，残忍、贪婪的富哥哥倒常常会飞黄腾达。尽管人民暂时还改变不了这种不合理的现实，但是在自己创作的民间故事里，却可以痛快淋漓、狠狠地处罚和嘲弄富有者，赞扬道德高尚的劳动者，即赞扬劳动者自己。这正是这类作品深刻的人民性所在。

（2）歌颂弱者团结起来战胜横行霸道的强者，这是印度民间故事的一个重要主题。如《鹌鹑和大象比哈利》中，鹌鹑、乌鸦、苍蝇、青蛙四个小伙伴，团结一起战胜了欺侮他们的大象。《珍贵的友谊》写了鹰、狮子、雌鹦、乌龟四朋友战胜猎人的故事。《捕鸟人和鹌鹑》说的是鹌鹑王带领大家一齐起飞，抬走了猎人布下的网，不但自己获救，而且迫使猎人另谋生路去了。这些故事中，总是弱者用团结和智慧的力量打败愚蠢的强者，故事写的虽是动物，表现的则是现实社会中的斗争。它鼓励受欺侮的弱者起来反抗，启迪人们，在吃人的社会里，被压迫者只有团结起来才能战胜强大的敌人。

（3）印度民间故事没有放过对权势者们的讽刺和揭露。它把矛头对准暴君、奸臣、居心叵测的法官、贪心的地主、吝啬的婆罗门、狡猾的商人以及愚蠢的御用文人等。它毫不留情地揭穿他们道貌岸然的假面孔，还他们以丑恶的真面目。如《暴君》中，一个无恶不作的暴君突然死去。正当全国人民张灯结彩庆贺这件喜事的时候，一个卫兵却哭泣起来。新国王十分诧异，问他为什么哭，他回答："我现在哭泣，是担心先王对阎王爷也是这种态度，万一阎王爷也害怕他，再把他送回来可怎么办？"多么绝妙的讽刺！作者没有去写暴君生前的恶行，单写他死后给人们留下的余悸，这种揭露比正面的谴责还要入木三分。此外，《会变金币的海螺》嘲弄了贪心的商人；《男孩苏克纠里亚》通过机智的男孩，惩罚了一毛不拔的地主；《居心叵测的法官》以动物故事的形式揭露了法官假正经，真害人的本质。总之，这些讽刺是辛辣的，一针见血的。这种大无畏的斗争精神，在等级森严的印度古代社会中出现，尤为令人敬佩。同时，它也从一个侧面反映了当时阶级斗争的尖锐性。

此外，印度民间故事中，还有许多寓意深刻、构思巧妙的寓言故事，这些故事的主人公有人也有动物，常常是以失败的结局来达到它所要宣传的效果。其目的是教导人们正确认识和处理生活、劳动、学习、斗争等方面的事情，或者掌握事物的规律，避免犯错误，这些寓言，短小精悍，含意深邃，形象生动，耐人寻味。下面要专门谈到。

四　悠久的古代寓言

印度的文化宝库里有丰富的古代寓言。这些寓言，短小精悍，构思巧妙，语言深刻，它把逻辑思维和形象思维有机地结合起来，以鲜明的形象和简洁的哲理启迪人们的智慧，揭露丑恶的现实，影响人们的思想和感情，在社会、政治和文化等各个领域内均起了重要作用。印度寓言有明显的民族特色，不愧为巨大的思想和艺术宝库，在本国，乃至世界上都占有重要地位。即使在今天，寓言仍然熠熠闪光，有着现实意义，起着重要作用。

印度古代寓言出现很早，在公元前15世纪前后写成的"梨俱吠陀"中已有了记载。印度寓言比希腊的要早，恐怕这是事实，因为公元前6世纪《伊索寓言》里已经有了不少印度寓言，可见印度寓言早就对希腊发生了影响。中国这方面也受到印度的影响，那是后来的事情。

印度寓言，起初来自民间，是人民口头创作。这些口头创作长期在人民中间流传，人民喜欢这些东西，辗转讲述，难免有所增减。尤其印度的寓言，"每一个宗教，每一个学派都想利用老百姓所喜欢的这些故事，来宣传自己的宗教，为自己的利益服务。因此，同一个寓言故事，可见于佛教的经典，也可见于耆那教的经典，还可以见于其他书籍。佛教徒把它说成是释迦牟尼前生的故事，耆那教徒把它说成是大雄前生的故事，其他人又各自根据自己的信仰把它应用到其他人身上"。[①] 因此，原来的寓言就有所分化。

印度寓言的高度发展，即它的黄金时代，大约是在公元前的几个世纪里。当时在农业、手工业的发展和商业贸易繁荣的同时，由于小王国林立，相互攻伐，使商业的发展受到影响。印度人民从很早的时代起，就有一个强烈的统一愿望，希望过和平安定日子，人们思想非常活跃，从而引起了科

[①] 季羡林：《中印文化关系史论文集》，生活·读书·新知三联书店1982年版，第415页。

学、文学和哲学等学术的空前繁荣,也形成了一个"百家争鸣"的局面;各教派的弟子们,为了宣传宗教和提供例证,以及统治者为了更好地进行统治,他们全都看中了民间流行的生动活泼、语言精辟、深入人心的民间寓言,或收集整理,编成专集,或改造修改,杂入经典。例如《五卷书》《益世嘉言集》《百喻经》,等等,就属这类。

印度寓言故事备受欢迎,世代流传,影响很大,这与寓言的特点有密切关系。它的特点之一是富有反抗精神。"在奴隶社会和封建社会里,作为被压迫被剥削者的奴隶和农民等等劳动人民的日子是十分不好过的。他们是社会上的主要劳动者,然而自己却是衣不蔽体,食不果腹,有时候连性命也难保。这就不免要引起斗争和反抗。"[1] 这种斗争和反抗精神,是当时劳动人民对社会的反映,如《暴君》:一个无恶不作的暴君突然死去。正当全国人民张灯结彩庆贺这件喜事的时候,一个卫兵却哭泣起来。新国王十分诧异,问他为什么哭,他回答说:"我现在哭泣,是担心先王对阎王爷也是这种态度,万一阎王爷也害怕他,再把他送回来可怎么办?"多么绝妙的讽刺!作者没有去写暴君生前的恶行,单写他死后给人们留下的余悸,这种揭露比正面谴责还要深刻几倍。又如《狮子和骆驼的友谊》则是通过狐狸和乌鸦两个坏家伙在狮子大王面前进谗言,陷害诚实的骆驼的故事,影射了宫廷里奸佞当道的现实。总之,这类寓言讽刺辛辣,一针见血。这种大无畏的反抗和斗争精神,在等级森严的印度古代社会中出现,尤为令人敬佩。同时,它也从另一个侧面反映了当时阶级斗争的尖锐性。

由于社会残酷,压迫沉重,斗争复杂,人民百姓的斗争和反抗方式也要讲究。出于斗争的需要,要曲折隐晦地表现自己的思想,需要托物寄言。加之印度的自然特点,多有珍禽异兽,于是大量动物形象进入了寓言故事。这是印度寓言的又一特点。这些动物有:狮子、老虎、猴子、大象、猫、狗、狼、牛、羊、马,以及乌鸦、麻雀、苍蝇、蚊子和臭虫等,五花八门,应有尽有。借助动物特征,抒发人的思想。这种动物并非是真的动物,而是拟人化的动物,它们说的是人话,做的是人事,连思想感情也是人的,社会上的一切,通过它们来表现罢了。人类社会是有阶级的,在阶级社会里,存在着阶级剥削和阶级压迫。动物的世界是一种自然现象,它不同于人类社会。但是,动物之间也存在着强弱的不同,凶暴与善良的不同,有的吃人,有的被

---

[1] 季羡林:《中印文化关系史论文集》,生活·读书·新知三联书店1982年版,第420页。

吃，有的害人，有的被害。在奴隶和封建社会里，劳动人民所处的生活境遇，常常是被吃，或者是被害的。这就使得劳动人民在创作寓言时，往往借助动物之间的关系，加以想象，使之曲折地反映出人类社会的阶级关系，并且通过故事情节，告诉人们，凶恶残暴的动物的本性难改，是善良被害动物的敌人，只要他们存在，山林的世界就不会有和平安定的生活。这类寓言故事想象丰富，生动活泼，妙趣横生，我们自然应当把它们当做反映人类社会生活的艺术品来欣赏，而不会把它们等同于动物学的文章来看待。

故事的结局，总是以小胜大，以弱胜强，这是印度寓言的又一特点。例如印度寓言《聪明的兔子》，讲的是聪明弱小的小兔，为众兽报仇，巧计使凶恶的狮子掉进井里淹死；在《鹌鹑和大象比哈利》中，鹌鹑、乌鸦、苍蝇和青蛙四个小伙伴，团结一致，战胜了欺侮他们的大象。这些故事，总是弱者用团结和智慧的力量打败愚蠢的强者。写的虽是动物，表现的则是现实社会中的斗争。尽管这些在现实生活中虽属少见，有时也难于实现，但是却表现了人民的理想与愿望，它是劳动人民反抗压迫的意志体现。通过对残暴动物的描写，既表现了动物残暴的本性，又表现了一些阶级敌人的凶恶、狠毒、野蛮、骄横和愚蠢等丑恶嘴脸。看到了它们，仿佛旧社会的那些欺压人民百姓的统治者就在眼前，在你脑海里自然会浮现出劳动人民的勤劳、善良、聪明、正义等优良品质。这些寓言故事，既是动物的事，又是关于人的事，但归根结底是关于人的事。这是人与动物的统一，现实与幻想的统一，拟人化的艺术手法，它鼓励受欺侮的弱者起来反抗，启迪人们，在吃人的社会里，被压迫者只有团结起来才能战胜强大的敌人。

不少寓言故事是通过不同动物的典型形象来表现的。这是印度寓言的又一特点。大多数情况下，凶恶残暴的典型是通过老虎、豺狼来表现的；善良被害的典型形象是通过山羊和兔子等表现的；狡猾者的典型是通过狐狸、猴子等表现的。这些典型形象与动物本来习性特点有关。但是，也不完全固定。如猴子有时做好事，有时做坏事。狐狸也是同样。老虎的形象也是如此，有时是凶暴者，有时又是被害者。它们的形象之所以不同，原因很多，主要同它们所处的地位、关系、行为的不同有关，因而人们对它们的态度也就不同了。如老鼠的形象，通常给人印象不好，中国有句俗话："老鼠过街，人人喊打。"这说明老鼠给人的印象很坏，的确如此。印度寓言中也有这种情况，一般老鼠的形象不好，令人讨厌。可是在《老鼠和大象》的寓言中，讲的是老鼠如何团结一致，咬断猎人的网绳，救出了大象，做了好事，这就是好的形象。又如猴子的形象是聪明、好奇、淘气。一次，猴子乘木工下班休息之机，随便动木工未锯完的木头，结果夹住了尾巴，而不被人同情。可是在《人和猴子》里，说明了猴子反对自私，教训了一个自私自利的人，等等，又是一个好的形象。还有，兔子一般形象是聪明伶俐，如印度寓言《聪明的兔子》中表现出兔子聪明能干，不仅自己得救，而且还救了其他野兽。但是在《龟兔赛跑》中，兔子骄傲自满，耍小聪明，结果赛跑落后，至今还成为教育人们戒骄戒躁的反面教材。而且有的时候，也并不聪明，如《一场虚惊》一寓言中提到，一只兔子住在一棵果树下，一天，一只果子落在地上，发出响声。兔子不知何故，误认为山崩地裂，拔腿就跑，一路上不少动物皆因盲从而受其影响，和它一起拼命逃跑。最后还是狮子聪明，沉着冷静，返回原地，查出了事情的原因。如此等等，例子很多。因此。一个动物的习性特点，往往是多方面的。只是根据故事的主题需要，突出它的不同习性罢了。不能只看它的一个特点，一个性格，而是要根据时间、地点和条件的不同，以及故事的主题思想不同，来区别对待，看它处于什么地位，说些什么，做些什么和起些什么作用，给以具体分析。

  寓言有浓厚的生活气息，给人留下深刻的印象，这是印度寓言的又一特点。翻开印度的寓言，仿佛看到天鹅抬着乌龟在天空飞翔，接着又听到乌龟因自满开口讲话，掉在地上而被摔得粉身碎骨的声音；又仿佛看到一只狼掉进染缸后的可怜样子，尔后又招摇撞骗的可憎举动；一只狐狸耀武扬威地走在老虎面前，也不由得使人深思，现实生活中有谁是这种形象，等等。印度寓言故事中形形色色的人物，乃至一草一木，一鸟一兽，无不栩栩如生，生机勃勃。这说明寓言来于民间，来于实际生活。

  印度的寓言故事主题很多，内容广泛，除了政治性和宗教性的以外，还有许多教导人们正确认识和处理生活、劳动、学习、斗争等方面的寓言，或者告诫人们如何掌握事物的规律，避免犯错误，等等。有的教人要未雨绸缪，勿临渴掘井，如《聪明的天鹅》；有的教人办事要调查研究，避免主观主义，如《鹦鹉黑姆林格》；有的教人要纳人善言，不要忘乎所以，如《爱唱歌的驴》；有的教人要有自知之明，如《狼崽儿》，等等。有些寓言短小精悍，含义深邃，形象生动，耐人寻味。甚至读后使人捧腹大笑，而在笑的背后，却包含一些尖锐的讽刺和深刻的教训，给人们以启发。

  印度寓言结构新颖，有其独特的艺术特色。故事的编排常常是全书有一个基干故事，然后故事中又派生出新的故事，如此环环相套，从而编织成一个庞大的故事集。故事集的规模之大，令人惊叹不已。而读起来又扣人心弦，引人入胜，使读者恨不得一口气想把全书读完。这种风格，不乏其例，《五卷书》、《故事海》、《益世嘉言集》等都是如此。以《益世嘉言集》为例，开头第一个故事讲的是一群鸽子贪吃粮食的事情，故事即将结束时，说道："你们千万不要出现像那位行人因贪婪而出现的不良后果。"这样又引出了第二个故事——贪婪的恶果。第二个故事的结尾在讲到交朋友时，又提到不要出现鹿的情况，这样又引出"鹿与豺狼"的故事，如此等等。这样，故事套故事，一环扣一环，形成了一个故事的汪洋大海。印度这类寓言故事内容是很丰富的，这是印度的一大特点，也是一大优点。印度古代寓言的形式还有第二个特点，即往往诗文并用，有故事，有教训。即散文与诗歌相结合，两者穿插使用，形式新颖，引人入胜，这充分反映出印度古代人民擅长诗歌的素质。

上述寓言故事的特点，为印度所特有。同时，对中国文学艺术和思想影响甚大。

印度古代寓言故事传入中国后，很大一部分保存在佛教书籍中，有些故事大概是印度佛教徒从民间流传的材料里取来的，也有些可能是信仰佛教的人创作的。许多寓言故事传到中国被译成汉文后，便成了我国文学宝库的一部分。信仰佛教的人重视这里面的宗教教训，而一般人和文学家却对那些曲折的情节和生动的描写感兴趣。尽管故事情节有时很奇怪，寓言里还夹杂着宗教教训。但是很多作品都是富有生活气息的，为历代人所喜爱，被人们作为文学作品来欣赏。这类作品集很多，例如"杂譬喻经"、"杂宝藏经"、"六度集经"、"大庄严论经"、"百喻经"，等等，这类作品译成汉语后，使人耳目一新。我国古代旧有的文学流传在新来的外国文学刺激下，生长出了新的花枝，得到了新的发展。正如鲁迅先生所说："魏晋以来，渐译释典，天竺故事亦流传世间，文人喜其颖异，于有意或无意中用之，遂蜕化为国有。"中国文学的发展，早在远古时代就受到印度寓言的影响，那时候的所谓文学只是口头文学，还没有写成书，内容主要是寓言和神话。到后来影响就更大了，在先秦的书籍里有不少从印度传来的寓言。如《战国策·楚策》中的狐假虎威的故事就是其中一例。秦汉时，社会上盛行神仙。从东汉起，不少佛经被译成汉文，晋以后越译越多，佛经中有许多寓言故事。到了六朝时代，由于原来就流行神仙传说，加上从印度传来的说佛谈鬼的风气，于是出现了鬼神志怪之类的书籍，最突出的是"阴司地狱和因果报应"等内容。

后来内容范围逐渐扩大，又达到一个新的阶段，发展成为唐朝的传奇小说，唐代的另一种新文化是"变文"，它是诗歌和散文相结合的形式，是一种通俗而生动的文体。它最初专门讲佛经里的故事，以后才增加了新的内容。因此，"变文"的产生与印度影响有关，这是无可辩驳的事实。到后来"变文"又直接影响了宋代的话本，就是所说的故事书。在宋朝"说书"行业很发达，与上述影响有直接关系。因此，变文的发展在中国文学史上是一件有重要意义的事情。

我国元代戏曲发达，是中国文学史上的一枝奇丽的花朵。所以如此，与印度文学的影响有密切关系，正如季羡林教授所指出的那样，"有很多杂剧取材于唐代的传奇，像马致远的《黄粱梦》取材于《枕中记》，郑德辉的《倩女离魂》取材于《离魂记》，尚仲贤的《柳毅传书》取材于《柳毅传》，这都是最著名的例子"。[①] 因此我们可以说，印度的文学也影响了我国的元代戏剧。

鲁迅先生非常重视对印度文学的研究，"在他所著的《中国小说史略》里，他一再指出印度文学对于中国文学的影响。他指出《汉武帝内传》窃取了佛教的东西，还指出，吴均《续齐谐记》里的阳羡鹅笼的故事说的是一个中国书生，但是在晋人荀氏的《灵鬼志》里也记载了这个故事，这里不是一个中国书生，而是一个来自外国的道人。他用这一个例子来说明印度故事中国化的过程"[②]。

何止古代，现代许多文学家也受到印度寓言的影响。"小说家沈从文有时候也取材于印度的寓言文学。他利用这些材料主要是通过汉译的佛经。"他的一部叫做《月下小景》短篇小说集里，几乎都取材于汉译佛典。供他取材的书有：《杂譬喻经》、《智度论》、《长阿含经》、《大庄严论》、《生经》等。在学习印度文学的基础上结合中国的土壤开出了一朵朵鲜艳的花朵。

印度寓言对中国的影响，都是通过佛教、佛经的传入而发生的，其影响也远不止如上所述这些，伴随佛教俱来的还有天文、音乐、音韵、美术、医学、哲学，等等。今天为继承和发扬祖国的优秀文化遗产，正在深入地研究中国文化，要研究中国文化，也要研究印度文化和印度佛教，季羡林先生说过："弄不清印度文化和印度佛教，就弄不清我们自己的家底。"这话千真

[①] 季羡林：《中印文化关系史论文集》，生活·读书·新知三联书店1982年版，第129页。
[②] 同上书，第132页。

万确。回顾历史，不难看出，不仅我国文学发展受到印度的影响，如前所说，就连我国的绘画、语言、音韵、建筑、音乐、舞蹈、医药、天文，等等也都无不深受印度的影响，弄不清印度的这些影响，就无法弄清我们自己的家底，会同当年胡适写"中国哲学史"一样，半途辍笔。因为他不懂佛学，写不下去了。可见印度文化、印度佛教同中国的关系重大。

五　舞蹈

（一）源远流长的印度舞蹈

舞蹈，从原始人类未开化阶段开始就一直是表示欢乐的一种方式。后来这种自由的欢乐逐步发展成一种艺术形式。印度的舞蹈是一种气度雍容的艺术，具有高尚的风格，有综合性，非有相当的练习，不易精通。但印度人跳舞历史悠久，早在印度河文明时期，印度先民就很喜欢跳舞。在哈拉帕和莫亨焦·达罗出土的文物中，有青铜舞女雕像和男舞者石雕像。这些都是当时流行舞蹈的佐证。

到了吠陀时代，印度舞蹈有了明显的发展，而且有了文字记载。公元前1500年的《梨俱吠陀》[1]中就记有舞女的事情。"邬沙穿着闪光的衣服，像舞女一样"[2]"男子戴金首饰，通过舞蹈表演有关战争的场面"[3]，"男女青年一起跳舞"，"甚至有了专门以跳舞、唱歌谋生的种姓"[4]。可见当时舞蹈已经相当发展。

到了公元前4世纪，印度的大文法家波你尼也曾提到过"舞蹈"一词。至于在印度史诗之一《罗摩衍那》中有关舞蹈的记载就更多了，据专家研究，《罗摩衍那》的成书时间大约在公元前3、4世纪至公元后2世纪，但书中记载的是吠陀后期的事情（见季羡林教授《初探》，第38页）。《罗摩衍那》中写道："在阿逾陀日夜举行舞会和音乐会，供国王享乐"，"一位舞者的优美的舞姿使罗婆那为之陶醉。"

但是，有关舞蹈艺术的专著应该以婆罗多的《舞论》为代表，它是印度古代最早的文艺理论著作，一般认为它是公元2世纪的产物，但其内容应

---

[1] 是印度古代流传下来的最早诗歌集。
[2] 希沃得·格雅妮：《印度文化》，（印度）拉吉格莫尔出版社，第256页。
[3] 同上。
[4] 波格沃德·歌朗·吴巴特耶：《印度艺术》，（印度）拉吉格莫尔出版社，第101页。

更早于成书年代，可能在公元以前。《舞论》是一部诗体著作，它全面论述了戏剧工作的各个方面，从理论到实践无不具备，而主要是为了满足实际工作的需要，起一个戏剧工作手册的作用。它论到了剧场、演出、舞蹈、内容情调分析、形体表演程式、诗律、语言、戏剧的分类和结构、体裁、风格、化装、表演、角色，最后更广泛地论及音乐。"这个全面总结一经出现，它对后来的文艺理论产生了很大影响。虽然它基本上是注重实际演出工作的书，但是它在理论方面仍接触到一些重要问题，对音乐、舞剧等方面优美艺术的各个部分进行了很好的阐述。"① 到后来，香格尔戴沃在自己的《格冷特·勒德纳格》一书中对舞蹈进行了详细地研究，提到舞蹈种类等内容。书中讲到了当得沃舞（一种湿婆舞），湿婆神是这种舞的始祖，湿婆把这种舞蹈知识传授给自己的学生和婆罗多牟尼。"当得沃舞"是表示有关世界末日的舞蹈，当世界开始毁灭时，在布德杰里和沃亚克拉巴德仙人的请求下，湿婆表演了"阿安德·当得沃"舞，当时四副面孔的梵天为他击掌伴奏，毗湿奴为他敲鼓，又有登巴鲁和纳罗陀为他伴唱。

到了迦梨陀娑时期（公元五世纪）印度舞蹈又得到重大发展。迦梨陀娑的著作很多，他的剧作使古代印度戏剧创作达到了登峰造极的境地，他不仅以诗人驰名于世，而且也是一位有名的剧作家，他的流传至今的剧本《沙恭达罗》、《摩罗毗迦与火友王》等都是很著名的。剧词中散文与诗歌并茂，穿插自如，而且剧中有舞蹈，也有歌曲。他的《摩罗毗迦与火友王》的第一、二幕中对音乐和舞蹈的理论还进行了充分研究。迦梨陀娑的著作中也提到了舞蹈和表演之间的密切关系等内容。这些对后来舞蹈的发展起了重要指导作用。

同音乐一样，舞蹈艺术也是一种谋生手段，印度自古以来时兴舞女在寺庙跳舞，迦梨陀娑曾经描写到当时一些寺庙中的舞女情况。在拜纳的《戒日王本行》中提到了戒日王给儿子过生日跳舞的舞伎们。（《戒日王本行》是个无与伦比的传记，它除具有文学作品的卓越特点外，还是早期史料的宝库。）但是据史料记载，当时舞技演员的社会地位不高，甚至在婆罗多的时候，音乐舞蹈方面的专业艺人已受到社会歧视，当时，婆罗多曾写了一长篇故事，描述了演员所受到的屈辱，表明了演员在社会上卑贱的地位。不过音

---

① 参见金克木译《古代印度文艺理论文选》，人民文学出版社1980年版，第4—5页。

乐和舞蹈艺术本身是很受重视的，各阶级的男子和妇女都学习这两种艺术。①

从地区角度看，印度舞蹈可分为北印度舞蹈和南印度舞蹈两类。北印度舞蹈主要有克塔克舞和曼尼普利舞。南印度的古典舞蹈主要有婆罗多舞和格塔克里舞。

除上述古典舞蹈外，印度各地还有许多民间舞蹈。这些民间舞蹈都带有浓厚的地方特色和生活气息，深受群众欢迎，是印度灿烂文化的重要组成部分。

（二）舞蹈分类

1. 历史悠久的古典舞蹈

前面提到，印度的民族不仅勤劳智慧，而且能歌善舞，每逢佳节盛会，他们总是纵情歌唱，翩翩起舞，甚至通宵达旦，乐而忘返。

印度的舞蹈在世界上享有盛名，从20世纪50年代到现在，印度的舞蹈艺术代表团曾多次前来我国访问演出，博得了中国人民的好评，为中印两国人民增进了友谊，给中国人民留下了深刻的印象。

从舞蹈内容和性质区分，印度舞蹈可分古典和民间两类。古典舞蹈有四个，即曼尼普利舞、婆罗多舞、格塔克里舞和克塔克舞。

（1）曼尼普利舞

曼尼普利舞是印度四大古典舞蹈之一，产生于曼尼普尔地区，因而得名。曼尼普尔一向有"舞蹈之乡"的称号，舞蹈是曼尼普尔人生活中的重要组成部分，也是妇女必备的一种美德。

曼尼普利舞，由优美的民间舞蹈发展而来。据民间传说，在古代，湿婆神和雪山神女创造了一种舞蹈，并且选择了一片适于跳这种舞的山谷地带，但是地势低洼，淹在水中。于是湿婆神用他的三叉戟劈山排水，填平了洼地，开辟了一片跳舞的地方，这个地方就是今天的曼尼普尔。湿婆神和雪山神女在曼尼普尔跳的第一个舞蹈叫拉伊哈罗巴舞。拉伊哈罗巴舞就是曼尼普利舞的原始形式。它是一种祭奠村神的舞蹈。跳舞时，往往全村人参加。

曼尼普利舞是九种舞蹈的总称，属于曼尼普利舞的有与颂神有关的班格·贾兰恩舞（快步舞）、格拉达尔·贾兰恩舞（击掌舞）、表现克里希纳

---

① 参见潘尼迦《印度简史》，生活·读书·新知三联书店1957年版，第51页。

（黑天神）童年生活的拉卡尔舞（伙伴舞）、泼水节时跳的塔巴尔·金格比舞（月光舞）等。平常人们所说的而且也是闻名全印的曼尼普利舞，是指充满艳情的拉斯·利拉舞而言。据说，大约在1700年前，曼尼普尔地区出了一位国王，名叫杰辛格。一次，他在梦里看到了拉斯·利拉舞，听到了优美的音乐，便教他的女儿学会了这种舞蹈。从此，使这个舞蹈得以流传至今。

拉斯·利拉舞又包括瓦森德·拉斯舞（春舞）、衮古·拉斯舞（林舞）、马哈·拉斯舞（大舞）、尼碟耶·拉斯舞、迪沃·拉斯舞等。所有这些舞蹈，都是表现克里希纳和商比族（一种牧族）姑娘们之间的爱情和嬉戏情景的舞蹈。舞蹈的主角是拉塔和克里希纳。

拉塔和高比族姑娘们穿一种叫巴尼格的圆圈裙，没有褶纹，裙子上罩一件薄纱，腰部系一根腰带，上身穿一件紧身短衣，头戴薄纱巾和帽子。克里希纳穿黄色衣服。他们的服装色彩，同舞蹈气氛十分协调，使舞蹈显得更加婀娜多姿，优美动人。

（2）婆罗多舞

婆罗多舞是南印度泰米尔纳德邦的传统舞蹈，为印度四大古典舞蹈之一。印度学者认为，这个舞蹈渊源于北印度的雅利安文化，但在南印度得到了发展和完善。婆罗多舞在南方的发展，与南方各庙宇里的神奴有密切关系，传说仙人婆罗多是这个舞蹈的祖师。

关于婆罗多舞的来历说法不一，但不管哪种说法，都与阿周那有关。有一个故事说，在阿周那寄居他乡时，他把这个舞蹈教给了摩德斯耶（维拉特）国的公主乌特拉。后来，这个舞蹈又从维拉特（今天的斋普尔）传到全印度；另一个故事说，阿周那在羯陵伽国京城马勒格·巴登摩时，把这个舞蹈教给国王吉特拉瓦亨的女儿吉特朗格达（她后来同阿周那结了婚）。所以在南印度，一般认为，吉特朗格达后来当了神奴，阿周那回国时，她没有和他一起走；还有一种说法，认为这个舞蹈是由泰米尔纳德邦著名的民间舞蹈古拉温吉舞发展而来。古拉温吉是一个流动的山族，他们在全邦范围内活动，靠看手相和跳舞卖艺营生，他们跳的舞就叫古拉温吉舞。古拉温吉舞比婆罗多舞简单，但是很受欢迎。

哑演是婆罗多舞的特点，通过身体各部分的动作表达丰富的思想感情，诸如战争、爱情、仇恨，等等。它需要道具，戴各种面具表达不同故事也是此舞的一大特点。婆罗多舞一般由格尔纳塔克音乐伴奏。阿尔利布琴一响，演员并拢双脚，两手向头上方伸去，然后随着幕后传来指挥演员动作的乐器声，演员用颈部、嘴、眼睛、双手及身体其他各部分的动作和表情、自如地表现各种思想。

(3) 格塔克里舞

格塔克里舞是喀拉拉邦最有名的舞蹈，也是印度四大古典舞蹈之一。格塔克里舞实际上是一种故事性很强又独具特色的颂神舞。大诗人瓦拉多尔称格塔克里舞为"艺术的皇后"，把故事、诗歌、音乐、舞蹈、表演和绘画巧妙地结合起来是格塔克里舞的一大特点。

格塔克里舞通常在庙会期间于夜晚演出，剧中所有角色均由男子扮演。表演的形式是哑演，但有敲打乐器伴奏。舞中的故事情节，用朗诵诗的形式表达。诗句都是梵语化的马拉雅拉姆语，一个人在幕后朗诵。演员身躯的姿态和手势，都有一定的象征意义。通过双脚跳动的快慢，两手和十指的各种动作以及眼睛、鼻子和嘴唇等的不同动作和表情来表现诗句的内容。演员们只表演不说话。优秀的格塔克里舞演员，十分精通身体各部分的动作和表演技巧，他们只用眼神就可以表现各种思想感情，用眼睛转动的快慢，表现圆圈，阿拉伯"8"字等。他们表演天鹅、蛇和猴子等动物的动作，也非常形象逼真。他们甚至可以用半面脸表演憎恶和愤怒，用另一半面脸表演高兴和欢乐。

面部化妆在格塔克里舞里占有重要地位。这种化妆，是一种特殊的绘画艺术，经过化妆的面部，有助于表现舞蹈的各种思想内容。他们用米粉熬成的稠糯糊，涂在面部，根据角色的不同，再涂上绿色、红色和黄色等五种颜色。正面人物脸上再涂浅绿色和白色；反面人物脸上涂几层粉白色，鼻子四周涂红色，眼睛四周涂黑色，佩戴红胡须；女角在黄色和淡红色的底色上，涂一层白色。

格塔克里舞，一般都取材于《罗摩衍那》和《摩诃婆罗多》两大史诗，但是现在也有人用它作为政治宣传的手段。

格塔克里舞蹈艺术，一般人不太容易欣赏，但是在喀拉拉邦，人人都能领会它的艺术美，而且城市乡村都会演格塔克里舞。

(4) 克塔克舞

克塔克舞产生于北方邦的首府勒克瑙，是北方邦和拉贾斯坦邦的著名舞蹈，也是印度四大古典舞蹈之一。

克塔克本是一个种姓，专门从事舞蹈，以卖艺为生，他们所跳的舞叫克塔克舞。克塔克舞原是一种宫廷艳情舞，在封建帝王时代，专供王公贵族茶余饭后消遣。现在成为大家皆跳的舞蹈。

克塔克舞男女均可表演。内容主要是表现克里希纳与拉塔的爱情故事。克塔克舞演员的脚上系有许多小铜铃，演员随着鼓声的节奏而发出不同响声，时而铿锵有力，繁音流泻；时而细碎悦耳，娓娓动听。随着鼓点和音乐用身体各部分的动作和面部表情，表现各种感情，所以有人称它是表演各种体态的舞蹈。目前这种舞蹈大多出现在银幕上和舞厅里。

2. 各地流行的民间舞蹈

印度除上述古典舞外，各地还有许多著名的民间舞蹈。有些是属于宗教性的，有些是属于季节性的，等等，内容丰富多彩，形式各具特色，深受群众欢迎，因此这些民间舞蹈能够世世相传，流传至今。现择要介绍如下。

（1）旁遮普邦

旁遮普人性格活泼开朗，语言诙谐，能歌善舞。流行在旁遮普地区的民间舞蹈，有的早已传到其他邦，有的已被电影界广泛采用。

彭戈拉舞，是旁遮普最著名的民间舞蹈，是一种丰收舞。当庄稼开始成熟，丰收在望时，人们高兴万分，则跳这种舞蹈。舞者不拘老幼，任何人都可参加，只要有块空地，一群人聚在一起，敲起鼓，便可跳起来。鼓手站在场地中央，舞者围着鼓手转圈。鼓手击一会儿鼓，便把鼓槌向上举起，跳舞的人看到举起的鼓槌，便加速步伐，越跳越快，全身也随着快速抖动，并且一只脚着地，举起双手，不断跳跃转圈。跳到高潮时，他们双手击掌，不时发出"巴莱！巴莱！"或"嗬！嗬！"的喊叫声。喊声异常威武雄壮，舞跳得欢快活泼，跳的人常常乐而忘形，看的人也往往手舞足蹈。高潮过后，就变为慢步舞，随着悦耳的音乐，用一只脚缓缓地跳。这时其中一个人突然用手蒙住左耳，唱支歌，大家又立刻像起初那样狂舞起来。如此快慢相间，反复几次，跳的时间有时可长达几个小时。

彭戈拉舞有几种，其中主要有鲁迪舞、秋莫尔舞、纠格尼舞，等等，彼此略有区别。这种舞技巧高超，队形多变，但无矫揉造作之感。用音乐和手鼓伴奏，旋律优美，和谐有致，而且自然感人。

舞者的服饰讲究，头上缠有时髦的头巾，下身围条漂亮的围裤，上身穿一件丝织宽衣，衣上染着蓝或深红的颜色，绚丽夺目。脚上系有脚铃。舞者足部的动作熟练，伴随着音乐、手鼓和脚铃的节奏响声，生动地表现出勤劳、勇敢的印度人民对生活的热爱；那愉快的曲调和灵巧、优美的舞姿，以及那丰富的表情,表现了印度人民战胜自然,获得丰收的决心和乐观精神。

格塔舞,格塔舞是旁遮普邦最古老的舞蹈。格塔的意思是击掌。从前跳格塔舞是为了取悦天神。

格塔舞非常简单,却很吸引人。这种舞通常是在月夜跳,参加跳舞的人,先围成一圈,然后随着急促的鼓点,把圆圈扩大开来,这时有三四个人走到圆圈中央开始起舞。他们边跳边唱,起着领唱的作用。他们唱的歌叫塔拜或巴德,每次唱到最后一句时,其他人一边拍手,一边重复唱一句。如此反复,直到结束。

格塔舞一般是妇女跳的舞蹈,男子也可以跳,但是要和妇女分开,另外围成一圈。只有庆祝结婚时,男女才可以共跳。

秋莫尔舞,秋莫尔舞(即狂舞)虽然不像彭戈拉舞那么著名,但在旁遮普的广大农村也很盛行。这种舞蹈任何时候都可以跳。它和格塔舞类似,跳时先围成一个圆圈,在鼓声伴奏下,有时男子每人各持一短棒,相互有节奏地敲击,转圈跳舞。跳秋莫尔舞的人,头上要系一种带璎珞的华丽头巾,穿白色圆领长衫,披各色布单,布单两头系在左腰,色泽鲜艳的宽边下衣一直笼到脚面,脚穿软鞋。秋莫尔舞十分优美动人。

(2) 古吉拉特邦

古吉拉特邦古称"阿纳尔德",意思是舞厅,可见自古以来舞蹈就是古吉拉特人民生活中不可分割的一部分。据说,古吉拉特的民间舞蹈是从克里希纳和他的儿媳邬夏时代传下来的。古吉拉特最著名的民间舞蹈有波瓦依、格尔巴、格尔比和拉斯舞等。

波瓦依舞,波瓦依舞是古吉拉特邦的一种著名民间舞剧,形式很特殊,舞中有音乐、舞蹈和戏剧表演,与歌舞剧相似。角色全由男子扮演,观众也全是男的。

表演波瓦依舞剧是袍吉格族、纳耶格族和迪拉格尔族的祖传职业,他们组成歌舞剧团,串乡走村,四处巡回演出。尤其在九夜节时,一定要表演波瓦依舞,以迎接波瓦依神母(即难近母),这就是舞剧名字的由来。

这种舞剧没有舞台,在露天广场或庙宇的庭院内都可以演出。不过在演出时,需要在庭院或广场里放一个难近母神像,并在像前点盏油灯。演出常常从头天晚上持续到第二天清晨。每一个波瓦依分几个部分,每一部分叫做一个斯旺格,每个斯旺格有一二个角色,表演某一个神话故事,历史人物或社会人物。舞剧中往往夹杂一些讽刺性的笑话,用以达到某种揶揄目的,很有意思，深受人们的欢迎。

格尔巴舞（即顶罐舞），是古吉拉特最受欢迎的舞蹈。它有两种形式，即"格尔巴"和"格尔比"。格尔巴舞是女子跳的，格尔比舞是男子跳的。

妇女跳格尔巴舞时，把点着灯的陶罐或某种农作物的青苗放在舞场中央，然后围成圆圈，头顶带点灯孔的陶罐，在伴唱声中，尽情舞蹈，以表示对大地母亲的祈祷。此舞别具一格，由于头顶带点灯孔的陶罐，随身体的摆动发出闪烁的灯光，如同钻石一样美丽，灯光照出的影子也特别好看。过九夜节时，妇女们尤其喜欢跳格尔巴舞。美丽的姑娘们头顶点灯的陶罐，成群结队地跳着舞前往各家，邀请大家前来参加跳舞。连续九天的节日期间，处处是舞蹈，家家有歌声。此外，在克里希纳降生节、罗摩诞生节、春节、姑娘节、寡妇节等节日，也跳格尔巴舞。

格尔比舞是在九夜节时男子们为纪念难近母神而跳的一种舞蹈。舞场的布置和跳法同格尔巴舞一样，只是男子跳舞时，头上不顶陶罐。跳格尔比舞的人，上身裸露或穿带花边的古式长衫，下身穿一条拉贾斯坦式的裤子。

拉斯舞，古吉拉特还有一个著名的民间舞蹈是拉斯舞。这是一种男女混合舞，有三种形式，即登德·拉斯格（棍子舞）、达尔·拉斯格（击掌舞）、拉黑德·拉斯格（表演舞）。尤其那种登德·拉斯格舞（棍子舞）在北印度非常流行。在秋月节时，处处都可以看到跳这种舞的场面。从前，拉斯舞只是表演黑天神的生平事迹，但是今天又加进了新的内容。跳拉斯舞时，女的穿宽上衣和裙子，男的穿长衫或瘦腿裤，有时要有一个演员打扮成黑天神的模样。

此外，还有迪巴里舞，它也是古吉拉特邦的主要民间舞蹈之一。

（3）阿萨姆邦

阿萨姆人有句俗话："会纺织的姑娘都会跳舞。"确实，阿萨姆人家家户户都会织布，她们织出的布，精致美观，令人喜爱。她们喜好艺术不仅表现在织布上，而且表现在跳舞和唱歌上。那里著名的舞蹈有：

盖里高巴尔舞，盖里高巴尔舞又名叫克里希纳·利拉舞（即克里希纳生平舞），是阿萨姆邦著名的传统民间舞，又是一种寺院中的颂神舞，专门表演克里希纳的生平。童年的克里希纳带着一群小牧童出场，魔王巴迦苏尔随之而来，并威胁说，要吃克里希纳及其伙伴，克里希纳奋起搏斗，消灭了巴迦苏尔，大家狂欢跳舞，庆祝胜利。这时，克里希纳少年时的女伴，牧女们也参加进来。忽然又一个叫辛迦苏尔的魔王出现，舞蹈者惊慌逃走，克里希纳立即上前迎战，打败了敌人，于是舞蹈进入高潮。

比忽舞，比忽舞是阿萨姆邦的另一个著名舞蹈，是比忽节时跳的一种民间舞。比忽节是阿萨姆邦特有的节日，类似我国的春节。当一年的收割完毕，粮食归仓，准备迎接新年到来的时候，农民高兴无比，在家里坐不住，便兴高采烈地把耕牛擦得油光发亮，然后成群结队地牵着各自的耕牛涌向池塘或河边，给牛洗澡。接着，他们一边跳舞唱歌，一边给牛喂茄子、黄瓜等。比忽节是阿萨姆农民一年一度最欢乐的节日，比忽舞因此而得名。

节日期间，人们在皎洁的月亮下，坐在熊熊燃烧的火堆旁大吃大喝，男女青年则在激烈的鼓声和牛角号声的伴奏下，如醉似狂地跳舞。他们的步伐奔放，手势灵巧，富于感情，姿态多变而优美。他们的舞蹈总是给节日增添无限的快乐。跳比忽舞时，还唱比忽歌。比忽歌是阿萨姆邦非常著名的民歌，歌词内容富于生活气息，有一些是爱情歌曲，例如，"我要变成一只雌鹅，在你的湖里游泳，我要变成一只蜜蜂落在你的脸上……"曲调优美动人，深受人们欢迎。

(4) 孟加拉邦

孟加拉邦素有"艺术之乡"的称号，不仅民间音乐、民间歌曲丰富，而且民间舞蹈也很著名。

喀尔登舞，喀尔登舞是孟加拉邦最著名的民间舞蹈。它是一种敬神舞（颂黑天神），其最大特点是不分男女老幼，不受人数限制。舞蹈者衣着简朴，不需要特别打扮，也不需要特殊准备。人们围成圆圈，敲着大鼓，即可跳起舞来。鼓在伴奏的乐器中，占主导地位，这和中国的鼓在舞蹈的伴奏乐器中是"众音之帅"类似。舞者随着鼓声的轻重缓急，舞动双手，做各种优美的动作，表达各种复杂的思想感情。喀尔登舞常配以委婉悦耳的音乐，这种音乐又给喀尔登舞增添许多魅力。跳喀尔登舞的人常常一队队地跳着舞走上大街，因此，喀尔登舞便又有"城市格尔登"之称。

此外，还有贾德拉舞、耿金舞，等等，也都各具特色，非常有名。

(5) 梅加拉雅邦

音乐和舞蹈是梅加拉雅人民生活中的重要组成部分。他们的生活脉搏总是随着大自然的变化而跳动。他们的音乐饱含着喜怒哀乐，悲欢离合。大量歌曲除赞颂英雄和爱情外，不少是属于宗教性的。不管那种歌曲，唱歌时必须伴以乐器和舞蹈。有的舞蹈对当地文化发展还起了重要的促进作用。

隆格莱姆舞，隆格莱姆舞是梅加拉雅邦卡斯地区的舞蹈。离西隆七英里的西姆奈村是隆格莱姆舞的基地。

跳这个舞之前，要由斯耶姆（酋长）、斯耶姆萨德林多赫（宫廷祭司）以及宫廷大臣们共同商量选择吉日良辰，然后派人在一根竹竿上挂一个名叫格科赫的铜圈（报信圈），拿着竹竿向全村人宣布选定的跳舞日期，竹竿上的铜圈就是请帖。与此同时，还通知每一个来参加的人到时候带一只羊或鸡作为祭品。跳舞的前一天下午，就箫鼓齐鸣，气氛顿时热闹起来。

隆格莱姆舞是在英格萨德（即王宫）前边跳的一种轻快柔和的舞蹈，主要由男子跳。女性当中只有姑娘才能参加，但她们得另外围一圈。姑娘们跳舞时不能向上举手，只能轻轻地移动脚步，摇晃身躯。她们穿一种叫格尔夏哈·塔拉的衣服，齐脚长，既漂亮又大方。她们头戴宝冠，戴耳环，颈上佩项链，两鬓挂有名叫朗喀尔伐摩的首饰，手戴戒指，臂戴金镯，梳一条长辫，上扎彩结。男的头上包着用红黄丝线刺绣的头巾，跳舞时手中挥着毛巾或明晃晃的宝剑。

巴斯蒂赫和那斯蒂赫舞，巴斯蒂赫和那斯蒂赫舞是梅加拉雅男子跳的快步舞，是一种表现战斗场面的舞蹈。跳舞者手持盾和剑，面对面站着，互相开玩笑，并一剑将对方的臂镯或衣服砍掉，但又不伤害对方一根毫毛。跳到高潮时，鼓声震天，舞步也随之加快，直到力竭方罢。柬迪雅地区逢盛大节日时才跳这种舞。

（6）安得拉邦

安得拉邦的舞蹈、戏剧不仅丰富多彩，而且历史悠久。公元前200年时修建的阿马拉瓦迪的塔壁上就有舞蹈的雕像，其他地方也发现有大量雕刻的舞蹈图像。由于它有悠久的舞蹈历史，所以民间舞蹈也较为发达。最著名的民间舞蹈是古吉布迪舞。

古吉布迪舞产生于克里希纳河岸的一个名叫古吉布迪村，它实际上是波罗多舞的一种新形式。

关于古吉布迪舞的由来，有四五种传说。其中之一是：有一位名叫赛檀德尔·约喀的人成立过一个叫"帕姆·格尔邦姆"的舞蹈团，改革和完善了古吉布迪舞。有一次安得拉的高龚达国的国王阿布尔哈森·达纳沙看了古吉布迪舞，很满意，将古吉布迪村赐给赛檀得尔·约喀的弟弟，但附了一个条件：住在该村的每一个婆罗门，都必须会跳古吉布迪舞。所以古吉布迪村的婆罗门至今仍保持着跳古吉布迪舞的传统。他们把赛檀德尔·约喀当作该舞的创始人。

古吉布迪舞虽然属于民间舞蹈，但同古典舞蹈有许多相似之处。就内容而言，它表现的是古典题材；就形式而言，是把音乐和舞蹈相结合的表演舞。不同的是它没有其他古典舞蹈那样复杂的动作。属于古吉布迪舞的帕玛·格拉巴舞、高勒尔·格尔巴舞、吴沙·巴利朗因舞等都是很著名的舞蹈。

古吉布迪舞的女角由男子扮演，而且形象逼真，水平很高。古吉布迪舞是安得拉邦婆罗门的传统艺术，多少世纪以来，一直是他们的祖传职业。

另外，当得利亚舞、巴特耿帕舞也是安得拉邦很著名的民间舞蹈。

(7) 奥里萨邦

奥里萨邦是个小邦，但是少数民族很多。一般说来，少数民族大多能歌善舞，所以奥里萨邦的民间舞蹈也非常丰富，最著名的是乔舞。

"乔舞"即假面具舞，是一种传统舞蹈，通常是在春节期间跳。在这个节日性舞蹈开始之前，先在湿婆庙里祈祷三天，祈祷开始的日期由宫廷婆罗门祭司确定。祈祷的目的是让神保佑国王和百姓幸福。有十三个信徒进行祈祷，十三人中包括最高种姓和最低种性的人。人们在他们的率领下前往坐落在河边的湿婆庙，然后由他们各自从河里灌一罐圣水，带回城里，放在市内湿婆庙里，再从庙里取出一个水罐，由一个男扮女装的少年拿到河边。河岸有前一年敬神时埋的水罐。若水罐里的水少了，或已发臭，他们就认为来年是凶年，如果罐里的水正常，就认为来年是吉祥年。前一年埋的这罐水，挖出来后，留作来年敬神使用，同时把从湿婆庙拿来的这罐水放进前一年放水罐的坑里。祈祷三夜之后，才开始跳舞。

从前跳舞时要戴假面具，现在除斯拉伊盖拉地区的人们仍遵循着过去的陈规旧俗外，其他地区早已改变了。斯拉伊盖拉地区之所以如此，与当时国王提倡有密切关系，因为那位国王不仅是这个舞蹈的保护者，而且也是这个舞蹈的参加者。但这种舞蹈禁止妇女参加。女角由男子扮演。

跳这种舞的人，从五六岁就开始训练，根据故事内容，教他们表演各种动作。

当夜幕降临大地时，观众便纷纷聚集在一起。人们点上灯笼、火把、灯火辉煌，照得满天通红。鼓声一响，山岳震撼，歌声传来，舞者的服装都是用锦缎或镶金、银边的丝绸做成，五光十色，非常艳丽，很有助于表现故事内容和舞者的思想感情。

除上述舞蹈外，杰台亚舞、马亚希瓦里舞等，也是很有名的。

(8) 拉贾斯坦邦

拉贾斯坦大部是茫茫沙海，土地较为贫瘠。但它同样有历史悠久的民间舞蹈，而且舞蹈内容丰富多彩，独具一格。这里的民间舞蹈大多在洒红节、灯节、胜利节等重大节日时跳。最著名的民间舞蹈有库马尔舞和丘马尔舞等。

库马尔舞比较简单，然而深受群众欢迎。每逢节日，尤其九夜节、洒红节、灯节时，往往要跳这种舞蹈。

库马尔舞是公元6世纪时从婆罗多和格突腊舞的基础上发展起来的。跳舞时，姑娘们围成圆圈，在掌声的伴随下转圈跳舞。卡喀拉（裙子）是拉贾斯坦妇女的一种古式服装，跳舞时，由于速度旋转而使卡喀拉形成圆圈，库马尔（旋转的意思）舞便由此得名。

丘马尔舞在拉贾斯坦也很盛行。它开始于公元5世纪，是一种敬神舞，属于一种表达离愁别绪的舞蹈。毗湿奴信徒尤其喜欢跳这种舞。从前跳此舞时，演员们臂上扎花，现在改为戴银制丘尔马（即臂镯），因而得名为丘马尔舞。

丘马尔舞现在有两种形式。一种是双人舞，由一男一女合跳。另一种是单人舞，由一个姑娘独舞，跳累了，可由另一个姑娘替换，两种形式的动作都很优美。它与有些民间舞蹈一样，热情奔放，手势灵巧，富于感情。

除上述舞蹈外，还有鼓舞、豹舞、火舞等，大都比较简单，但同样在民间盛行。

(9) 泰米尔纳德邦

泰米尔纳德邦位于印度南方，不仅舞蹈历史悠久，而且民间舞蹈非常丰富，别具一格，另有特色。主要民间舞蹈有：高尔德摩舞、迦瓦迪舞、迦拉戈摩舞、布尔维·阿旦摩舞等。

高尔摩德舞，高尔摩德舞即棍子舞，是泰米尔纳德姑娘们跳的集体舞。在女子学校，每逢校庆，学生们必跳此舞。

印历每年十月至十一月间，泰米尔纳德人要过为期半月的巴萨沃节（即牛节）。这时，姑娘们要塑一尊牛像，因为牛是湿婆神的坐骑。然后，她们每天去河里沐浴，并带回盛有青草和河水的罐子。节日结束前一天，她们把罐子放在牛像前，并始跳高尔摩德舞，表示对牛的虔诚。跳舞时，每人手持两根木棒，与舞伴们的木棒撞击。到了下午，她们分成几群，跳着舞走街串巷，接受热情的招待和各种礼物。节日的最后一天，她们穿着新衣服，将牛打扮一番，放进轿里，抬到河边或湖边抛进水中。

迦瓦迪舞，它是泰米纳德又一著名民间舞蹈，是为朝拜湿婆的儿子穆鲁格时跳的。

"迦瓦迪"是扁担的意思。传说穆鲁格从前住在名叫波代维杜的六个兵营里，马杜赖的波尔尼山和迪鲁波尔·贡德拉摩山就是他的六个营地之一。一个名叫英度班的魔王曾用扁担把他挑到山上，所以湿婆信徒上山朝拜穆鲁格时，都要扛着扁担，并且先在半山坡上朝拜英度班，然后才上山顶。信徒们上山时，一路敲锣打鼓，吹笛跳舞，而且常常像发了疯一样。据说，迦瓦迪舞的跳法有二十五种之多。

迦拉戈摩舞，迦拉戈摩舞（即顶罐舞）通常有两种，一种是宗教性的，叫夏格蒂·迦拉戈摩舞；另一种是职业性的，叫阿塔格·迦拉戈摩舞；前者只是在寺庙里跳，由和尚们顶着罐子起舞。罐子里盛水，口用椰子封住，上边放一颗柠檬，罐子系有花环。而后者则是由专门的艺人来跳，他们以此为生。阿塔格·迦拉戈摩舞是泰米尔纳德邦每年参加德里国庆游行的传统节目之一。

在蒂鲁奈尔外利地区，跳阿塔格·迦拉戈摩舞时，舞者头上顶的一般是米罐，罐下也没有垫圈。舞者身涂檀香和香灰，从村子的中心或某个圣地出发，边跳边游行，直到甘德维伊庙。舞者手中持剑或矛，在鼓乐伴奏下起舞，起初缓慢，逐渐急促。舞者虽然有蹦有跳，踉踉跄跄，好像醉汉一样，但头上的罐子却不会掉下，这正是迦拉戈摩舞最精彩之处。

布尔锥·阿旦摩舞，这个舞是从古代的焦尔王朝转下来的骑马舞，至今在坦焦尔地区还非常流行。马是纸糊的，背上留个洞，可套在腰部，一个人踩着高跷架着纸糊马，如同骑在马上一样。纸马通常有两匹，男女二人各骑一匹，扮演国王和王后。舞者像马戏演员一样表演各种动作，这种舞练习数月，才能熟练掌握。这也是泰米尔纳德邦参加德里国庆游行的传统节目。

（10）比哈尔邦

比哈尔邦民族众多，土著尤甚，全邦有二十九个以上，多属表列种姓。土著中主要有桑塔尔、奥胡沃、蒙达、塔鲁和霍族等。他们能歌善舞，开朗活泼。其舞蹈形式多样，内容广泛，有独舞、集体舞、也有男女混合舞，有季节性的，宗教性的，也有表现纯洁爱情。最著名的舞蹈是杰达—杰丁舞。

杰达—杰丁舞，它是比哈尔邦姑娘们喜欢跳的一种舞蹈。杰达和杰丁是两个男女青年，二人相亲相爱，后来杰丁姑娘不幸被一个船夫拐走，情人杰达克服了重重困难，终于找到了杰丁，二人重新团圆。舞中歌颂了杰达和杰丁美好纯洁的爱情，表现出主人公战胜邪恶势力和自然困难的坚强性格。在雨季来临，皓月当空，清辉撒满大地的时候，姑娘们三五成群，聚在院中举行杰达—杰丁舞会，她们用各种动作和表情表演杰达和杰丁的恋爱故事。故事情节生动，舞姿优美迷人，自始至终有悦耳的鼓乐伴奏，尤其在表演乘风破浪，船搏激流时，其形象更是生动逼真。

另外，贾拉尔舞、恰德舞、格尔麻舞、喀拉舞、恰屋舞等，也各具特色，深受群众喜爱。

除上述舞蹈外，印度各邦土著人还有自己的舞蹈。例如霍族的马凯舞，奥胡沃人的春舞、战舞和棍舞，迦洛人的迦那舞、萨拉姆舞，巴屋利族和多姆族的拉伊维歇舞、迦底舞，等等。有些舞蹈尽管内容简单，但充满生活气息，而且动作优美。

印度北枕高山，南归大海，人民生活的脉搏随着大自然的变化而跳动。长期以来，他们的舞蹈不断丰富和发展，那富于生活情趣的内容和优美的艺术风格在亚洲乃至世界各地都产生了影响，也深受中国人民的喜爱。印度舞蹈也是一个艺术宝库，值得我们研究和学习。

六 魅力无穷的印度音乐

凡看过印度电影或听过印度歌曲的人，都有个共同感受，觉得印度的歌曲动听，音乐悦耳，致使不少人对电影百看不厌，对音乐百听不烦。印度人认为，音乐是生活所必需的，否则生活便会枯燥乏味，犹如白水一杯。

印度音乐历史悠久，渊源很深。它同任何艺术一样，属于劳动人民的生活创造，一直受到人们的喜爱，甚至有些人还以音乐为职业。因此，音乐得到不断的提高和发展。早在上古文献《吠陀》中对音乐就有了记载。梨俱吠陀赞歌的吟咏，需要有音乐知识，《娑摩吠陀本集》更是以歌唱为目的而形成的，"娑摩"指的是祭祀用的歌曲，这个本集里共有一千八百一十节配曲调演唱的歌词。因此有种说法，印度音乐是以古代祭仪为基础而发展起来的。印度人认为，音乐的起源是神圣的，而音乐的最终目的是帮助人们信仰天神。所以在大约三千多年的音乐发展史中，音乐往往以精神为主导，而艺术则处于从属地位。据文献记载，在吠陀时代，除唱歌外，已有了不少维拉、喀尔喀利等之类的弦乐器，以及横笛之类的管乐器。今天流行的不少乐器是从古代流传或由此发展而来的。在古代两大史诗时期，音乐得到不断发展，两大史诗中多次提到与音乐的音阶和乐器有关的事情，有人对此做了专门研究，两大史诗中所提到的乐器有二十种以上。那个时期，印度已有了七声音阶，有了七个基本调式，形成了一套相当完善的转调体系。但是在音乐理论方面的著作应该以婆罗多仙人写的《舞论》为代表，它是音乐理论方面最古的专门文献。它成书的确切年代至今未定，有人认为它是公元2世纪的产物，有人认为它是公元初的作品，但书中涉及的内容应该更早于成书年代，可能是公元以前。《舞论》是一部诗体（歌诀式的）著作……最后更广泛地论音乐。① 迦梨陀娑在自己的《摩罗维迦与火友王》剧本的第一幕和第二幕中特别谈了音乐、表演技巧和理论问题。公元4、5世纪时，印度的传统音乐有了很大发展，迦梨陀娑提到了一些曲调和许多乐器，诸如维拉等各种弦乐器、莫里登格（一种鼓）、螺号、铜鼓、喇叭、钟铃等乐器。

但是，应该说，音乐学的真正出现还是后来的事情。它作为一门专门学科全面发展或至少对它进行系统的科学研究是从中世纪开始的。无疑，前面提到的《娑摩吠陀本集》和《舞论》等作品早已出现，但是进行专门的大量的研究音乐方面的著作则是11世纪以后才有的。劳金·格威的《拉格德凌吉利》可能是12世纪写成的；夏冷格戴沃的《桑吉德勒纳格尔》（音乐宝库）是13世纪的事情，是本介绍和研究印度音乐最详细的专著，书中谈到印度南北音乐的特点，以及音乐、乐器和舞蹈三个方面的关系。后来又有《音乐丛书》、《拉格门吉利》等音乐书籍相继出版，索姆纳特的《纳格威包特》于1610年出版，达冒德尔·米斯拉的《桑吉德达尔巴郎》于1625年出版。后来阿毫巴罗的《桑吉德巴里贾德》也问世了，书中提到了122个旋律结构，它对了解北印度音乐非常重要。所有这些，对音乐学的发展起了积极的推动作用。直到后来，18、19世纪时，著名的默罕摩德·拉格写出了《纳格摩艾阿斯菲》一书。此书出版后，轰动一时，影响很大，一度被认为是印度斯坦音乐的基础。当时斋普尔有位名叫普拉达布·辛哈的国王，曾经召集了所有的音乐家，并且创造条件帮助他们对音乐进行研究，使他们写出了《音乐纲要》一书。特别值得提及的是，自从夏伦加戴沃（1210—1247年）出现之后，北印度的音乐才更加发展起来，有人把他的著作——

---

① 金克木译：《古代印度文艺理论文选》，人民文学出版社1980年版，第4页。

《桑吉德格勒伯德尔摩》看作为印度音乐史上最重要的音乐理论作品。众所周知，穆斯林进入印度以后，使印度各方面发生了变化，伊斯兰教音乐自然随之而来，产生了一定影响。莫卧儿王朝的巴克大帝（1542—1605年）喜爱音乐，他有一个宫廷音乐大师名叫汤森，为印度音乐的发展开辟了新的道路，做出了卓越贡献。人们形容他的歌声有"呼风唤雨的神力"。瓜廖尔一城有音乐和艺术堡垒之称，这同汤森有关。至今那里还有他的陵墓，每年在他诞辰那天，全国音乐家都云集那里，演奏他的歌曲，哀悼这位伟大的音乐奠基人。可以说，这一时期北印度的音乐进入了黄金时代。

英国统治印度以后，印度的音乐引起西欧学者的兴趣，对此进行了研究，先后在孟买、加尔各答等地建立了许多音乐学校。这样一来，也推动了本国人对音乐的重视，并加强了对音乐的研究，促进了音乐事业的发展，其中以泰戈尔的成绩最为卓著。

印度音乐对我国也有影响，从汉代开始，它伴随佛教的传播传入我国。公元3世纪，中国已有梵呗的流行，中国唐代的音乐中吸收了天竺乐、龟兹乐、安国乐、康国乐、西域乐等直接或间接来自印度的音乐。不仅如此，对伊朗、阿拉伯以及欧洲影响也很大。古希腊人也承认，他们的音乐受到印度的影响，印度的维拉弦琴、横笛等早就传到了欧洲。[①]

前面提到，印度音乐的出现与宗教信仰有关。音乐为宗教服务，祈祷、祭祀等都离不开奏乐和唱歌这类音乐活动，而这些活动反过来又使音乐由简到繁，不断发展。今天，时代前进了，社会发展了，但印度人仍普遍信仰宗教，对神还非常虔诚。一个人从生到死，要参加许多名目繁多的仪式，这些仪式，诸如出生礼、初食礼、剃胎发礼、婴儿出门礼……以至婚礼、葬礼等都与宗教信仰有关，同时也与音乐有不可分割的联系。所有这些活动，与人们的生活紧密地交织在一起。今天的印度，除了几千年流行不衰的古典音乐外，民间音乐更加丰富，如霍利歌、雨季歌等民间音乐不仅仍在流行，而且爱情歌曲也有增无减。同时，流行音乐亦相继传入，迪斯科、摇滚乐等也逐步传开，为越来越多的人所喜欢。它们相互影响，相互补充，促进了音乐文化的繁荣与发展，人们的生活也变得更加多姿多彩。

印度人性格活泼，能歌善舞，名不虚传。不管你走进人潮如海的城市，信步于大街小巷，还是来到人烟稀落的乡村，漫步于空旷的田野，不时歌声

[①] 希沃得·格雅妮：《印度文化》，（印度）拉吉格莫尔出版社，第256页。

四起，使人陶醉；乐声阵阵，悦耳动听。在印度，不管是穿着讲究的富者，还是衣衫褴褛的穷人，他们对音乐都享有同等权利。劳动之余或茶余饭后，或中间休息，有些人不是轻声低吟，就是引吭高歌，有的击掌敲盘（印度人吃饭用盘）自奏自演；有的三五成群翩翩起舞。那种种优美动听的音乐歌声，疲惫人听了顿时去乏除累，力气倍增，忧愁人听了立刻会消愁解闷，心旷神怡。而久居印度的外国客人听了也会冲淡乡愁。

印度电影数量之大，居世界之首，影院之多，为世人惊叹，那里尽管昼夜有电影放映，但电影院内往往座无虚席。印度人生活离不开音乐，而社会生活又丰富了音乐的内容，难怪有的外国人说，他们的生活是在快乐的音乐声中度过的。

七　印度的教育

印度是个发展中国家，对教育事业相当重视。印度独立四十多年来，教育事业取得了显著的成绩，从而促进了各项事业的发展。

（一）发展教育的出发点

印度独立以后，政府认识到教育是人力资源开发的关键，为提高每个人的生活素质，必须对人的教育进行投资，以使教育工作在国家计划中占有适当地位。这是印度发展教育的基本出发点。为此提出了明确发展目标：保证每个人受教育的机会均等；不论年龄大小，为其提供学习知识、发挥才干的机会；使受教育者在体育、智育和文化三方面得到全面发展；在教育、就业和发展三者之间建立有机的联系；宣传国家统一，宗教与教育分离、民主生活方式和尊重劳动的重要性。教育方针中明确强调了"普及教育"和"消灭成人文盲"的重要性，把普及小学教育和成人教育作为消灭文盲的重要措施；中等教育和中等专业化教育的目的是为印度的教育、经济和社会发展之间建立积极而有益的联系；把高等教育视为经济和社会发展的一个关键因素以及通向"现代化"的重要门径。尤其拉吉夫·甘地于1985年任总理以来对教育事业一直重视，他强调指出："要对现行的教育制度进行改革。"1985年政府发表了题为"教育的挑战"文件，后又制定了《1986年全国教育政策》，经议会两院讨论通过，接着又制定了《二十三点行动纲领》，以落实上述政策。由于各级政府重视，采取了一些措施，从而使教育事业不断发展。

(二) 印度教育的突出变化

印度独立之后,由于宪法中明确规定了"向14岁以下所有儿童实行免费普及教育",这为儿童入学提供了法律保证。全国各地不少小学校对一年级到五年级的学生实行了免费入学,甚至有些邦对六年级学生还实行了免费教育。与此同时,政府一直为教育增加经费,为发展教育提供了一定的物质基础,使学校数量不断增加,学生入学率不断提高。如1950—1951年教育经费为11.4亿卢比,到1984—1985年度增加600亿卢比,另据记载,1986年用于教育的经费为47亿美元,仅次于国防开支。1950—1951年印度小学共21万所,1984—1985年度增加到52万所。同期,中学由3.06万所增加到13万所。1947年在校注册人数为1050万,到1982年增加为7360万。全国的识字率不断提高,1951年全印度的识字率为16.6%,1971年上升为29.45%,1981年又提高为36.17%,1986年提高为36.23%。据2001年2月所进行的人口调查显示,印度在全国普及识字率的工作成就斐然。七岁和七岁以上的识字率已达到65.38%,其中男性为75.85%,女性为54.16%,也就是说,今天印度四分之三的男性人口和一半以上女性已具备识字能力。尤其值得提出的是,印度高等教育发展迅速,目前有大学140所以上,学院有5246所之多,仅高等学校的入学人数高达350万以上,居世界第三位。对印度这样一个基础薄弱、经济落后的发展中国家来说也算是个了不起的成绩了。

但是,印度教育的突出变化,明显成绩表现在以下几个方面:

(1) 大力发展职业和技术教育。为了提高就业人数,减少失业人数,并为国家经济建设和工业发展提供迫切需要的中等技术人才和减轻对高等教育的压力,政府对中等职业技术也给予一定重视。由于种种原因,印度14—25岁青少年未完成基础教育的还很多,为了提高他们的文化水平,使之掌握一定专业知识,成为一支中等技术力量,政府采用多种方法对其进行培养,国家为他们提供30多个工程行业和20多个非工程行业的职业训练,这些训练工作由国家统一计划安排,经训练委员会批准执行。为此,全国设立了356所常设性学校和139所临时学校。除公办学校外,私办的训练学校也有不少。这些学校总共容纳20万人,训练期为1—2年,这类学校为青少年提供了学习科学的场所,把它们看作是学徒练习的重要基地。另外,还有300多所工业技术专科学校,每年可招生56000人,分全日制教育和业余教育两种，学习期限分别为 3 年或 4 年，培养具有中等技术水平的专门人才。

通过上述种种措施，使不少青少年成为中等技术人才，减少了文盲队伍和失业大军的人数，扩充了国家人才队伍，为国家建设发挥了力量。

（2）大办成人教育。这一问题与上述问题有关，但不完全相同。成人教育主要是对 15—35 岁的人进行非正规教育，其教育计划是通过邦政府、社会服务机构、大专院校来实施的。印度把消灭文盲列为国家教育方针的任务之一，因此，成人教育受到重视，而且卓有成效，为国家的发展与建设起了重要作用。其主要做法是以消除文盲、提高文化水平和社会觉悟为目标，因此，发动了一个扩大成人教育的运动，目的是实施一项直接以社会及本人的需要为基础，和本地环境及国家的发展相联系的教育计划。尤其注意到对表列种姓、表列民族和贫困落后地区的教育发展，对他们规定了有关政策，采取了特殊照顾等措施。他们的教育面貌得到一定改变。目前全印已有 632 个社会服务机构为 17 个邦和 5 个中央直辖区开办的 29000 个成人教育中心提供经费，进行拨款，为成人教育提供方便。

通过成人教育的开展，人们识字率不断提高，为全国扫盲工作做出了贡献。因此，印度的扫盲工作曾受到世界银行的赞扬，认为"印度的扫盲工作对发展中国家都有深远的影响"。[①]

看一个国家的经济和文化是否发达，妇女的教育情况是个重要表现。印度妇女社会地位低，文化教育差。印度独立后政府注意到这一问题。在成人教育政策中，印度把 15 岁以上的成人妇女摆在首位，对其培养目标主要有四个：一是提高妇女觉悟，使她们认识到应同男子享有一样合法的社会地位和权利；二是使妇女掌握一定文化知识和科技方面的专长，帮助妇女取得经济上的独立；三是使她们掌握一些卫生知识，特别是有关营养保健、儿童护理和计划生育等知识；四是帮助妇女在各种团体中获得参与权和发言权。

几十年来，政府在几个五年计划中都有发展女子教育的指标，并且对那些妇女教育工作开展得好的邦或城市进行巨额奖励。因此，印度女子教育发展显著。在独立后的几十年内，印度建立了 104 所女子学院，到 1965 年发展为 200 多所，另外，还有 50 多所大学进行女生招收，男女合校。这样，使女子的入学率不断提高，据有关统计，1951 年为 79‰，1971 年上升为 187‰，1980 年又提高为 225‰，男女受教育人数的比例差距逐渐缩小，女

---

① 参见《印度在前进》，第 26 页，1983 年。

生入学人数比例不断增加，以大学为例，1963—1964 年女大学生占总人数的 19.5%，到 1979—1980 年增加为 26%；女子的识字率自独立后有明显的提高，1951 年为 8%，1971 年为 18.6%，1981 年上升为 24.8%。据统计，从 1991 年到 2001 年男女识字比例的差距大为缩小，由 1991 年的 28.8% 降至 21.7%。随着妇女教育的提高，女子的职业和社会地位也发生了变化，今天的印度女子，不只是专门在家做饭、生孩子、侍候丈夫和公婆，而且不少人走出了家门，到社会上从事教学、科研、行医和经商等工作，甚至还出了不少著名教授、学者和专家。说明印度由于教育的进步，女子的状况也随之发生了可喜的变化。

（3）高等教育。印度的高等教育比较发达，培养了大批科学技术人才，为国家建设和科学发展起了重要作用，从而使印度成为世界上拥有最雄厚的技术力量的国家之一。

印度的高等教育之所以比较发达，主要采取了以下几个措施：

第一，强调高等教育的重要性。早在独立初期尼赫鲁总理就曾经指出："大学代表人道主义、坚韧性、理性、进步和对真理的探索。它代表人类朝向更高的目标全速前进。如果大学充分履行其职责，那么它对国家和人民都是十分有益的。"[1] 因此，印度独立初期，专门成立了"大学委员会"，制定了高等教育的方针和任务，"教育方针和计划必须适应于我国的社会发展目标，要把教育的各种不同目标统一起来，教导和影响学生不仅要获得知识，而且要训练思想，使受教育者产生共同的思想准则"。"不仅向学生灌输知识，而且要发展其健康的判断能力，以满足社会的各种职业的需要。"从学校领导到任课教师，都注重学生对问题的探讨和争论，鼓励学生大胆发表自己的意见和看法，注意并引导学生这方面的培养训练。

第二，完善和加强对高等教育的领导。印度宪法规定，高等教育由中央政府和邦政府共同领导。独立初期，全国除几所大学归中央直接领导和管理外，大多数高等院校主要由邦政府负责。后来，中央加强了对高等学校的领导权，尤其到 1976 年修改了宪法，凡属大学、技术和医学等高等教育，均由中央政府和邦政府共同负责。中央不仅负责高校的教育改革，院校的新建与扩建，科研机构的设立与撤销，以及高等教育目标的制定，而且还要负责各高校之间的协调与科研方向的确定，等等。

---

[1] 印度《联系》周刊，1983 年 2 月 13 日，第 37—38 页。

第三，大力进行教育投资。为了发展高等教育，不断增加对高校的经费开支。据有关统计，政府对高等教育的开支第一个五年计划时为1.4亿卢比，第二个五年计划时为2.8亿，第三个五年计划为8.8亿，第四个五年计划时为17.5亿，第五个五年计划时为29.2亿，第六个五年计划时为48.6亿。从这些数字不难看出，教育经费在不断增加，而且增长幅度较大，这就为高等教育的发展提供了物质基础。

由于采取了上述措施，印度的高等教育取得了显著的成绩，据报道，截至2003年全印度有291所大学，12342所学院，大学、学院学生总数为800万人。具体表现在如下几个方面：

①建立了一些重点大学。印度现在已有一批设备先进、师资力量雄厚、科研水平较高、在国外享有盛誉的重点大学。它们是：德里大学、尼赫鲁大学、贝拿勒斯大学、国际大学、海德拉大学等。这些学校规模大，人数多，为国家培养了大批人才。

②工程技术教育得到迅速的发展。从独立到现在，经过几十年的努力，工程技术教育取得了显著成绩，形成了一套高等技术教育体系。全国共有工程技术学院182所，每年招生2.5万人，专门培养专业技术人才。另外全国还有工程技术研究生院96所，每年招生5700人，学制为三年，专门培养工程技术研究生[①]。

③现在印度拥有了一支庞大的技术队伍。自独立以来，培养了大批学士、硕士和博士科技人员。据有关统计，1950年为188000人；1965年为731500人，1978年增长为1935300人，1980年增长为1949000人，1982年又增长为2500000人，数字相当可观。

（三）存在问题及改进的措施

从上述情况看出，印度自独立以来教育方面发生了不少变化，教育事业取得了显著成绩。与此同时，还存在不少问题，有待于很好地解决，主要表现如下：

各类教育发展不平衡，重视高等教育，对初等教育重视不够。印度政府的整个教育计划资金分配是：高等教育占20.9%，初等教育占32.4%，[②]

---

① 参见1982年《印度年鉴》，第58页。
② 《印度斯坦报》1986年5月15日。

这种分配比例显然对初等教育过低，而对高等教育过高，因为全国72%的人口分布在农村，而且乡村教育条件比城市要差，但对它的教育投资还不到一半，只占44%这是很不够的。因此，农村教育落后的局面不能很快得到改变，使高等教育发展过快。

高等教育迅速发展，培养了大批人才，这是件好事。但是，由于超过了本国的实际需要，结果也带来了一些弊病，使数以万计的受过高等教育的人失业。据有关统计，1978年科技人员总数为1935300人，其中有237000人失业，占12.2%；1980年科技人数增为1949000人，而其中有290700人失业，占14.9%，有的要么改行，有的要么流向海外，到英国、美国、非洲等地求职谋生。

初等教育落后同农村经济不佳有关，贫困是文化教育落后的重要原因。1978年中央政府关于成人教育曾做过乐观的设想，对计划也努力进行了贯彻。当时宣布：15年内消灭文盲。但8年之后发现，效果不大，无显著变化。其主要原因是乡下人对此兴趣不高，缺乏城市人一般所具有的那种热情和兴趣。市民把受教育看作找工作挣钱谋生的重要手段，而乡下人则与此相反。他们贫穷，若孩子不帮助父母务农、放牧或从事其他工作，则家庭生活会受到影响。因此，有些家长无心送子女上学。

今天的现实是，6—14岁的孩子中只有20%的孩子能升入中学，然而升入中学孩子的80%又中途退学，结果只有20%的孩子能升入高中。据1982年的一次教育调查表明，全国一半以上的小学校没有固定的房舍，三分之一的学校里没有供学生坐的椅子，40%的学校教室没有黑板，50%的学校没有体育运动设备和运动器材，70%学校学生没有课本[①]。校舍如此简陋，设备如此简单，教育如此落后，显然同农村经济状况有关，也同教育投资额小有关。全国教育研究会与师资培训理事会曾于1980年做过调查，全国三分之一以上的小学只有一个教师任教，有2937所小学没有教师[②]。由于师资缺乏，直接影响初等教育计划的完成。虽然在扫盲工作中取得了不少成绩，但随人口的增长不可避免地每年都有大量新文盲产生，印度从独立到1986年为止，文盲率仍高达63.77%，据世界银行推测，到公元2000年印度是文盲最多的国家。这的确是不可忽视的重大问题。

---

① 《印度斯坦报》1986年5月15日。
② 印度《联系》周刊，1983年7月17日。

另外，各邦、中央直辖区之间，在教育水平和普及程度方面也存在很大差距，种姓歧视现象也并未完全消除。政府虽然对低级种姓和落后部落有所照顾，但由于他们经济状况不同，文化基础薄弱，所以在教育方面存有不小差距，例如有些人英语或其他功课基础较差，入学后有不少人又中途退学，所以实际上形成了在校人数小于注册人数。总之，低级种姓和经济落后地区文化教育一般较差。这就说明，只有获得了社会和经济的平等，教育机会的平等才能真正实现。

印度政府从实践中发现，有些问题处理欠妥，出现了一些偏差，因此有些方面做了改进，采取了新措施：

（1）为了解决知识分子失业问题，政府调整了高等教育与社会需要的结合问题，以防止高等教育迅速扩大。对大学课程还做了调整，推广了职业教育课程，使之更加专业化，以增加大学毕业生的就业人数。一些工学院和综合性理工学院为把工科教育与实际训练更好地结合起来，同工业部门加强了协作与联系，开设了"学用一致"性的新课程，等等。

（2）加强了初等教育，正在改变过去那种对初等教育重视不足的做法，注意了扩大初等教育的经费。例如政府在1980年开始的第六个五年计划中增加对初等教育的经费开支，据统计，初等教育经费占教育总费用的比例由"五五"计划的32%增加到"六五"计划的46%。尤其在1986年印度制定了《全国教育政策》和实施这一政策的《二十三点行动纲领》，其中强调了普及初等教育及在15—35岁的人中扫盲问题。为实现这一目标，印度政府于1986年又加大了教育经费（仅次于国防开支）。这个新政策还规定，不允许学生中途退学，要改革考试制度，继续执行小学阶段全部升学的政策，并且还指出评价学生学习成绩的好坏不应由一次考试来决定，而是靠平时成绩的连续积累。新政策还规定，每个小学校至少要有两名教师，其中一名为女教师。准备大力培养师资，以满足小学师资的不足。这就为大力发展初等教育创造了条件。

（3）改善教师待遇，提高教师地位。政府认识到，要提高教学质量，实现教育计划，教师积极性的发挥也是个重要问题。因此采取了一系列政策和措施，诸如改进教师的工作条件，鼓励教师不断提高教学质量和科研水平，采取灵活政策补偿生活费的增长，并为教师自由发表学术思想创造条件，等等。这些为调动和发挥教师积极性提供了重要条件。

据报道，印度作为《德里宣言》和《全民教育行动纲领》（特别是对儿童的教育）的签署国之一，已经承诺将国民生产总值的6%用于教育。印度国会已经立法，对所有6—14岁儿童实行免费义务教育。

这些年来，印度公民的识字率获得了相当大的提高，1951年公民的识字率为18.33%，其中男性占27.16%，女性为8.86%，而到2003年男性上升至75%以上，女性接近55%，尽管男女识字率存在差别，但女性的识字率在近十年提高的速度比男性快，为15%，而男性则为12%。

据估计，6—14岁的儿童大约有80%已经入学，其总数近2亿，并且儿童的辍学率一直在不断下降。

表11-1　　　　　识字率增长情况：1951—2001年　　　　　（%）

年份	公民识字率	男性	女性
1951	18.33	27.16	8.86
1961	28.30	40.40	15.35
1971	34.35	45.96	21.97
1981	43.57	56.38	29.76
1991	52.21	64.13	39.29
2001	65.38	75.85	54.16

资料来源：参见2003年《印度年鉴》，第13页。

总之，印度独立后，教育事业有了很大发展，取得了不少成绩。同时，也存在不少问题，为适应社会的需要和进一步搞好教育，正在总结经验，吸取教训，不断前进。

第十二章　主要名胜古迹及其特点

一　首都——新德里

德里分新旧两城，中间隔着一座德里门，并以著名的拉姆利拉广场为界，广场以南为新德里，广场以北为旧德里。新德里为印度的首都，全国的政治、文化中心。

关于"德里"一名的来历，有种种不同的说法。有些学者认为，德里是根据孔雀王朝的一位国王"德鲁"的名字演变而来，它是"德鲁"的变音；另有学者则认为，公元前10世纪，这个城市就以因陀罗·婆勒斯特而闻名，国王阿恩格巴尔曾把它改名为拉勒高德，并且建立了许多铁柱，由于铁柱立得不稳，虽然经过加固，但仍松弛不牢，"不牢"印地语读为"梯里"，因此，这个城市便以"梯里"（即德里）而得名。尽管德里的名称几经更换，但这是一座历史悠久的城市，则是人们公认的。

旧德里是座古城，在历史上，它几经沧桑，变化很大。在某种程度上，这座城市是印度历史的缩影，这里的许多古迹文物和宏伟建筑可作见证。历代有许多帝王曾看中这块地方，把它选作首府，对它不断进行装饰和扩建，使它更加美丽迷人。然而，由于古代诸侯割据，相互征伐，德里的不少建筑也毁于兵燹。3000多年前，般度人曾选中此地，作为首府，取名"因陀罗·婆勒斯特"；国王阿恩格巴尔和地王角汗曾先后在这里竖起一根铁柱，以图永远占领这块地方；莫卧儿帝国的第五代帝王沙贾汗曾一度把德里改为沙贾汗巴德（"巴德"是住地的意思）。但是，德里这一名称却并未因此而消失。沙贾汗于1628年称帝为王，当时他并未住在德里，而是住在距德里200多公里之外的阿格拉城。有种说法认为，1631年他妻子穆莫泰姬·玛哈尔去世后，他悲痛至极，为摆脱对爱妻的怀念之情和躲避当地酷暑，又选中了德里为首府，终于迁离阿格拉。于是在公元1638年动工对德里进行整修和扩建，历时十年才竣工。在英国人统治印度的初期，一度把加尔各答作为首府，到了1911年12月12日，贾尔杰·巴杰又宣布将首都迁到德里。但是，新址却选在旧德里以南三公里的一片荒地上。当时的英国殖民当局要求对这座新城精心设计和认真施工，以使其具有独特的风格，因此，设计师们专门对雅典、罗马以及印度的其他城市建筑进行了考察，最后决定，综合印度和外国建筑的特点，建造一座既有外国古代色彩，又有现代风格的新城。原计划新德里建设四年竣工，但由于第一次世界大战爆发，不得不中途停工，最后于1929年建成。1947年8月15日，新德里又被宣布为独立印度的首都。尼赫鲁总理在红堡的宫墙上升起了第一面印度独立的旗帜。1950年1月26日德里正式成为印度民主共和国的首都。

新旧德里相隔虽有一箭之遥，但新旧两城的风格却迥然不同。旧德里没有新德里那么美丽、壮观，也缺少新德里的高楼大厦。它的街道狭窄而曲折，街头小商贩十分拥挤，公路两旁有各式各样的小吃，大大小小的书店和五光十色的影院，浓郁的中古时代的气息，有时倒能吸引来访的游客。

新德里则另是一种风貌。它给人以清新，舒适之感，全城身披绿装，树荫浓郁，芳草如茵，终年百花争艳，鸟声嘤嘤，生活在这里如同沉浸在鸟语花香的大花园中。从总统府到印度门是一条长而阔的大道，路旁是大广场，还有碧绿的草坪点缀其间，重大政治活动和节日庆祝活动以及一些游行示威都在这里举行。市区街道整齐，而且还在迅速扩展中。几十层的高楼，到处可见，住宅区和商业区的布局井然有序，有的建筑虽不太高，但它们形式多样而新颖，不拘一格，给人以深刻印象，受到外国人的交口称赞。

不管旧德里，还是新德里，寺院、神庙到处可见，这也是印度城市的一大特点。那些五光十色的寺院，栩栩如生的佛像，古老建筑雕饰之华丽，雕像之精细，对国内外学者和游客无不具有强烈的吸引力。

新德里的十字路口，也颇惹人注意。路口的中心，多呈圆形，车辆行人不能径直通过，必须绕圈而行。初到印度的人，往往走过几个十字路口后就弄得头晕目眩，不辨东西南北了。路口完全由红绿灯自动调节控制，很少站有交警指挥。公路两旁的商店，货物琳琅满目，顾客络绎不绝，可谓百货充盈，市场繁荣。你只要从店前经过，店主便主动向你打招呼。你若进去看看，主人便会设法叫你看个没完，态度和蔼，不厌其烦，使你惊奇的还有，所有的街道、商区，几乎看不到有外国商品，就连英·甘地当年乘坐的小轿车，也是印度国内制造的。让你眼花缭乱的还有那一家家的首饰商店，不由得使你停住脚步，即使不买，也愿多看上几眼：手镯、脚镯、耳环、鼻环、戒指、项链……名目繁多，品种齐全，个个竞相生辉，件件闪光耀眼。从前我曾听到不少人说过："德里的金银首饰业非常发达，久享盛名。"当我亲自看过之后感觉确实名不虚传。我多次看到，就连讨饭的乞丐，手上也戴有一两只手镯，也许读者不相信，但这确是我亲眼所见。

德里有不少的雄伟精妙的建筑，迷人的古迹，很值得一看。原来旧城的周围建有高大围墙，据说是古代沙贾汗所建。墙高九米，墙厚四米，全由红石砌成。围墙有六道门，五个窗口，另有二十七个守望塔。因年久失修，现已有不少地方毁坏，但它仍能反映出这一建筑的宏伟和印度古代人民的聪明才智。

红堡也是德里的一大名胜。它修建于16世纪莫卧儿王朝，围墙高大，用红沙石建成，因此得名。但里面的楼、台、殿、阁却是另一种颜色，这些建筑基本上都是用大理石建造的。大理石柱上和壁上，都刻有许多花卉人物的浮雕，还镶嵌着许多红、绿、黄、紫的宝石，衬着灰白色的大理石，相映成趣，璀璨夺目。

德里还有一座著名高塔，名叫古都布塔，有世界"摩天塔"之称。它建于12世纪末叶，至今已有七八百年的历史。据说从前全塔共有七层，现仅剩五层，每层由飞檐相隔，塔呈圆形，下面有三层，用红石砌成，上面的两层用大理石和红砂石混合砌成，全塔高约二十二丈，里面有很好的通风和采光设备，是德里最高的建筑，其建筑风格是典型的伊斯兰式，塔下面几层的外表还刻有《古兰经》。登上塔顶，环顾四周，气象万千，鸟瞰全城，景物尽收眼底，甚是令人赏心悦目。"摩天塔"不愧为建筑艺术上的一大奇迹。

在高塔附近，还矗立着享有盛名的铁柱，更引起人们的极大注意和兴趣。它不但是德里最引人注目的古迹，也是全印度最珍贵的遗迹之一。据有关科学家研究，它至少有一千五百年的历史。铁柱是铸造而成，含铁成分很高，尽管长年累月雨淋日晒，但至今它的外表仍光滑不锈，毫无损坏，由此也表明，印度古代冶金技术水平之高和历史之久。

然而印度毕竟是个发展中国家，德里也在发展变化之中，有些问题正在解决，有些问题尚有待于解决。例如在新德里的街上，随处可看到生活在贫困线以下的人群和一些在农村生活无着而涌入城市的百姓；在新德里，有一些人住在夏不避风雨，冬不御寒冷，潮湿而阴暗的贫民区的窝棚里。还有一些人身上只裹着一块破布，露宿桥下或车站，一些在街上或公共场所扫地的

"贱民",他们看上去多半目光忧郁,神情凄怆。那里更有面色憔悴,有气无力的妇女儿童停立路旁行乞。德里的报纸上还不时刊登贱民惨遭虐待,甚至活活被杀的新闻。……看到这些情景,使人心酸落泪。这些都是发展中的印度亟待解决的问题。

德里终年鲜花盛开,人们大都能歌善舞。艳丽的花朵美化着环境,也蕴含着人民美好的希望和理想,愿德里变得更加美好。

二 文明古城——贝拿勒斯

瓦腊纳西又名贝拿勒斯,它坐落在恒河西岸,有印度"圣城中的圣城"之称,其地位自古特殊而显赫,非同一般,是一座可以反映印度文明和文化的古城,至今它在人们生活中占有很重要的地位。

此城古名迦尸,意为神光照耀之地,传说是湿婆神①于6000年前创建的,至少也有几千年的历史。"迦尸的每个石子都是湿婆神",这反映了印度人民对瓦腊纳西的赞誉和崇敬。据说,以前迦尸城里庙宇林立,目不暇接,就连每户人家也都供有湿婆林伽。但是由于王朝的变更和战乱的频繁,这里的许多建筑物遭到焚毁。尽管如此,至今那里的庙宇的数目仍相当可观,起码有1500座以上,它们大小不同,风格各异,再加上当地住户每天敬奉的小神庙就更多了。迦尸,的确不愧为印度最主要的宗教城市。其中有些庙宇历史悠久,建筑讲究,反映了印度的灿烂文化,例如那里的"金庙"和杜尔迦女神庙等都闻名于整个印度。现在那里每天香火兴旺,香客络绎不绝,非常热闹。

这里不仅有印度教的古老寺庙,而且释迦牟尼初转法轮的鹿野苑就在附近,同时,耆那教的两个教长也都诞生在这里。因此,对印度教徒,佛教徒和耆那教徒来说,这里是个极神圣的地方。他们认为,一生能到瓦腊纳西一趟,算是莫大幸福。

河岸附近的街头巷尾,到处竖立着大小不一象征湿婆神的石柱,湿婆神的表象为"林伽",即男性生殖器,这些石柱就象征着男性生殖器,人们对它们非常崇拜,给它们洒香水、上供品,戴花环等。

瓦腊纳西的恒河岸边有六十多个"卡德"(有渡口、码头等意思),这

---

① 湿婆即大自在天,为印度教三大主神之一,是毁灭之神。

些卡德都是用石头或混凝土建成的，每个卡德都是由很多台阶构成。绝大多数卡德是历代国王、贵族和名人修建的，也有少数是独立后建成的。古代国王、贵族和名人为了"行善积德"而修建的卡德，一般背后都有一个传说故事。例如森蒂亚卡德的故事是这样的：巴依加巴依·辛格在1830年动工修建这个卡德时，挖出了一座坟墓。打开以后，发现一个瑜伽僧正坐在里面闭目静修。他睁开眼看见一位麻风病人，心里十分着急，以为恒河干涸了，否则用恒河水一洗麻风病就可以痊愈。但他再抬头一看，恒河水照样缓缓流动，于是他叹气说道："唉，由于世道黑暗，恒河水已经失去了她的纯洁性。"这时，他把身边的一壶水拿出来给人看，壶里的恒河水晶莹透亮。然后他叫大家动手修建卡德，自己又重新入定修炼。但是这个卡德怎么也修不直，工程师绞尽脑汁，也未纠正过来。

又例如有个叫莫里格里迦的卡德，它是因多尔的王后阿海雅巴德于公元1795年让人修建的。据说，这个卡德还未竣工，王后突然去世，因此剩下部分至今还未完工。这个卡德上面有个名叫莫里格里迦的水池，水池里有个天然泉眼，日夜往外流水，人们认为，在这水池里能看到毗湿奴。当地还有个传说，毗湿奴神的一个耳环掉在这里，耳环是用宝石做的，因此这个卡德才起名为"莫里格里迦"，"莫里"即宝石，"格里迦"即耳环，合起来即是"宝石耳环"的意思。如此等等，故事很多。

岸上或卡德的台阶上搭有不少各色帐篷，既有做买卖的摊贩，也有主持宗教仪式的祭司，人来人往，拥挤不堪。有几处的台阶是火葬场，在这里焚烧尸体。印度人认为，恒河水是从天上流下来的，被视为圣水。在恒河里洗澡沐浴，可以消灾去罪，使灵魂圣洁，死后可以升天。因此每天黎明和黄昏，男女老幼都到河里去洗澡，有的一天连洗几次。岸上与河里人山人海，熙熙攘攘，场面之热闹，令人叹为观止。

那些焚尸的场面，是另一番景象。死者被抬到这里后先得排队，按先后顺序焚烧。印度人火葬使用木柴。架好木柴，放上尸体，浇上油，由长子取火点柴，绕尸体七圈，最后把骨灰撒进恒河。因为很多人相信，骨灰撒进恒河，可使灵魂升天，所以不少年迈老人或重病患者临终之前来贝拿勒斯等死，要么住在专为这种人准备的简易旅馆，要么住在其他地方，一旦死去，可确保在这里焚烧，难怪当地有些老人不愿再去外地，担心死后不能在恒河边焚尸。一旦骨灰被撒进恒河，算是人生的莫大幸福，实现了一生最大心愿。

上面提到，印度人把恒河水看作圣水，当地居民饮用，外地人有机会也取点带走，他们认为恒河水洁净，不会变脏。事实并非完全如此。水牛在里面游泳，信徒们在里面洗澡，同时还抛掷鲜花和燃着的油灯等物，另外在有些台阶上还有大小便，臭气冲天，令人窒息，一旦下雨，或河水暴涨，这些脏物自然被冲进河里，河水哪有不脏之理。不过，另据科学家研究，认为恒河水自我净化能力较强，将杂物聚集，沉入河底，有一定排毒除害作用，从这个意义上讲，它比其他河水洁净，倒是有点道理。

瓦腊纳西不仅是个宗教圣地，也是个文化中心，是学者集中的地方，不少名人、学者来过这里，或者一生在这里度过，对发展印度文化起过重要作用。这里有"印度文学策源地"之称，格比尔和赖达斯就是在这里开创了"抽象派虔诚文学"，杜尔西达斯在这里建立了"形象派文学"，著名的印地语作家哈利西金德拉和普列姆昌德就诞生在这里。另外，这里还有几所著名大学，而最著名的有迦尸印度教大学。该校不仅校园宽阔，房舍秀丽，历史悠久，而且师生众多，有两万人以上。长期以来，该校培养造就了大批人才，故它在印度一向享有盛名。

瓦腊纳西是个文化古城，名不虚传。我在其他城市看不到的书，在那里看到了，在别处查不到的资料，在那里终于查到了，此时此刻，兴奋之情，难以形容。但是给我印象最深的是热情的印度朋友对我的大力帮助。实在感人肺腑。瓦腊纳西美丽，当地人的心灵更美，这点给我留下了极深刻的印象和美好的回忆。随着时间的流逝，中印人民之间的友谊不断加强，我对他们的怀念也日深一日，有时情不自禁地脱口而出："啊，瓦腊纳西，不愧为文明古城。"

三 小印度——孟买

孟买是马哈拉施特拉邦的首府，它不仅是印度的重要城市，而且在世界上也享有盛名。孟买的一条条繁华街道，一座座高大建筑，使目击者赞叹不已，素有"小印度"之称。

20 世纪初期，孟买有 62 种语言和方言。随着区域的扩大，语言也不断增多。在孟买可以看到各种文化、语言、民族和风俗的缩影。多少年来，人们把世界各地的语言和风俗带进了孟买，使孟买成了"人类心理学的博物馆"。开罗和君士坦丁堡以民族混杂而闻名，可是，今天已远远不能与孟买相比。有些学者认为，世界上还没有任何一个城市能像孟买一样有着如此众多的宗教、民族和复杂的文化。

300年前，孟买原是一个高里族渔民的小村庄，如今，这个不知名的小村庄竟发展成了世界十大城市之一。

在孔雀王朝统治着马哈拉施特拉的岁月里，希腊人称孟买地区为"海薄达埃希亚"，意思是"七个岛"。构成孟买的七岛是：高拉巴、摩吉岗沃、麻里姆、希沃、沃尔利、阿包劳港和奥勒德·邬门斯·阿依兰德。

孔雀王朝的国王和阿育王以及西尔哈尔王朝的国王都统治过孟买。后来德干的国王毗摩代沃被阿拉邬丁·喀拉吉打败后来到孟买。他来这里后建立了"摩黑迦沃迪"小城镇，以后这个城镇的名字演变成马黑姆，它就是今天的孟买郊区。

关于孟买一名的来源，有许多说法。一说是由孟巴女神而得名。12世纪时的一部尼泊尔文书《达高纳沃》里写道："在七岛组成的孟买，有座孟巴女神（孟巴阿依）庙。"到后来，"孟巴阿依"的变音就成了"孟毕""孟毕"又演变成"孟买"。至今孟巴女神庙还坐落在孟巴女神湖畔。还有一种认为，孟买是葡萄牙语"包摩百姆"一词的变音，它是"港口"的意思。公元16世纪时，孟买村控制在葡萄牙人手里，英国人认为这里可以建成良港，想从葡萄牙人手中买去，葡萄牙人不同意。直至英国国王同葡萄牙公主结婚时，这个地方才作为嫁妆，到了英国人手里。又有一说认为，孟买一名是根据"包毕尔"鱼的名字而来的，因为孟买湾盛产这种鱼。还有人则认为：孟买是由迦提亚瓦尔的农村女神"盟马依"庙而得名。

英国人从18世纪开始填海造地，建设孟买。以前，孟买城由葡萄牙人控制时，只限制在从阿包劳港到摩诃勒柯希米和从根尔岗沃到邬摩尔卡里范围以内，到公元19世纪，才同阿包劳港、佛莱耶尔·莱格赖迈欣、毛迪·卡里、摩吉岗沃、登格港和耐尔芬斯顿连成一片。

众所周知，印度的电影闻名于世，而印度的许多电影都是在这里拍摄的，故孟买又有"印度的好莱坞"之称。印度的大多数电影制片厂，例如，拉杰格普尔制片厂、摩合布薄制片厂、菲勒密斯坦制片厂、菲勒马列制片厂、迦尔达尔制片厂等都在这里。一些电影工业单位和报纸杂志社也设在这里。

孟买濒临印度洋，岸边有座宏伟壮丽的拱门，它就是著名的印度门，给人以深刻印象。它巍然耸立，宏伟壮观，门前就是汪洋浩瀚的印度洋，门后是幅员辽阔的印度大地。这座门是当年殖民主义者征服印度的象征，是他们耀武扬威的出发点。据说，当年英国派来的总督都从这里登岸，一过该门，就算到了印度。印度被英国统治了二百年，受尽了掠夺与剥削，饱尝到苦难。但是曾几何时，沧海桑田，风云变幻，当年那暴戾恣睢、不可一世的外国侵略者已被赶出印度，那座拱门依然巍峨耸立，但它今天却象征着印度人民站起来了，做了国家的主人。印度洋的海浪拍打着堤岸，涛声震撼着全城，使我们依稀想象出英雄的印度人民反抗外国殖民统治者斗争的动人场面！今天那座门成了历史上兴亡盛衰的见证。

孟买繁荣，名不虚传。高楼大厦林立，工厂星罗棋布，商店内货物琳琅满目，应有尽有，公路上车水马龙，人行道上行人摩肩接踵……这一切反映了孟买在蒸蒸日上，在繁荣发展。孟买轿车数量之多，给人以很深印象，这点与其他城市有所不同，车辆不仅成串成行，而且成阵成片，密密麻麻，来往如云。

孟买的夜晚，天空繁星闪烁，地上灯火齐明，交相辉映，照耀得如同白昼。你若登高眺望全城，景物尽收眼底，万家灯火星星点点，有如万千星斗置于足下，使人有凌空之感。

市内公园很多，园里林木茂密，遍布各种奇花异卉，色彩绚丽，芬芳扑鼻。花木的数目繁多，有几丈高的花树，有丈余的仙人掌，有种花最引人注目，它属蔓藤植物，同一株上开有各种颜色的鲜花，有红色的，有黄色的，还有粉红色的，各色花朵相映衬，倍觉清幽艳丽。让人吃惊的是，无论寒霜凛冽的冬季，还是倾盆大雨的雨季，是在高温的夏季，还是在风和日暖的春季……这种花总是以热情纯洁的笑脸，迎接着来往如云的游人。"唧唧""喳喳"各种悦耳的鸟声阵阵送入人们的耳内，听后令人心旷神怡。还有那成群成群的乌鸦，不时在人们头上盘旋，你若手中提有食物，它们对你更是"跟踪追击"，不肯离开；当你坐下来休息，它们会认为"时机"已到，跃跃欲试，在你身边转来转去。顽皮的猴子更不用说，个个死皮赖脸，"你进它退，你退它攻"，向你嬉戏个没完。这一切，为游园的人们增添了不少乐趣，也为生活增加了不少生机。

四 艺术宝库——阿旃陀石窟

印度的阿旃陀石窟宏伟壮观，为艺术的宝库，名不虚传。1984年，经由印度政府有关部门的安排，我们一些外国朋友去参观考察了一些名胜古迹，其中包括阿旃陀石窟。当穿过了一片片树林、土丘和山涧，终于到了阿旃陀石窟。

阿旃陀石窟处在印度马哈拉施特拉邦。我们下了车举目前望，全是山洞，这些山洞都是在半山腰，山势形成了半圆形，下临深涧，涧中一泓清水。山涧有大有小，有高有低，有深有浅，石窟环绕在半山腰，凿石而成。据考证，石窟于公元前2世纪开始修建，公元650年竣工，前后达数百年之久。

阿旃陀石窟共有29窟，其中25窟为僧房，4窟为佛殿。窟内的壁画、石像，件件精美，因为不曾有人破坏，故保存完好。据说，唐朝的中国高僧玄奘曾来过这里，以后此石窟一直湮没无闻。

佛教在印度衰亡以后，阿旃陀石窟在很长一段时期内一直不被人知。1819年，英国狩猎者无意中发现了这里的洞窟，这才引起人们的注意。后来，人们发现门外的石像同玄奘的记载完全相同，于是便肯定这就是玄奘所描述的那座石窟。玄奘于公元629年到645年间游历印度，公元638年曾到过阿旃陀地区，在《大唐西域记》中对这座石窟的描述是这样的："国东境有大山，叠岭连嶂，重峦绝巘。爰有伽蓝，基于幽谷，高堂邃宇，疏崖枕峰，重阁层台，背岩面壑，阿折罗（唐言所行）阿罗汉所建。……罗汉感生育之感，怀业缘之致，将酬厚德，建此伽蓝。伽蓝大精舍高百余尺，中有石佛像，高七十余尺。……精舍四周雕有镂石壁，作如来在昔修菩萨行诸因地事，证圣果之祯祥，入寂灭之灵应，巨细无遗，备尽镌镂。伽蓝门外，南、北、左、右各一石像。"

石窟有大量的雕刻与壁画，以宣扬佛教为主要内容。有关于释迦牟尼的诞生、出家、修行、成道、降魔、说法、涅槃的壁画，也有反映古代印度人民生活及帝王宫廷生活的画面。画中人物花卉、宫廷田舍、飞禽走兽等，构图大胆，笔调活泼，形象逼真，引人注目。

这些洞窟建成时间不一，其壁画各具特色。当时艺术家以丰富的想象，运用瑰丽的色调，描绘了将近一千年间的各种各样的生活情况，它们被表现得生动活泼，具体细腻，有声有色。

第9窟最为古老，它于公元1世纪建成，为小乘佛教的精舍。此窟的壁画已残缺不全，后人胡乱涂抹，所以画面已模糊不清，但仔细揣摩，仍能辨认出所画的内容（如牧童放牛、六牙象故事等）。这些壁画在形式、线描和色彩方面，都显得较为沉稳朴实，其结构厚重，颜色古朴。这表明了当时的画家曾经过严格的艺术训练。他们既继承发扬了前人的艺术传统，又发挥了自己的智慧才干。

第16、l7两窟的壁画，是4、5世纪印度艺术登峰造极时期的作品。第16窟的壁画已残缺不全，但依然可看出所画的内容，情节生动，真实。如悉达太子的妻子耶输陀罗发现丈夫弃家求道，便低头而坐，非常忧伤，周围男女老少也表现得十分不安，个个面带愁容。画中人物栩栩如生，艺术上采用了现实主义的表现手法。第17窟的壁画保存得最多，除千佛像和轮回图外，几乎都是富于人情味的画面。在八尊佛像下面是一幅幅小型壁画，每幅壁画中都有一对情人，或彼此敬酒，或相互赠花，画面清新、活泼，引人入胜。壁画上的"飞天"身姿柔美，脸部表情纯洁甜蜜，目光炯炯有神，嘴如樱桃，眉毛细长，肌肤圆润。这一窟的壁画表明，当时艺术家对线条的勾画、色彩的支配、人物形象的表现，以及画面的组织安排等，已达到娴熟的地步。

第1窟为公元7世纪所建，是大乘佛教建筑中最光辉的典范。窟内正前方有释迦牟尼雕像，高约三米，引人注目，从中间和左右两侧三个不同角度可以看出他的快乐，痛苦和冥想三种不同神态。这真是奇艺。拱门和六根大柱上雕有飞天和仙女，刻画细腻精巧，形态优美。中间有一大厅，四周壁画上存五百罗汉等，其面貌姿态各不相同，喜、怒、哀、乐表情丰富，衣服纹褶也都清晰分明。这些壁画反映了古代印度高度的绘画艺术成就。更值得我们注意的是，在这座石窟中，还有补罗稽舍二世、伊朗皇帝胡斯劳二世以及马利迦·希利在一起的画面，这幅画不仅是成就很高的艺术作品，而且它反映了当时印度和伊朗之间的友好关系，记载了公元7世纪时亚洲各民族间友好往来的历史，所以它既是难得的艺术珍品，又是宝贵的历史资料。

第2窟同为7世纪所建，也是阿旃陀艺术最成熟阶段的作品，保存得很完美，和第一窟一样最受人重视。窟内除有描写佛陀在兰毗尼花园投生的画面外，还有许多其他美丽动人的图画。例如藻井上形象地描绘了棉絮般的白云，青翠如茵的罗勒草，一对对展翅飞翔的小天鹅，一群群天真顽皮正在玩耍的儿童，以及相互嬉戏的河马、海象等。所有这些，造型生动，形态多样，色彩斑斓，比例匀称，构成一幅幅绚丽多彩的画图，匠心独具，实在令人惊叹。尤其值得注意的是此窟壁画的手法，运笔起落轻重虚实等都带有中国的风格，其中有些最好的壁画甚至可能有中国画师参加制作。中印两国，历来互相学习，互相影响，这不仅在我国的敦煌、云冈石窟得到了反映，在印度的阿旃陀也同样得到了证实。

第19窟的建筑艺术水平很高，于5世纪左右修建。洞窟的门上有龙王携妻图，庙柱、飞檐，壁龛上有各种雕像，雕刻工艺之精美，表情之生动，可同我国的敦煌、云岗、龙门石刻媲美。这一石窟为佛教鼎盛时期寺庙建筑的最好代表。

阿旃陀石窟的绘画与雕刻虽然是为宗教服务的，但内容都以当时现实生活为基础。洋溢着浓厚的生活气息，是当时印度社会生活的写照，反映出社会的各个阶层（从统治者到所谓"贱民"）的真实面貌。在表现技巧上，构图和谐紧凑，人体肌肤富于质感，线条舒展，笔法洗练，色泽鲜艳，达到了很高的艺术水平，至今为各国艺术家们所推崇，不愧为印度艺术的宝库，世界人类文化的奇迹，因此前往此地参观考察者终年络绎不绝。

五 玫瑰之城——斋普尔

人们对于美好的地方，往往具有天然的爱。未见到时，朝思暮想，无限神往；见了它，流连忘返，一往情深；离开了它，又梦绕魂牵，盼望有朝一日能再同它相见。斋普尔，它给予访者和游者的感受正是这样。我们离开斋普尔城虽然已有不少时日，但它给我们的印象，却历历在目。

二月中国的北方，还是寒风刺骨，冰封雪盖，水瘦山寒的时光，但是在印度的斋普尔，却是姹紫嫣红，满树芬芳，春意盎然了。那数不清、看不尽、开不败的名花异卉，用不着去公园观赏，在公路两旁、大街小巷，随处可见。和风拂面，灿烂的阳光普照大地。这样美好的气候和景色，自然把斋普尔装扮得繁花似锦，绿草如茵。

到了斋普尔城，给你的第一个印象是"红色"。它的红，又非同一般的红，而是一种美丽的浅红，故素有"玫瑰城"之称。斋普尔，不仅以秀丽的自然风光闻名，更以其建筑的宏伟而引人瞩目。

斋普尔城，为拉贾斯垣邦的首府，是杰耶·辛哈二世于1727年所建，至今已有200多年的历史。当年市区布局严谨，街道宽阔笔直，与其他城市截然不同。公路两旁重楼叠阁，庙宇林立，四周环以高大的城墙。现在围墙虽多处因城市扩建被毁，但仍能窥见其雄伟气势。根据记载，古代爱好艺术的国王杰耶·辛哈为使城市更加美丽，下令将全城房屋建筑涂成红色，"玫瑰城"的名称便由此而来。

斋普尔城三面环山，山中深岩幽壑，奇石异洞，峰峦起伏，林木葱茏，四季常青，更有鸟兽成群，朝出夕归。站在山顶观望，此城林荫郁郁，无数楼阁庙宇，掩映在绿树丛林之中，显得特别幽静。那一段段高大的城墙，依山环回，使得整个斋普尔城在雄伟的气势中，透出了妩媚多姿之态。

在城内，你走到街上，不时会发现一群群猴子，既天真活泼，又可爱又可气，它们有时跑到你面前嬉戏，你给他们一些吃的，吃完后又马上向你追来。一些高大树上或屋顶，以及茂密的灌木丛中，你会发现三五成群的孔雀，有时会听见它们"哇，哇"的叫声，有时看见它们开屏。在耀眼的阳光下，美丽的孔雀尾毛如扇面般展开，那五彩缤纷的色彩，使人惊叹造化神奇的力量。

市内建筑高大宏伟，其中有闻名世界的"风宫"。它是由斯瓦依·普拉达普于1799年建成，整个建筑高大，气势雄伟，它虽然已有一百八十多年的历史，但看后给人印象却如同刚刚建成一样。全宫共分五层，窗户数百，通风透气。炎夏之时，室内总有徐徐凉风，故有"风宫"之称。"风宫"建筑式样不凡，结构严谨，工艺精湛，宏伟壮观。

市内的拉姆尼瓦斯公园，最是迷人。国内树木森森，池水涟涟，清幽秀丽。在动物园中，饲养着各种珍禽异兽，供人们赏玩。

街道两旁商店内，商品琳琅满目，使人目不暇接。热情的店主会主动向你打招呼，介绍品种繁多的物品，让你看个没完。一件件五颜六色、光耀夺目的纱丽，一件件刺绣精制的衣衫，一座座雕有美丽图案的铜器，一件件引人入胜的玩具……会使你感到眼花缭乱，好似置身在五彩缤纷、花团锦簇的海洋里，简直使你看得入神，忘记了向店主讨价还价，也忘了时间早晚。印度手工艺品有其特点，而拉贾斯坦邦及其首府斋普尔在这方面更为出色，这点的确名不虚传。

我们依依不舍地上了车，汽车缓缓而行，窗外闪过一幢幢红色的楼房，又闪过一座红色的高大拱门，又闪过一道红色的高大围墙……马上就要出城了，汽车疾驰在离开斋普尔的路上，我紧倚在车窗前，恋恋地回头望着斋普尔城，直到它渐渐隐没在暮色苍茫之中。

再见吧，斋普尔，没有见过你的人，想见你，离开了你的人，怀念你。愿你永葆当年古朴壮观的本色，同时也希望你变得更加繁华美丽。

六　城堡之城——瓜廖尔

瓜廖尔是座历史古城，历代统治者对它进行过精心点缀，后来也曾做过旧中央邦的首府。那里的不少名胜古迹至今吸引着国内外广大学者与游客。

瓜廖尔有城堡之称。城堡宏伟壮观，有几十丈高，其历史悠久，有一千五百年以上，关于这个城堡，流传着一个有趣的神话故事。

传说离这儿约40公里处有个叫科特瓦尔的地方，那里有个国王，名叫苏尔吉森，他是一个麻风病人。一天，他外出打猎，与随从们走散后，他便爬上了一座高山寻找他们。到了山上，碰到一位名叫瓜里亚的和尚。和尚让这位口干舌燥的国王喝了附近一个池塘里的水，结果麻风病立刻痊愈。国王非常高兴，对和尚说道："高师，你给了我第二次生命，你对我有什么要求，尽管提吧！"

和尚要求把那个水池扩大，再修一条坚固的堤坝，并且在山上建一座漂亮的城堡。国王一一答应，全都照办了。城堡建成后取名为瓜里亚尔·沃尔，意即瓜里亚的恩赐。和尚给池塘取名为苏尔吉衮德，意即苏尔吉王池。和尚还嘱咐国王，只要王族的人都在自己名字后边带上"巴尔"这个宇，就可以永远保持自己的王位。从那天起，苏尔吉森就改名为苏尔吉·巴尔。传说苏尔吉·巴尔家族，在瓜廖尔统治了相当长的时期。后来，有一个叫戴兹格兰的国王把自己名字后面的"巴尔"勾去了，结果巴尔王朝被灭。

不管这个传说是否准确，但这座城堡确是在公元525年左右修建的。这样宏伟的城堡，在印度也是独一无二的，它在历史上，曾经发挥过重要作用，被誉为印度"城堡中的一颗明珠。"

瓜廖尔先后由几个国王统治过，多摩尔王朝的国王曼辛哈就是其中之一。他的统治时期，据说是从1486年到1516年。曼辛哈在城堡之内又修建了一个大城堡，这个城堡取名为曼·孟迪尔宫，至今还屹立在那里。

曼辛哈是一位酷爱艺术的国王，他还修建了古吉利宫。传说古吉利宫同国王有趣的爱情故事有关。一天，国王曼辛哈去森林打猎，在一个村庄附近，看到一位美丽的古贾尔族姑娘，长着一双水汪汪的大眼睛，像鹿眼一样迷人，人们叫她"摩里格那耶尼"，意即鹿眼姑娘。她十分勇敢，有一次她赤手空拳抓住一头野水牛。国王曼辛哈想娶她为妻，她提出了条件：如果国王能把拉依河的河水引到宫里，让她每天喝到拉依河流进来的新鲜水，她就同国王结婚，曼辛哈依照她的要求修建了古吉利宫，并且通过隧道把古吉利宫同拉依河连接起来，然后娶了那位姑娘。现在古吉利宫里开辟了一个历史博物馆。

瓜廖尔城堡有五个门。一个门叫阿拉摩格利门（即世界之王门），莫卧儿王朝的著名皇帝奥朗则布一直把自己称作阿拉摩格尔（即世界之王），所以他给这个城门也取名叫阿拉摩格利门。第二个门叫巴德尔门（即云宫门），又叫亨多拉门（即秋千），据说从前这里曾经有个秋千，因而得名。第三个门是古吉利宫门。第四个门叫贾杜尔晋吉庙门（即毗湿奴庙门）。庙里有毗湿奴像，庙后有一个清真寺，是穆斯林统治者修的。最后一个门叫哈蒂包尔门，意思是象门。国王曼辛哈在石门旁立了一个巨大的石像。从象门有一条路直通曼·孟迪尔宫，曼·孟迪尔宫富丽堂皇得简直超出想象。城堡高大，宽窄不一，宽处足有150米以上，窄处80米左右。站在城堡上俯视全城，景物尽收眼底。城堡顶上还有许多建筑。

"婆媳庙"是城堡顶上的建筑之一，它于11世纪由国王马赫巴尔所建。庙里有毗湿奴像，庙宇高大，上下几层，类似石窟，又像石架，结构复杂讲究，气韵生动，令人惊叹，完全可以置于世界名作之林。城堡的西边有"代里庙"，它是城堡上最高的一庙，其高达30米以上。在这座庙里可以看到南印度的达罗毗荼艺术。"代里"一词是德伦加那的变音。特伦甘纳是南印度泰鲁古语区。可见当时南北印度之间已经有密切交往。

城堡上也有15世纪的耆那庙，在一群耆那教神像中，阿迪那特神像最高。阿迪那特是耆那教第一位教祖，他的像高17米，脚有2.7米长，据说这尊像是在15世纪东格尔·辛哈统治时期塑造的。这里还有一些大型石像，这些石像同爱罗拉石窟的石像一样，都是用完整的巨石雕琢而成。印度劳动人民艺术天才给我们的印象是永远难忘的。

瓜廖尔城，一直是音乐和艺术的堡垒。音乐大师汤森的歌声曾在这里回荡。汤森是阿克巴大帝宫廷的九个宫宝之一，他为印度音乐开辟了新的道路，人们形容他的歌声有"呼风唤雨的神力"。瓜廖尔城里有汤森陵墓，每年在他诞辰那天，全国的音乐家都云集在这里举行音乐会，演奏他的乐曲，哀悼这位伟大的音乐奠基人。

瓜廖尔城现在扩大的新区叫拉希格尔，意思是兵营，因为1809年这里曾驻过军队，所以得名。后来这个地方成了现代化城市，城名仍然叫拉希格尔，城中有个胜利广场，周围是五光十色的市场。人们看到妇女们在这里买纱丽的情景，会自然而然地想起过去的岁月，那时候，商人们用骆驼把纱丽驮到这里出售。现在新城附近有个交易所，还有两座美丽的大楼，一座叫贾伊·比拉斯，另一座叫莫蒂·摩赫尔。

一提到瓜廖尔城，人们会肃然起敬，想起印度历史上的民族英雄章西女皇罗其密·巴依。她在这里向英国人宣战，罗其密·巴依是章西的最后一个国王耿迦特尔·拉奥的遗孀。耿迦特尔·拉奥死于1853年。他死后，英国人宣布吞并这个土邦，并决定给王后少量养老金，让她放弃朝政。当时罗其密·巴依年仅20岁。她得知消息后，十分愤慨。几年过后，她毅然吹响了起义的号角，投入了战斗的行列。她与汤蒂亚·多拜配合作战，对英国人进行了坚决抵抗。是时，罗其密·巴依年满24岁，她手持宝剑，同英国军队在疆场上厮杀格斗，英军几次遭到惨败。后来，因寡不敌众，终于在迦尔比一战失利，罗其密·巴依为了不落入敌手，拔刀自尽了。

为了纪念这位抗敌英雄，给她修建一陵墓，陵墓矗立在离瓜廖尔车站1.6公里处，女皇墓碑上刻着著名诗人对她谱写的一首赞歌，歌颂她的丰功伟绩。内容是：

  安息吧，女皇，
  印度人感恩戴德，
  绝不会把你遗忘。
  你的牺牲将激起
  争取独立的狂风巨浪。
  啊，章西的女皇，
  你打得英勇顽强。
  你是不朽的象征，
  你将万古流芳。

瓜廖尔城从某种程度上也是印度的缩影，不仅名胜古迹很多，而且都有动人故事，反映了印度人民的勇敢、智慧和古代文明，同时还反映了英国对印度的残酷统治和野蛮暴行。

七　佛教圣地——加雅

加雅是印度历史上著名的圣地之一。根据古代佛典记载，释迦牟尼看破红尘，出家修行，寻求大道，有五个伙伴随同，先后向三个有名学者学道。但当他觉得那些学者都没有真正的解脱办法时，便离开了他们。为了寻求解脱之法，他和五个伙伴来到加雅附近的尼连禅河（今利莱安河）畔的树林中修苦行。他坚持不懈地苦修了六年，毫无结果。他感到苦行也不是求得解脱的办法，便到尼连禅河里沐浴，当时他饥饿难忍，眼看活不下去，幸好一个牧女献给他牛奶粥，使他恢复了体力。这时，释迦牟尼的五个伙伴以为他灰心了，便离开他到贝拿勒斯的鹿野苑去继续进行自己的苦行。释迦牟尼则来到一棵毕钵罗树下，发下宏愿大志，若不成正道，决不离开此地，他铺上吉祥草，盘腿面东而坐，苦思冥想，终于在一天夜里战胜了各种烦恼魔障，获得正觉而成佛。

据说给释迦牟尼送牛奶粥的牧女叫苏贾达。她原是加雅附近的居民。她曾在一棵大树下许愿，说她如果能生一个男孩，便用牛奶粥来给大树上供。后来她果然生了一个男孩。一天，她和女伴到大树下去送牛奶粥，看见大树下坐着一个人，她以为是大树显灵化成人形来接受她的供品，便恭恭敬敬地奉献上牛奶粥。那人正是释迦牟尼。

释迦牟尼成佛处距今加雅城七英里，叫做佛陀加雅。那里有一座大菩提寺，相传有一千八百多年的历史，也有人说那是阿育王所建。由于年深日久，大菩提寺的大半截已没入土中，后来又被掘出，重新修缮，才成为今天的样子。大菩提寺的主体部分为方台形，从寺基到上端渐次减削，上建圆锥形尖顶，通高170英尺，十分雄伟峻拔。寺前供门上，有狮、鹿、牛、象等动物图案的雕刻，生动逼真。寺中靠西墙的祭台上有镀金的释迦牟尼像。佛像面朝东，背靠毕钵罗树。大菩提寺外的庭院中，有历代供养人修建的许多小塔，还有许多僧人的舍利塔。

佛陀加雅的毕钵罗树是世界闻名的，历史上也很难找到第二棵如此闻名和受崇敬的树。此树在中国古书中早有记载，玄奘在《大唐西域记》中这样写道："金刚座上菩提树者，即毕钵罗之树也。昔佛在世，高数百尺，屡经残伐，犹高四五丈。佛坐其下成等正觉，因而谓之菩提树焉。茎干黄白，枝叶青翠，冬夏不凋，光鲜无变。每至如来涅槃之日，叶皆凋落，顷之复故。是日也，诸国君王，异方法俗，数千万众，不召而集，香水香乳，以溉以洗，于是奏音乐，列香花，灯炬继日，竟修供养。"[①]

今天佛陀加雅的这棵毕钵罗树已经不是当年释迦牟尼成正觉时所靠的那一棵了。玄奘法师在那烂陀学习的时候，曾到过这里，他所见到的那株毕钵罗树已经"屡经残伐"。玄奘以后，这里的毕钵罗树又曾受到砍伐、焚烧，

---

① 玄奘：《大唐西域记》第八卷，上海人民出版社1977年版，第187页。

1870年还曾被大风刮倒过。据说，现在的这株毕钵罗树是当年佛陀成道时那株树的"曾孙"。

除玄奘以外，法显、义净等中国著名和尚都到过这里，他们留下的记载都很生动、翔实，又很有趣。他们对增进中印两国人民的友谊做出了卓越贡献，他们在中印两国人民的心目中已成了中印友谊的象征，也将永远活在人们的心中。

加雅还有著名的毗湿奴庙、湿婆庙等古老的印度教寺庙和一些耆那教石窟等。从这些建筑物中，可以看出加雅古代发达的文化。加雅西北大约8公里的簿利得皮拉山上有座印度教古庙，庙里有一尊阎王雕像。每年过皮特里帕刹节（祭祖节）时，总有成千上万来自各地的印度教徒到这里祭祖。簿利得皮拉山下有一个水潭，据说罗摩曾在这里沐浴过，所以起名叫"罗摩潭"。[①]

八 世界七大名胜之一——泰姬陵

阿格拉是座历史性建筑物林立的城市。那里的泰姬陵早已蜚声世界，参观者无不为其美丽所陶醉，考察者无不为其艺术精湛所赞叹，它被誉为世界奇迹之一，受之无愧。很多印度朋友对我讲："来到印度，不去看看泰姬陵实在虚此一行。"

泰姬陵坐落在朱穆那河的岸边，四周是用红砂石砌成的高大围墙，雄伟壮观。陵墓建在一个很高的四方平台上，用白色大理石砌成，光滑洁白，庄严美观。陵墓的上部是个硕大的白色圆顶，平台的四角各有一座白色高塔，尖尖地刺入天空。四个尖尖的高塔，衬托着中间泰姬陵的圆顶，两相映衬，给人一种奇特的美感，显得匀称而富有韵律。陵墓的内墙和门窗边缘均用五色宝石镶嵌有各种花纹图案。

陵墓前有一条狭长的水池，环绕以绿树和鲜花；玉带般的水池两侧是宽阔的通道，通道上各国游人，来来往往，络绎不绝。池水清澈，碧波荡漾，中有陵墓、树木、鲜花等倒影，使人心旷神怡。白天，陵墓主体的白色大理石在阳光下熠熠发光；夜晚，皓月当空，有徐徐凉风吹来，给人以舒适之

[①] 参见刘国楠、王树英编著《印度各邦历史文化》，中国社会科学出版社1982年版，第86—88页。

感，即使在盛夏的傍晚，乘凉者也不乏其人。陵墓后面的朱穆那河，蜿蜒流过，河里水流时急时缓，为陵墓增添了几分光彩。

泰姬陵建于公元1648年，距今已有300多年之久。它是由莫卧儿帝国第五代皇帝沙贾汗为其爱妻所建。据传，其妻泰姬不仅容貌出众，而且聪明能干，曾协助国王料理朝政，因此沙贾汗对她宠爱备至。1630年沙贾汗带兵征战，泰姬随军伴行，不幸因生第八个孩子死于途中，是年36岁。临终前，沙贾汗问妻子有何希望与要求，泰姬答道："请陛下为我造一大墓，以纪念我们的爱情。"沙贾汗听后欣然同意。后来，他从国内外请来最好的工匠，从外地选来最好的大理石，动用两万余人，开工修建，历时16年之久，耗资500多万卢比，这座举世无双的陵墓终于竣工。因为此墓是沙贾汗为其王后泰姬所建，故以泰姬陵得名。墓成之后，沙贾汗常披白衣去陵前献花，睹墓思人，泪流涔涔。不久，其子为篡夺王位，起兵反叛，将他囚于一个古堡中。从此，他失去了自由，愁眉不展，每天坐在红堡的一个走廊上，背对着泰姬陵，凝神潜思，忍忧含悲，目不转睛地注视着镶嵌在一根柱子上的一块镜子。泰姬陵的姿影正反射在那块镜子上。就这样，他终日闷闷不乐，年复一年，在孤寂和怀念中度过了残生，最后郁郁而死。

沙贾汗是位寡情薄义、心狠手毒的皇帝。他不但仇恨兄弟，而且还放逐母亲。正是他故意放出老虎，活活咬死和吃掉一个个"囚犯"，他坐在一旁目睹惨状，欣赏取乐……这样一位暴虐无道的统治者，后来成为自己儿子的阶下囚，是罪有应得，人民当然对他不会有什么同情。然而泰姬陵的美，却世世代代一直吸引着国内外游客，它反映了印度劳动人民的聪明才智。印度的气候炎热，雨水如注，令人惊奇的是，泰姬陵虽长年累月受到烈日炙烤，饱经风雨剥蚀，但它至今仍完好无损。的确，它是建筑艺术上一大创造，不愧为世界上七大奇迹之一。

主要参考书目

1. 毛迪拉勒·古普塔：《印度社会结构》1982年，印地文版。
2. 盖拉希金德尔·杰恩：《古代印度社会与经济结构》1976年，印地文版。
3. D. D. 高善必：《印度文化与文明史纲》1966年，英文版。
4. 凯·比·巴哈杜尔：《印度民族、部落及其文化》1977年，英文版。
5. 杰欣格尔·米希拉：《古代印度社会史》1980年，印地文版。
6. 尼哈尔棱金·罗易：《印度艺术研究》1978年，印地文版。
7. 吴玛欣格尔·米希拉：《印度土著》1975年，印地文版。
8. 斯叠盖杜·维叠亚棱迦尔：《印度文化的发展》1983年，印地文版。
9. 盖·盖·米希拉：《印度社会结构》印地文版。
10. 夏马杰郎·杜白：《人类与文化》1982年，印地文版。
11. 罗米拉·塔帕尔：《印度历史》，新德里，1983年。
12. 波格沃德·歇朗·吴巴特雅耶：《印度社会的历史分析》，印地文版，新德里。

中国社会科学出版社"社科学术文库"已出版书目

"社科学术文库"收录的是中国社会科学院历届"优秀科研成果奖"获奖图书,作者多为中国社会科学院知名学者。中国社会科学出版社再版这些图书,是因为其对所在专业领域影响深远,仍有社会需求,也是为了抢救部分已经绝版的经典佳作。我们愿为经典的传承、文脉的接续略尽绵薄之力。

再版之际,部分耄耋之年的老学者,不顾年迈体弱,对作品进行了大幅的修订。他们这种对学术孜孜以求的精神,值得后辈敬仰和学习。

1. 冯昭奎:《21世纪的日本:战略的贫困》,2013年8月再版。
2. 张季风:《日本国土综合开发论》,2013年8月再版。
3. 李新烽:《非凡洲游》,2013年9月再版。
4. 李新烽:《非洲踏寻郑和路》,2013年9月再版。
5. 韩延龙、常兆儒编:《革命根据地法制文献选编》,2013年10月再版。
6. 田雪原:《大国之难:20世纪中国人口问题宏观》,2013年11月再版。
7. 中国社会科学院科研局编:《中国社会科学院学术大师治学录》,2013年12月再版。
8. 李汉林:《中国单位社会:议论、思考与研究》,2014年1月再版。
9. 李培林:《村落的终结:羊城村的故事》,2014年5月再版。
10. 孙伟平:《伦理学之后》,2014年6月再版。
11. 管彦波:《中国西南民族社会生活史》,2014年9月再版。
12. 敏泽:《中国美学思想史》,2014年9月再版。
13. 孙晶:《印度吠檀多不二论哲学》,2014年9月再版。

14. 蒋寅主编：《王渔洋事迹征略》，2014年9月再版。

15. 中国社会科学院财经战略研究院：《科学发展观：引领中国财政政策新思路》，2015年1月再版。

16. 高文德主编：《中国民族史人物辞典》，2015年3月再版。

17. 李细珠：《张之洞与清末新政研究》，2015年3月再版。

18. 王家福主编、梁慧星副主编：《民法债权》，2015年3月再版。

19. 管彦波：《云南稻作源流史》，2015年4月再版。

20. 施治生、徐建新主编：《古代国家的等级制度》，2015年5月再版。

21. 施治生、刘欣如主编：《古代王权与专制主义》，2015年5月再版。

22. 何振一：《理论财政学》，2015年6月再版。

23. 冯昭奎编著：《日本经济》，2015年9月再版。

24. 王松霈主编：《走向21世纪的生态经济管理》，2015年10月再版。

25. 孙伯君：《金代女真语》，2016年1月再版。

26. 刘晓萌：《清代北京旗人社会》，2016年1月再版。

27. 陈之骅、吴恩远、马龙闪主编：《苏联兴亡史纲》，2016年10月再版。

28. 朱庭光主编、张椿年副主编：《外国历史大事集》，2017年3月再版。

29. 冯时：《中国天文考古学》，2017年5月再版。

30. 马西沙、韩秉方：《中国民间宗教史》（上、下），2017年5月再版。

31. 王树英：《印度文化与民俗》，2018年4月再版。